U0108342

If Walls Could Talk

AN INTIMATE HISTORY OF THE HOME

如果房子會說話

家居生活如何改變世界

LUCY WORSLEY

露西·沃斯利◎著　林俊宏◎譯

我想知道的是，
中世紀怎麼處理女傭膝*的問題？
而他們參加完騎士競技之後，回家泡澡又要加什麼藥？
——威爾斯（H. G. Wells），《托諾－邦蓋》（*Tono-Bungay*），一九〇九

* Housemaid's Knee，現代稱為「髕骨前滑液囊炎」

PART 1 臥室的祕密歷史

AN INTIMATE HISTORY OF *The Bedroom*

PART 2 浴室的祕密歷史

An Intimate History of *The Bathroom*

PART 3 客廳的祕密歷史

AN INTIMATE HISTORY OF *The Living Room*

PART 4 廚房的祕密歷史

AN INTIMATE HISTORY OF *The Kitchen*

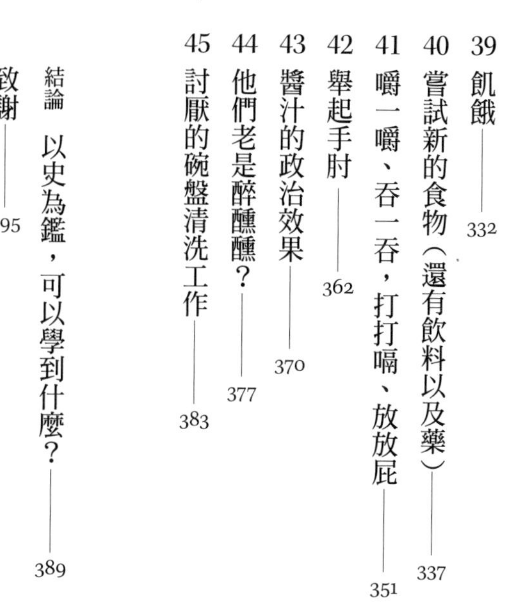

推薦序　感官與物質文化的親密對話

陽明大學科技與社會研究所副教授　楊弘任

I

幾年前我有個交流學者的機會在倫敦待了一年，在那一整年之中，既驚訝又享受在英國廣播公司（BBC）幾個主要頻道裡所呈現的各種紀錄片，無論是談電的發現與科學爭議的歷史、二次大戰期間農場老機器與舊耕作復興的歷史、羅馬時期以來廁所演變的歷史、英國各地綠建築試驗創新的歷史、英國超市最受喜愛幾項食品的歷史、資深女皇伊莉莎白二世登基與BBC大放異彩的歷史，還是大部頭的人類文明史，一點都不煩悶。後來跟長居英國擔任大學教師的朋友們偶然聚會聊起，彼此都讚嘆這些系列紀錄片的細膩素材與輕快的敘事節奏，更好奇不少學者直接擔任片中的說故事人，甚至是直接上場參與某些歷史場景或事件的演出橋段。當我們聊到「如果房子會說話」（*If Walls Could Talk*）這一系列影片時，拍案叫絕，原來歷史學者兼博物館長也可以這麼演出。我們都記起「臥室」這一集中，這位略帶俏皮而博學多聞的女性敘事者，再現了都鐸時期農舍居民夜間睡覺時怎麼用各種穿著的配備，從頭到腳包得緊緊的，禱告讀經、避免夜間靈魂被盜走這一幕。也記起她找了技術團隊仿製全世界文明裡第一版的宮廷用沖水馬桶，親自試用時的驚險與趣味，更不用說對比於工業革命後，一般勞工階級後院簡陋小廁所裡器具與氣味的種種細節。我們聊起長久時期依窗戶口數或壁爐口數徵稅的英國過往，我們也聊起整個屋子圍繞著爐火就是主僕共同生活重心這樣的社會與家庭結構。

「如果房子會說話」這樣的紀錄片之所以一點都不煩悶，多虧了紀錄片構想者露西．沃斯利，這位歷史學者兼博物館長，也多虧了英國隨處可見大大小小的博物館，要廚房有廚房，要燉鍋有燉鍋，要廁所有廁所，要馬桶有馬桶，要中世紀有中世紀，要工業革命時期也有工業革命時期。整個系列影片，以物質文化的細膩再現，讓不同歷史時期裡居家日常生活的各種細節活生生地上演。訪學過後回來台灣，我就一直想找這一系列影片，雖然還沒見到正式發行，但網路上早已轉載得火熱。早從二〇一一年四月起就在BBC的第四頻道進行首播，隨後幾年也陸續在BBC各個頻道重播，至今仍深受喜愛。

在這系列紀錄片中，英國各層級博物館的豐富收藏，讓說故事人不用擔憂敘事與場景會有落差。當然，BBC的攝影團隊相當成熟老練，跟說故事人在影像構想上的配合度或創新性也不在話下。這些因素共同造就了「物質文化」的說故事人沃斯利有辦法越說越靈活，越說越起勁。

II

左岸文化出版社挑選了說故事人沃斯利原來的文字版本，做出質感上相當貼近作者風格的流暢譯本。總的說來，這本書雖然不是學術意義上嚴謹分析的作品，但卻取材豐富而充滿趣味。文字與影片的確還是有些不一樣的擅長之處，影片固然直接呈現了衣物、寢具、爐火、刀叉、食物、浴盆、馬桶等等物質文化的具體輪廓，但卻少了文字敘事時縱橫古今或隨性連結的自由度。看了影片再看這本書，還是讓人驚訝連連。沃斯利以四十五則小故事，綿密地說出臥室、浴室、客廳與廚房的秘密歷史，一方面顯現作者對歷史之物的敏銳觀察，另方面也顯現她博覽群書旁徵博引的靈活風格。

印象最深的是第三十七則廚房裡的「攪拌、刷洗、累個半死」。沃斯利以輕快筆調帶我們注意到「火」不是那麼簡單的事情，「大火烹調」在工業化年代之前恐怕只屬於領主或貴族以上的生活世界，「燉煮」於是成為一般平民最普遍的烹調法。話鋒一轉，說故事人帶我們轉向中世紀農舍，在這樣一個全家就是一個大房間的生活方式裡，房屋中間承煤石上面的爐台是所有人生活的重心。大房間中間的爐火需要有適合的長柄木頭湯匙，至於大燉鍋則是用來丟進所有食材做出「濃湯」。烤爐從屬於領主家庭，農民必須付費來使用領主的磨坊與烤麵包房。判斷烤爐的溫度於是成為一門學問，「把一張紙丟進烤爐，如果紙燒起來，那就太熱了；如果紙變成深棕色，就能烤油酥麵團；淺棕色，能做餡餅；深黃色，做蛋糕；淺黃色，做布丁、餅乾和小點心。」

直到工業革命後，人們才開始注意到廚房效率的問題，尤其在男僕、女僕漸漸投入工廠生產線，家中女性必須自己掌握廚房的時刻，這個問題更加鮮明。家務哲學引導者說了，「設計廚房的時候，第一項重點就是要減少所需步數。」這樣的設計，避免男人蓋的房子裡，「全家從上到下共有八十階樓梯，要應門得走十六階，要把茶端到客廳有三十二階」，或者「一天在那個家裡得走上將近二十九公里」，而讓男僕、女僕大打退堂鼓，女主人也大喊吃不消。

工業革命後，開放的火爐變成封閉的爐台，省燃料的爐灶、烤爐、烤盤、以及持續熱水供應都一應俱全了。「刷爐台」則成為要緊的事，每週兩次一大早需用黑色石墨的磨光劑抹到爐台的鐵製表面上，再磨光打亮，每次大約要一個半鐘頭。十九世紀上半期的男僕指南書甚至還清楚記載了爐台清潔秘方，「二夸脫淡啤酒，八盎司象牙墨，三盎司糖漿，一盎司冰糖，半盎司阿拉伯膠，加上濃硫酸。」不難想像，當沃斯利跟隨這份爐台清潔秘方親自操作過後，指甲整整黑了一個禮拜。

二十世紀上半期，緊接著而來的是瓦斯爐、電爐上場的年代，英國人先是跟著德國法蘭克福國民住宅計畫而行。此時的廚房設計成為一種科學研究，現代化標準廚房模仿火車上狹窄的餐車廚房，標榜有限空間中設計精良的裝置；家庭主婦則像是工程師，快速有效地做餐點，以便空出時間到工廠做工。二次大戰之後，英國人改為追隨美國盟友，豪華大冰箱與廚房設備成為新目標，不久之後微波爐也溜進廚房裡來了。

像這樣，沃斯利靈活的筆調帶我們上下縱橫千百年，環繞在物質文化的細膩環節裡，時而帶出家中性別分工與主僕結構，社會中的階級差異，以及物質與人群的愛恨糾葛牽連不斷。

III

這本靈活輕快的書籍，沃斯利將不同歷史時代裡，人的視聽觸味嗅感官知覺與物質文化緊緊連結起來，宮廷裡有考究的物質文化在生活中實作展演，農舍裡也有屬於他們的物質文化在展演。就算是宮廷場景，愛吃糖的女皇還是露出一口讓人不敢恭維的黑色牙齒，直到十八世紀上半期才有牙膏的問世。就算是上流貴族仕女，也把「整個世界」都當作小便洗手間，蓬裙蹲下，優雅小解，人人如此也就不怪了。十七世紀晚期，國王或公爵也還習慣在他人面前解放自己，「侍便郎官」或「寢宮侍從」全套服侍，朝中弄臣或外國使節在一旁則要適時驚呼，「真是天使的臀部啊！」

這本靈活輕快的書籍，固然是以英國社會史與物質文化史為背景，但卻適合推薦給跨領域的許多讀者們。一般讀者從這本書可以無負擔地享受一個一個場景切換。從臥室裡看到生老病死，愛欲情仇；由準公共空間的性質，轉進到當代公領域與私領域如何跟著房間的功能分化而確立。可以看到「全身洗浴」這回事，如何從四種體液醫學假說時，提醒人們避免全身入水以防疾病，轉變到美式澡盆浴室成為時尚。可以看到客廳從無到有，從好東西放在臥室裡到好東西展示在客廳裡，轉到工業時代客廳的居家擺設狂熱，又到了二十世紀像是中世紀大廳一樣開放式多功能設計的回流。也可以看到廚房與食物的歷史，壁爐與火堆扮演過家的核心，而後消退；以往蔬果生食被嚴厲抨擊為有礙身體健康，除非是刻意為了腹瀉效果調整腸道，而今蔬果生食則是最衛生、最健康、最有效率的飲食律則。

沃斯利在全書結尾中，特別提醒我們參考中世紀的房子，我們在其中可能會找到當今節能減碳生活的設計出路；與其說回到過去是保守，不如說這是一種「激進的保守」。我想，不論是科技與社會領域裡的思考者，性別與科技研究裡的思考者，禮儀與文明歷程研究裡的思考者，消費文化領域裡的思考者，跨領域物質文化研究裡的思考者，甚至是家庭社會史研究裡的思考者，這都是一本值得推薦的帶著濃濃趣味感的書籍，悠遊其中，讀者很容易隨著一幕幕歷史場景，不斷品味感官與物質文化的親密對話。

引言

為什麼沖水馬桶要花兩百年才開始流行？為什麼不認識的人可以同睡一張床？為什麼有錢人怕水果？從與我們息息相關的家居生活歷史，希望能找到這些問題的答案。

我們會一一研究家庭裡的四個主要房間：臥室、浴室、客廳和廚房，了解過去的生活，查出古人在床上、在澡間、在餐桌上、在爐子旁邊究竟幹了些什麼，從熬醬、哺乳、潔牙、自慰，到梳妝打扮、結婚成家，林林總總不一而足。

過程中有些有趣的發現，像是臥室在過去其實是人聲鼎沸的半開放空間，要到十九世紀才專門用來睡覺和做愛；浴室更要到了維多利亞時代晚期才獨立成形。而讓人意外的是，浴室之所以發展如此緩慢，並不是因為技術不夠創新，而是因為民眾對於個人衛生的態度尚未進展。至於客廳會出現，則是因為當時的人開始有錢有閒；我發現客廳就像是劇場舞台，屋主會在賓客面前上演自己的理想生活。而講到廚房的故事，其實就是食品安全、交通運輸、科技和性別關係的集大成。看清這一點之後，我對自己的廚房也完全改觀。

這本書就是有許多很小、很奇怪、看起來沒什麼的細節，但也就是從這些細節裡，我們可以勾勒出整個社會最大、影響最廣、最具革命性的改變。從一個人的家裡出發，最能知道他如何安排時間、空間和生活。亨利．詹姆士《仕女圖》（*The Portrait of a Lady*，1881）一書中，梅爾夫人就說過：「我對各種東西可尊重了！我們每個人都是由各種身外之物來定義……房子、家具、衣服、讀的書、交的朋友，從這些地方都看得很清楚。」早在一八五三年，藝術評論家約翰．拉斯金（John Ruskin）也曾問：「看看自己的房間，你看到了什麼？」當然，這個答案至今未變：你看到了自己。正因如此，不論古今中外，大家都會為自己的房子花上大把的時間、精力和金錢。

寫作這樣一本關於家居生活的歷史，我還學到了什麼？我發現，很多事情其實是生物本能所致。許多重大的社會動盪，追根究柢只是因為人們看待和對待自己身體的方式有了一些小小的變化。另一件我也覺得有趣、有意義的發現，就是過去那些受到壓迫、貧困潦倒的人，其實日子過得不見得比今天差。對許多人來說，工業化其實是件壞事。在過去，一旦有錢就得承擔某些現今難以想像的社會責任。但和傳統歷史書籍所見略同的是，我們可以看到生活條件還是隨著時間慢慢改善了。看來嚴酷的法律，最後都放寬；總會有些驚人的發明，輕鬆解決了過去的問題；未來還是充滿了希望。從我的結論看來，要抵達美好的生活，我們還有一段路要走，但歷史可以為我們指點方向。

研究這段歷史最快樂的，是我彷彿認識了過去社會各階級的人，從農民到國王不一而足。如果我們伸出手、跨越世紀，會發現其實祖先的生活、愛情、甚至是過世的方式，都和我們相去無幾。約翰·比德爾（John Beadle）在一六五六年寫道：「在所有歷史中，人類生活的歷史是最有趣的：這種歷史……可以讓時光倒流、讓死者回生。」

本書相關研究除了圖書館，還得到另外兩方的協助。首先，我在慈善機構「歷史皇家宮殿」（Historic Royal Palaces）工作，所有同事的任務正是讓歷史再次活生生在遊客面前上演，本書主題其實就是我們的日常話題。其次，我也很榮幸能為英國廣播公司（BBC）拍攝關於居家歷史的電視影集。拍攝過程中，我得以親身嘗試許多書中提到的流程和儀式。像是我曾經幫維多利亞時代的爐台磨光打亮；提著熱水倒進還沒有自來水設備的浴缸；點過煤氣路燈；走過十九世紀的下水道；睡過都鐸王朝時期的床；喝過喬治王朝時期用海水調的藥；找來一隻狗幫忙轉烤肉叉；甚至還曾經用尿當作清潔劑。每次重現一些過去的家居生活點滴，我就更了解現在的居家是為何、又是如何變成現在這個樣子。

像這些單調無趣的工作，對過去的人來說常常是再熟悉不過的事，根本無需思考。瑪麗林·弗侖區的經典女性主義小說《女廁》（*The Women's Room*）就有一個角色高喊：「我說的是理想、高尚、原則。為什麼你總是要把整個水平拉低到世俗的、普通的、臭烘烘的、該死的冰箱？」但我認為，自家的任何一個物品其實背後都藏著重要的故事。你和冰箱的關係，就會透露許多關於你的資訊。冰箱是滿的還是空的？和別人合用嗎？會自己清冰箱嗎？還是有別人會幫你清？這些問題的答案，就會定義你在世界上的位置。正如約翰遜博士所說：

對於人類這麼渺小的生物來說，沒有什麼是小到不重要的。正是透過研究小東西，才能得到大知識，使苦難消退、快樂無窮。

PART 1

臥室的祕密歷史

AN INTIMATE HISTORY OF

The Bedroom

人類歷史上，有將近三分之一的時間是一片空白。我們很少討論那些人悠遊於夢鄉、或是昏昏沉沉即將入睡的時間，但這確實值得注意。

如果說世界是舞台，臥室就好比是個後台，讓我們休息準備之後粉墨登場。現在也認為臥室是一個私人的地方，如果沒敲門就闖進他人臥室，可真是粗魯至極。然而，這其實是滿晚近才出現的想法。像是在中世紀的人，並沒有什麼睡眠專用的房間，只是有一個「生活」的空間，剛好可以休息；而這個空間也能用來吃飯、閱讀、開派對，同樣的空間、多樣的用途。如果講的是要有自己的床、自己單獨的房間、自己一個人睡，就真的是相當現代的概念。

雖然到了最後，臥室和客廳終於有了各自獨立的功能，但在一段漫長到不可思議的時間裡，臥室還是一個社交空間。在臥室接待，會讓客人感覺特別受禮遇；這裡也會上演求愛和結婚的戲碼；而且有很長一段時間，甚至連生產也是由一群人共同來幫忙。一直要到十九世紀末，臥室才變得獨立而隱密，只剩下睡眠、性交、出生和死亡在此上演。而到二十世紀，生死大事也移至醫院，不再屬於臥室。

正由於臥室絕不只是睡覺的地方，研究社會歷史，就不能錯過臥室。

CHAPTER 01 床的歷史

能夠從床上坐起來、喝喝濃茶、讀讀書報，實在是絕佳的享受，少有比這更快活的。

——艾倫．克拉克（Alan Clark），一九七七年一月二十七日

❖　❖　❖

很久很久以前，每天最重要的大事是：今天晚上能不能睡得暖？能不能找到東西吃？就這兩點而言，中世紀屋舍的中央大廳真是再理想不過：雖然煙霧瀰漫、臭氣薰天、擁擠不堪，但至少安全無虞。雖然大廳可能只是泥土地面，但只要有同伴、夠溫暖、有食物，也就沒什麼好介意，許多人也會欣然在此打盹。到了晚上，中世紀的大廳就成了臥室。

中世紀的大宅就像是寄宿學校，只是這些「學生」多半都是成人，出身於貧困的家庭，而來到這個對周邊地區而言屬於文化中心、又安全無虞的地方。他們白天

服侍領主，晚上就睡在地上。如果在大宅中有特定工作，也有可能就睡在白天的工作地點：像我們就曾聽說洗衣女傭睡在洗衣間、搬運工睡在門房、廚房人員睡在爐子附近。都鐸王朝時期的薩里郡薩頓大宅（Sutton Place）就有一份清單，記載著廚房裡的「小夥子們」和大宅裡的弄臣睡在同一個房間。看來唯一一個不會用來睡覺的地方，大概就是臥室。

這麼說來，幾乎所有人都得和很多人共用睡眠空間。常有文獻認為中世紀沒有隱私的概念。當然，本來也就不該假設每種文化都會重視隱私。舉例來說，隱私在現代日本的重要性就遠不及在西方世界。甚至日文本身都缺少自己的詞彙，所以是從英語借來「プライバシー」（privacy）。

中世紀的生活確實比今天更加開放，但也不是說完全沒有隱私的概念。當時的人還是會努力營造一些私密共處的時間，像是領主和夫人上了床，就會放下四柱床的床簾；在歡樂的五月時節，小情人就會跑進林間；又或是想要祈禱，就會把自己關在祈禱室裡。無論是個人的書籍、藏著財物還上了鎖的專屬箱子，或是隱祕的祈禱室，都確實是私人的空間，只不過就現代人看來實在不大，使用也很不方便。

但另一面說來，當時確實也比較沒有「私人生活」。當時的社會結構階級明確井然，有一條「存在之鍊」，從最上位的「神」、接著是天使、坎特伯里大主教和其他貴族（例如公爵），接著才是一般大眾。但就算是我們這些比上不足的一般大眾，還是足堪安慰，至少我們比下有餘，還贏過動物、植物，以及最下位的石頭。雖然說，這條存在之鍊，似乎是給想提高社會地位的人潑了一盆冷水，但同時也是安慰他們接受自己的生活。至於在鍊上位居高位的人，看來得意風光，但對下面的人有許多明確的責任，難以迴避。

當時的世界一切共享共有、但是階級井然，只有極少數人擁有讀寫能力，也就沒什麼寫日記三省吾身的事情；另外，光是取得食物和烹調，就已經花掉幾乎所有的時間。當時的世界中心是上帝，而不是自己。有一些歷史學家努力研究想重現中世紀的家具及房間，為的也就是瞭解在那樣的世界裡，人會怎麼想。

中世紀所謂的床，多半是用布袋裝著乾草（hay）或稻草，所以「hit the hay」意為「睡覺」也就十分合理。這些袋子應該是用堅韌的條紋棉布製成，這種材質現在還會用來做成被套。英文的床墊還有一個字是「palliasse」（用稻草或木屑填充的床墊），就是源自「paille」（法文的「稻草」）。一四五二年，約翰・羅素告訴我們該怎樣鋪出約二・七公尺長、二・一公尺寬的床，足以讓幾個人同枕共眠。他說，首先要收集「小垃圾」（大概是樹葉，而且不是脆掉的那種），「塞進」床墊。接著把塞進去的東西鋪均勻，避免有地方明顯隆起。再來，每張床墊都該「仔細踩一踩……再把碎枝從底部和旁邊抽出來」。

雖然聽起來不太舒服，但大概還是比直接睡在地板上要軟一些。

而且，一群人一起睡在一張大床上除了溫暖、也比較安全，這在當時不僅是正常作法，還廣受喜愛。中世紀有本旅遊法語字典，列出以下實用表達：「你是個不好的床伴」、「你把所有的床被都拉過去了」、「你就只會踢來踢去」。十六世紀的詩人安德魯．巴克里（Andrew Barclay）曾經描述過，房間裡睡了滿滿的人，可以想見會有什麼樣的可怕聲音：

有些談談笑笑，有些嘟嘟噥噥，有些酒氣薰天倒栽蔥；有些吵吵鬧鬧，有些打打碰碰，有些吃起東西像野獸；有些笑、有些哭，每個人都自顧自；有些尿、有些吐，沒有人會睡得直。還沒到半夜，沒人會真的睡著，好不容易到了半夜，爭端旋而再起，為了他們的床，搶得死去活來。

睡覺的時候，床伴實在太容易互相干擾而起爭端，因此就連在共用的床上該是睡什麼樣子，也發展出一套禮儀和習慣。有人觀察十九世紀早期的愛爾蘭鄉村生活，發現家人入睡時是「按照順序，最年長的女兒睡在離門最遠的牆邊，接著是所有姐妹按年紀排序，再來是母親、父親、所有兒子依排行排序，再來是陌生人，無論他是遠行的販子、裁縫或乞丐。」這種安排的聰明之處，就是讓未婚女孩能和未婚男人離得遠遠，而先生太太還能同枕共眠。

而講到伊莉莎白時代僕人的床，威廉・哈里森的描述最為人所知：「稻草常常會從帆布裡冒出來，在身體和床之間通常沒有什麼保護，如果有床單就已經算是萬幸。」但他說的倒也不能盡信，因為哈里森其實覺得人生就該有點不舒適。任何時代總有這種保守的評論家，哀嘆著英國人變得軟弱，想要那些不夠男子氣概的奢華享受。像他就說以前枕頭「只用在婦女生產時」；而現在整個時代真是變了，居然連男人都想用枕頭，而不只是找根「好的圓木墊在頭下」。

但對於那些擁有貴族血統、中世紀莊園宅邸真正的主子來說，要他們睡在大廳，就太紓尊降貴了。領主和夫人通常會拋下其他人，前往毗鄰於大廳的樓上房間。這個房間通常就叫做寢室（chamber），有時候也稱為內室（bower）或屋頂房（solar）。專門負責整理寢室的僕人，則稱為內侍（chamberlain）。位於肯特郡的本夏斯特大宅（Penshurst Place），是英國現存最完整的中世紀宅邸，這裡的寢室有個窺孔，讓領主能從這裡俯視大廳，看看手下的人在做什麼。說他「look down」（向下看；輕視）他的僕人，可是再確實不過。

領主和夫人的寢室有多種用途，可說結合了居家辦公、圖書室、客廳和臥室的功能。但不論如何，幾乎都肯定會有一張堅實的木床。但由於中世紀藝術家還沒有清楚的比例概念，所以現在很難推測這些木床的真正樣貌。舉例來說，有一次我們要幫倫敦塔的中世紀王宮（Medieval Palace）重建愛德華一世的床，參考的資料就包括當時記錄付款的文件，載明著包括繪有星星的綠色床柱，以及用來連結各個部件的鏈子。另外，當時描繪梅林受胎的畫作，也是我們很好的參考。也因為愛德華一世會不斷探訪全國各處，所以這張木床能夠拆卸組裝，由僕人拆卸、方便運到下一個城堡，重新組裝的時候，則用鏈子把各部分固定起來。

喬叟曾提過中世紀晚期床的顏色和規模；他曾經擔任「國王寢室的自由民貼身男僕」、負責鋪床，親眼見過一張奢華的黑金雙色床：

……用潔白如鴿般的羽絨
我為他鋪好羽毛的床
有金色的條紋，還罩上
海外的細緻黑緞

但即使到了中世紀接近尾聲，木刻大床仍然十分少見。大多數人用的還是「托板床」(pallet bed)，基本上就是一個木箱，或許還有短短的床腳，可以輕鬆搬到各個房間、因應僕人或客人不同人數的住宿需求。正因為托板床實在太簡單實用，所以歷經數百年而不衰。伊莉莎白時期的德比郡哈德威克莊園（Hardwick Hall）有一份一六〇一年的物品清單，就記載著樓梯口有一張折疊床，可以給比較倒楣的人睡，甚至在洗碗室裡也放了一張托板床。一位貼身男僕曾於一八六〇年代在一棟愛爾蘭鄉間大宅工作，他的回憶錄記載了類似的睡床安排方式（但當時想必已經非常過時）：「一個房間裡有三、四張床。廚房和大廳也常常到處放著折疊床。」

到了都鐸王朝時期，歐洲最偉大的發明之一開始成形。在一棟住宅中，最昂貴的常常就是四柱床，而且這也是結婚時的必買物件。（運氣好的則有前人留下。）當時的屋頂可能還沒有灰泥，所以偶而會落下一些樹枝或羽毛，這時四柱床上的頂蓬就能發揮作用。另外，四柱床還有羊毛簾，除了溫暖，也能稍微提供一點隱私。都鐸王朝時期，就算已經是中間階級的大宅男女主人，還是很有可能得和孩子及一些受寵的僕人共用房間；其他這些人睡的可能是托板床，或是有輪子的矮床，白天就放在四柱床下方。

都鐸王朝時期的四柱床，床墊下面其實是用繩子，在床底縱橫交織，形成格狀支撐；人睡在上面，繩子受壓難免會慢慢鬆開，所以英語中才會出現「Night, night, sleep tight」（晚安，晚安，睡得緊一點）來表達「晚安」。

看看前現代時期，人在床上常被描繪出一種奇怪的半坐姿，後面撐著枕頭和墊子，看來頗不舒服，讓人難以相信他們真能這樣睡覺。一方面可能是藝術畢竟不會完全反映現實，而另一方面，藝術家收了錢，總也得讓主角的臉能夠好看。（許多當時的畫作中，中世紀的國王都是戴著皇冠就寢，也令人難以置信。）就我看來，因為用繩子撐起的床中間必然有些下垂，感覺有點像吊床，所以自然成了這種姿勢。實際來說，想在這種床上趴著睡真的是不可能的事情，這可是我在西薩塞克斯郡的地貌與曠野博物館（Weald and Downland Museum）中世紀農舍過了一夜的親身經歷。

進入十七世紀，床鋪一般還是由多人共享。像是安妮．克里福德夫人（Lady Anne Clifford）的女兒要滿三歲時，生活中就有三個轉變，可以看出她長大了：她要穿上鯨骨胸衣，可以不用牽繩而自由自在地走路，而且她可以睡到母親的床上。現在只有孩子會和我們睡在一起，但在過去，這可是件大人才能做的事情。

維多利亞和艾伯特博物館有一張「維爾的大床」（Great Bed of Ware），足足有三二六公分寬，如果真的一個人睡，可能會有些寂寞

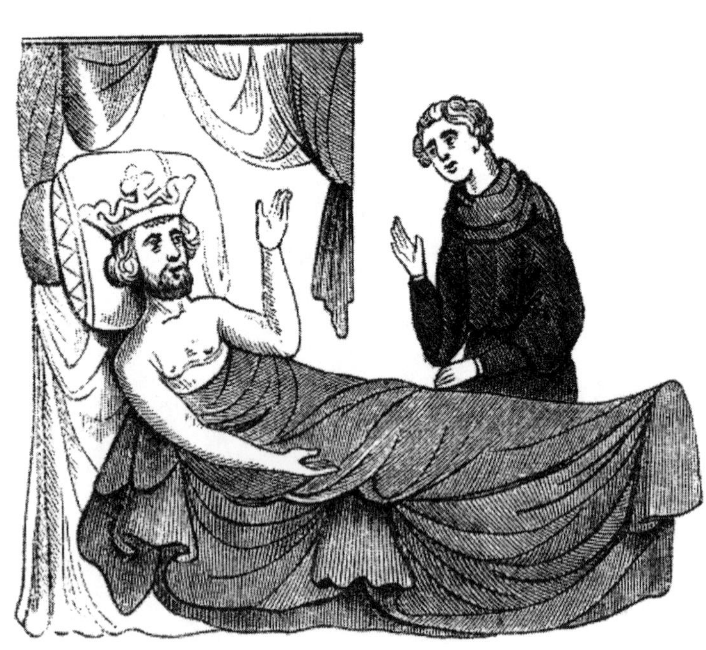

國王在床上真的會戴王冠？中世紀的人都坐著睡覺？

孤單。這張床的歷史大約可追溯到一五七五到一六〇〇年之間，屬於哈特福郡維爾鎮的皇冠旅店，同時可睡上好幾個人，像有一夜就同時睡了十二個人以上（雖然原因是「為了歡樂」）。

要有足夠的財富，才能夠擁有四柱床、各式搭配的床單、帳子和亞麻布，但對這種人來說，光是上床就已經近乎是種儀式，需要僕人從旁協助。一五八九年就有一本提供給赴英的外國遊客的小詞典，提到遊客上旅店時，該怎麼指示女內侍鋪床：

朋友，我的床鋪了嗎？這是張好床嗎？

是的，先生。這是張很好的羽毛床，床單也非常乾淨。

我發抖得像樹上的葉子。把枕頭拿來，把我蓋好：脫下我的短褲，讓床暖起來。

夜壺在哪？

在右手邊，您可以看得見，但不會聞到味道。

朋友啊，親我一下吧，這樣我睡得更甜。

我寧願死，也不想親一個在床上、或在任何其他地方的男人。以主之名，您睡吧。

謝謝妳，美麗的小姐。

山繆・佩皮斯（Samuel Pepys）也不過是個比較富裕的十七世紀公務員，就已經有僕人協助就寢了。有一次他就寫道「叫那個男孩今晚別睡，好讓他姐姐教他怎麼協助我就寢。」那個時候，床上的活動可不只有睡覺而已：在他的日記能看到，他會在臥室裡彈魯特琴、讀書、唱二重唱、與朋友討論音樂，也會聽聽他男僕的拉丁文翻譯、爭論一些事情，以及教他的妻子天文學。

佩皮斯的床上層應該是個羽毛床墊，下面另外還有一個塞稻草的床墊。當時羽毛床非常珍貴：這不難想像，因為一張床大約需要二十三公斤的羽毛，不知道得拔上多少隻鵝的毛。有些時候，廚房裡的女僕拔雞鴨鵝的毛準備做菜，就能把一些羽毛留下來，讓自己結婚的時候也能有羽毛床。羽毛床需要定期拍打、翻面、抖動，好維持常新、把結塊打散。而且因為新的羽毛床還是有些土味，所以新的也不見得比舊的好。

家庭主婦如果想要有效率，就會準備大量的床單被單，這樣只要一個月洗一次就行。詹姆士·博斯韋爾（James Boswell）和山繆·約翰遜（Samuel Johnson）一七七三年到訪斯凱島，住在芙蘿拉·麥克唐納家中。約翰遜睡的那張床，也就是幾年前「英俊王子查理」(Bonnie Prince Charlie，其祖父詹姆世二世，因為光榮革命被逐出英國）逃離英國時所睡的那張。麥克唐納夫人甚至把英俊王子睡過的髒床單都好好收著、崇拜到捨不得洗，最後還拿來當做自己的裹屍布，說來也叫人有點毛骨悚然。

博斯韋爾寫道，在這座偏僻的蘇格蘭島上總是不斷有人闖入他的臥室。「在白天，臥室是屬於大家的……就連兒童與狗也不例外。」他之所以會這麼驚訝，是因為到了喬治王朝之後，有錢的都會階級已經開始認為臥室應該只屬於個人。

一間普通的十七世紀住宅（可能住的是農民，也可能住的是商人），二樓會有幾間彼此相連的臥室。換言之，要到第二個房間，就得先穿過第一個房間。但到了十八世紀的城鎮住宅，開始更要求隱私，於是保留了一些空間單純作為動線。像是經典的城鎮住宅，外形高而窄、有露台設計，而每層樓梯上來都會有梯台，分別通往兩間獨立的臥室。這時候，就算住在後面那間比較小的臥室，也能從樓梯直接抵達，而無須穿過別人的房間。

而在更大的房子裡，下一個階段就出現了走廊：走廊設計始於十七世紀末，讓每間臥室都變得完全獨立、專屬於個人。卡桑德拉·威洛比最愛到別人家探頭探腦，他指出一六九七年有件事特別值得讚賞：某位亞丁頓先生的新房，陽台經過特別設計，形成「方便的走道，可以輕鬆從某個房間抵達另一個房間，而不用讓任何一間寢室成了展場。」

所以，喬治王朝時期的寢室，比起都鐸王朝時期也就來得更隱祕而個人。當時的習慣是，如果臥室門朝向床的方向，便要有所遮蔽。一九〇四年，德籍英國住宅評論家赫曼·穆特修斯（Hermann Muthesius）便曾解釋：「這種概念是避免一開門就一覽無遺。」訪客必須繞過門，才能「進入房間，屆時房裡的人已有時間稍作準備，能夠見客。」

然而，這時候的臥室還是有一定的社交用途，可以玩玩牌、喝喝茶、供朋友小聚，也可以寫作、談生意、或是做點研究。英國畫家威廉·霍加斯的畫作《伯爵夫人的晨間接見》（*The Countess's Morning Levee*，1743），畫中的伯爵夫人至少有十個人來幫她換裝：有美髮師、長笛演奏家、歌唱家、神職人員、女性朋友、黑人侍從，甚至還有一個玩具店的男孩，前來獻寶。然而，這位伯爵夫人有些輕浮，座上男客也明顯是些不足取而沒有男子氣概的人。奧利佛·高德史密斯（Oliver Goldsmith）在一七六五年描述了這樣的臥室宴會：

為求看來體面動人
召來撲粉公子哥兒

從他的不以為然，可以看出這種在寢室的社交活動已經開始被認為並不合適。臥室的下一個發展階段發生在維多利亞時代，「分隔」和「隱私」已經不再只是一種喜好，更成了一種必要，甚至讓人偏執而焦慮。這時不只男女得要分開，即使是男僕女婢也不能例外，於是鋪床的儀式也就更為費時、也更為傷本。

對維多利亞時代的上層階級而言，如果房子夠大，男女主人就該有各自的臥室。在那個年代，性這件事總帶著羞恥和顧忌，女士對此所知甚少、畏懼更深，丈夫也不讓她們得知床笫之事。這個時候，臥室的功能已經只剩下性愛和就寢，而不再有其他社交用途。《建築師》雜誌對此格外堅持，認為除了睡覺之外，在臥室裡做任何事都是「不健康、不道德的，違反了一條眾所皆知的原則：生活中各個重要的功能，都需要單獨的房間。」

家境小康的家庭，夫妻有各自的「更衣室」（dressing room），其實也就是臥室。先生在夜深溜進去就寢之前，很可能就是整晚和他的男性朋友抽菸。至於太太的更衣室可以稱為「boudior」，語源是法語動詞「bouder」（鬧脾氣）。這種男女分間的作法，一旦在富裕人家確立之後，就顯得既現代又令人羨慕，也成為中產階級嚮往的目標。像在二十世紀初，就看到中產階級在半獨立式的住宅當中，愉快地擺上兩張單人床（twin bed）。

維多利亞時代，鋪床流程之繁雜前所未見。十九世紀講到如何做家事，有一大部分是強調必須讓床鋪乾淨、透氣，更為麻煩的是一層又一層的床單和被毯。這時候對於鋪床幾乎已經成了執迷，但確實，當時是結核病流行的年代，如果床鋪潮濕可是非常危險。

從一八二六年開始，支撐床底的不再是繩子，而換成了一圈一圈的金屬彈簧。而過去床鋪用的羊毛和亞麻也遭到淘汰，換成了新奇神妙的棉花；棉花的獲利更帶動英國進入工業時代。十九世紀是棉花的時代：到了一八三〇年代，光靠棉織物就撐起了英國的半數出口總額。英國蘭開夏郡是紡織業的中心，當時這裡紡織的棉花原料，最多來自印度、接著是來自美國。而當時的曼徹斯特有「棉都」之稱，紡織廠數目於一八五三年達到頂峰，至少有一〇八座。

這些織物可是維多利亞時代家庭主婦引以為傲且十分珍惜的寶貝，櫥櫃中會有充足的床單，而且使用也格外用心節省，上層床單用了兩週之後，就換到下層去。在維多利亞時代，鋪床可是件正經事。《從廚房到頂樓》的作者潘頓夫人（Jane Ellen Panton）就坦承她很擔心沒有任何僕人鋪的床能符合她幾近一種迷戀的高標準。她抱怨道：「我從來沒碰過哪個僕人真正值得信賴、能好好讓床鋪透透氣，」他們總是「只想把床鋪蓋起來就算鋪好了」，於是床鋪「又悶又不舒服。」

當然這樣說也沒錯——只不過還是得想想，在維多利亞時代，要「好好讓床鋪透透氣」得花上多少工。當時的床有一個床架、一層厚厚的棕色荷蘭亞麻床單（蓋住金屬彈簧）、一張馬鬃床墊、一張羽絨床墊、一條底層床毯、一條底層床單、一條下層床單、一條上層床單、三或四條毛毯、還有鳧絨被套和枕頭套。潘頓夫人認為這些每天都要全部拆換：「等到人下床之後，沒有任何一項物品該留在床上。光是把所有床單翻過來攤在床腳板上還不夠；一定要把它們從床墊下拉出來、分開、晾起來。」她接著還要求她倒楣的僕人「取下床墊，儘量放到窗邊。」她也主張，枕頭在白天會使用有荷葉邊的枕套來裝飾，但每天晚上都應該拆下來，「換成沒有裝飾的枕頭套，這樣做才節省」。我曾經在柴郡的塔頓古宅（Tatton Old Hall），按照她的指示來鋪一張維多利亞時代的床。這花了我半個小時，而且如果沒人幫忙，我根本沒辦法把馬鬃床墊翻面。也難怪潘頓夫人的僕人沒能讓她稱心如意了。

在潘頓夫人僕人的臥室裡，絕對不會出現有荷葉邊裝飾的枕頭套。維多利亞時代的家事指南堅持，僕人的房間應該要嚴格堅守簡單原則。《卡塞爾家事指南》（1880s）就建議：「僕人的臥室只要夠舒適，家具愈少愈好。一張床和床架……未漂白的床單……廉價的有色床罩、一個五斗櫃、一張鏡子、一個盥洗台……還有一張椅子，這樣已經足夠。」果然比監獄稍好一點。

潘頓夫人也同意僕人的房間不該「過於豪華」，但她也還肯讓步，讓每個僕人都有各自的床。她對女傭的態度就像是對待畜生，不期待她們有什麼品味，也不會提供什麼照料。她認為僕人的房間不能有窗簾，而且「她們在房間裡也不該有自己的箱子……她們就是忍不住在箱子裡囤積各種垃圾。」但對僕人來說，在主人家中唯一能擁有的私人空間，就只有她們從自己家裡帶來的行李箱，潘頓夫人還想把這些箱子拿走，這可不只是刻薄而已了。

維多利亞時代的臥室有各種簾簾幕幕，能看到最奢侈的褶邊設計和邊飾，但等到民眾愈來愈認識到細菌的存在、後來還引發了衛生改革運動，這種裝飾也就畫下句點。艾德溫．查德威克的《勞動人口衛生情況》（一八四二）就強調，維持屋舍清潔以避免工人生病，才是經濟的作法。提倡衛生改革的人，認為床架應該要用鐵製而非木製，才能防虱抗蟲。一旦木製床架長了蟲，除了直接燒掉之外，可說沒有一勞永逸的辦法。於是，鐵就成了床架材料首選。

然而，一直到一九〇〇年代，床上還是鋪著一層層的床單、毛毯和鳧絨被，而在這背後的人工作業自然也是忠實執行。從二十世紀早期女傭的工作內容可知，即使只是中等規模的大宅，僕人晚上就寢都已經有自己的床，但至少是兩人一室，而且工作繁忙：

早上六：三〇　起床／打開窗戶等等／準備早茶／送熱水到臥室／準備浴室／打掃大廳，清理門階／生火／早餐後，鋪床、倒夜壺、打掃臥室／準備打掃其他房間，徹底打掃

下午三：〇〇　穿著整齊（制服）／在晚餐前送熱水至各個臥室／生火和點煤氣，拉起窗簾／如有需要，協助年輕的女士或客人上廁所／如有需要，提供桌邊服務／把床放低，準備臥室。

一直要到一九七〇年代，才出現了鋪床史上最大的一場革命：羽絨被從北歐傳

入，從此床單、毛毯和床罩幾乎消失，或至少只是用來懷舊。

引進羽絨被的功勞要歸於泰倫斯・康藍（Terence Conran），羽絨被一開始稱為「Slumberdown」（睡眠絨毛）、或是「continental quilt」（大陸的被子，由此可見它的來源）。羽絨被在法國大受歡迎，於是不久之後，英語講到羽絨被，用的也是法文的「duvet」（羽絨）一字。

有了羽絨被之後，鋪床的苦差事就此解脫，其他某些事情也隨之解放：像是在這個解放的新年代，一句廣告口號就大剌剌地寫著「sleep with a Swede」（和瑞典人同床共眠）。康藍旗下新開了連鎖居家用品店「Habitat」，販售羽絨被和被套，派翠西雅・惠廷頓－法雷爾是展售員之一，負責向客戶介紹羽絨被如何快速好用。她當時整天的工作就是打開被子和收被子，展示「十秒鋪床」的絕技。等我和她碰面訪談，她年事已高，沒法再達到當時的十秒標準，但她仍然對Habitat充滿熱情，也很得意Habitat對於一九七〇年代年輕家庭主婦可說是快樂人生的代表。

而且，當時在Habitat的型錄裡，也將只要手腕一抖就能完成的「十秒鋪床」（ten-second bed）列為得意的賣點。當時這些織品採用大膽的顏色或花紋，與維多利亞時代床單潔白無瑕的風格大相逕庭，顯得又現代、又醒目，像是有深藍、品紅、深黃，也有條紋或花紋款式。一開始，民眾先買羽絨被給孩子試試，而那些在一九七〇年代出生的孩子（包括我也是），就再也沒走過回頭路（但我也記得曾經偷聽到祖母和朋友竊竊私語:「會不會很重啊?不會熱嗎?」)。

然而,只要睡過羽絨被,就難再回頭擁抱床單和毛毯了。老實說,現在還願意用上那一層又一層的床單鋪墊,大概只是買來炫耀;而且告訴別人自己或手下如此有閒,能一大早就重新把床整理好,還得依據不同需求,分別清洗床單、毛毯、鳧絨被、小毯子等等。

大多數的現代床鋪都十分簡單,只有一個床墊、一件床罩。奇妙的是,這似乎也讓我們重新回到了中世紀,當時的人需要的,也只是滿滿的一袋稻草和一件外套而已。

CHAPTER

02 出生

祈求您降福所有未出世的嬰孩，他們現在仍是血脈相連，但請讓他們順利完美來到這個世間，無病無殘。

——湯瑪士．賓利，為孕婦所寫的禱文，一五八二

❖ ❖ ❖

原本幾乎所有人都是在家生產，直到十八世紀，才開始到醫院生產。在這之前，生命始於臥室、常常也終於臥室，很可能還在同一張床上。在這些大事終於移轉到醫院之前，臥室可能是一個人見到的第一、也是最後一個景象。

今天的準媽媽都還是有一些不安，但在過去，懷孕的風險可要高得多。對年輕女性來講，分娩可說是人生的一大考驗，於是隨著預產期步步進逼，就寢的臥室也成了一個可怕、令人望而生畏的地方。在中世紀，懷孕的死亡率是五十分之一，但當時每位女性通常都得生十幾個孩子，所以對於還有生育能力的女性來說，出事的

機率實在不低。在都鐸王朝時期，很多懷孕的女性都會在產前為自己畫幅肖像，原因有些淒美：分娩過程開始之後，她們可能就永遠見不到自己的丈夫了。而有了肖像畫，至少她們的親人能留下所愛最後的影像。

講到自然產，都鐸王朝時期就已經知道一項真理：地心引力幫得上忙。十六世紀的皇后，會坐在一個椅面中空、稱為「呻吟椅」的椅子上，椅子有金布裝飾，還會有一個銅碗來承接胞衣。至於如果是一般人，產婆會準備形狀類似但比較粗糙、同樣椅面中空的凳子。有些會比較華麗一些，像是有真皮座墊、有凸起處的椅背或扶手，好讓產婦生產用力時有地方可以抓住。

在都鐸王朝時期和斯圖亞特王朝時期，如果產婦階級較高，懷孕的最後幾週就有各種複雜的儀式。如果準備齊全，女性結婚時就會有一套完整的分娩用織品，除了有儀式上的用途，也很實用。等到真正要分娩，這些許多經過精心準備、平常儲存在箱子裡的織品就能派上用場。從花在準備這些織品的心力，就看得出來孕婦如何在生理和心理上都準備好要成為母親。

在懷孕的後期，都鐸王朝和斯圖亞特王朝時期的孕婦可說是完全與世界隔絕。十六世紀的大宅裡，最後整整一個月，會將孕婦關在一個遮蔽光線、精心佈置的房間裡，希望能將因為摔倒或驚嚇而流產的風險降至最低。當時之所以要讓房間又黑又悶，是因為要阻擋「不好的空氣」，當時的醫學認為不好的空氣正是帶來疾病的禍首。

這種理論認為疾病的傳播是因為空氣中有邪惡的「瘴氣」，而這對房屋設計史有極大影響，後面將再詳述。也因此，大家對於房屋的地點也很重視；像是對他們來說，如果地點太潮濕或是位於山谷，就會有不好的空氣、也就會帶來疾病。當時會這麼想，其實不難理解。舉例來說，都鐸王朝時期的沼澤地就常有瘧疾肆虐。只不過，傳播瘧疾的其實是蚊子，而不是什麼想像中的「瘴氣」。

即使好不容易順產而母子均安，這位剛成為母親的都鐸王朝時期婦女也還不能逃離分娩室。她得在那裡喝喝酒湯（caudle，一種加了酒的粥），等待復原。要再過兩個星期，她才能清潔身體、換掉弄髒的床墊，她也才能坐起來。而光是在生產兩週後「坐起來」和「站起來」這兩件事，就值得讓整個大宅所有女性一起來為她慶祝，而且僅限女性。這些儀式後來也傳到了新英格蘭：十八世紀，在新英格蘭塞倫的瑪麗・霍利奧克寫的日記提到，她是如何「被關著」，後來再「被帶到床那裡」，在兩週後辦了一場宴會，有五位女性朋友參加。

現在聽起來，在生產之後還得被強迫關著休息一段時間，似乎相當恐怖，但這能保護產婦渡過產後的危險期，否則在這段期間，很多產婦都會死於失血過多或產褥熱（一種敗血症，多半源自於手部不清潔，而且是不治之症）。婦女生產的最後一個儀式，是在生產一個月後，終於能走出屋外、再次上教堂，也能回到家、回到丈夫的床上。

對現代婦女來說，生產大多就像是一齣獨角戲，但當時的婦女會像上面說的聚在一起閒聊打氣，也讓生產比現在更像是一場社交活動。事實上，也正是因為分娩能帶來這種同舟共濟的感受，十八世紀的倫敦男妓院甚至還會模仿這套儀式：同性戀男子假裝生產，而且也會舉辦傳統的派對來慶祝。像是目前所知最早的同性戀色情刊物，名為《伴有一場奇幻冒險的生產對話》（一七四八），講的就是有個男人扮裝潛入待產的寢室。而到了現代，男同性戀族群倒是不太迷戀生產這件事，很有可能是因為只能獨自躺在醫院，不能像從前那麼有趣。

即使到了十八世紀，分娩室也一直是男性禁地，新生兒一來到世間，就是由女性圍繞。尼古拉斯．吉爾曼在一七四〇年寫道：「丈母娘來找我，眼睛裡含著淚水。她說『啊，我不知道你可憐的太太會怎樣』，暗示著情況非常危急。」吉爾曼想知道太太的生死，唯一的消息來源就只有丈母娘，而產子這件事，也屬於男人完全插不上手的家務之一。

就算是孕婦的丈夫，遇到這種情況，也得尊重他們找來的高明女幫手：產婆。她們代表著一種巨大而神秘的力量，靠著多年經驗，診斷各種疑難雜症。由於她們能影響父母親殷殷期盼的情緒，也就有著某種「魔力」能夠做出預測或提供保護的作用，只不過這些方式總讓科學嗤之以鼻。對於貴族來說，寶寶的性別至關緊要，特別總是希望能有個男繼承人。而十七世紀產婆為了多收些錢，多半就會預測這胎會是個男丁。想知道是男是女，從母親的乳房可略知一二：「乳頭是紅色，突起像個草莓」就是好兆頭。

雖然分娩往往是一群人共同的經驗，有時哀傷、有時快樂，但在分娩室裡也可能有些人不是來幫忙、而是來監視的。例如人氣低落的國王詹姆士二世，妻子瑪麗王后（Mary of Modena）產房裡的事就成了一場革命。詹姆士二世行事專制，政策上又堅守天主教，一直令臣民相當不滿。等到一六八八年他年輕的義大利妻子產下一個健康的男嬰，國王的仇敵發現他的地位更加穩固，十分懊惱。為了抹黑國王，他們放出假消息，表示瑪麗王后真正的兒子已夭折，現在這個兒子是用暖爐偷運進去偷換的。

謠言愈演愈烈，成為詹姆士二世揮之不去的嚴重污點，而且這個兒子絕對不可能成為繼任人選。不久之後，詹姆士二世遭到推翻，王位傳到他堅守新教信仰的女兒手中，而詹姆士二世的兒子長大後被稱為「僭王」（Pretender），信奉天主教、試圖奪回王位，功

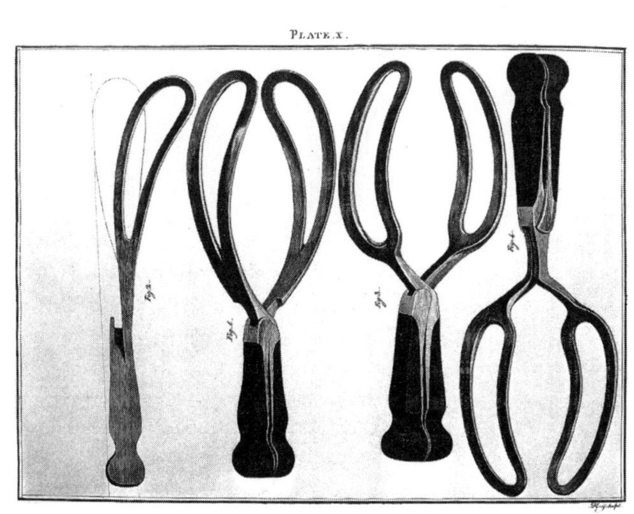

產鉗讓分娩有了革命性的改變，十八世紀產鉗，
Wellcome Library, London收藏。

敗垂成。

傳說中，這個暖爐故事就是發生在現在肯辛頓宮皇后寢室的那張天鵝絨床上，但有兩個理由可以說明其實不然。首先，這時的暖爐外形像是平底煎鍋，裝了熱煤炭之後可以拿來暖床單；但幾乎不可能放得下一個嬰兒。第二，就是為了避免這種狸貓換太子的事，宮廷和教堂都派出許多人手監視。瑪麗王后產子的時候，在場的至少有五十一人，還要再加上「後面樓梯的侍從和神職人員」，有這麼多人在場，想讓這件陰謀滴水不露，實在不太可能。

繼承王位的究竟是狸貓還是太子，這個問題一直讓英國人感到憂慮，到了二十

1793年的諷刺漫畫：「男產婆」（Man-Mid-Wife）。
左邊是由男性接手產科，而右邊則是過去的產婆。
在接生醫學化之前，接生是家居生活少數完全由女性掌理的事務。

世紀還是如此。一九二六年，皇太后生下了目前的女王，內政大臣也是親至皇宮等待和觀察（只不過沒有親自到房內就是了）。這種不光彩的習俗，要到喬治六世認為它太「陳腐」，才終於廢除。

而在較低的社會階層，產婆可有能會把客戶的秘密說溜嘴，有時候女性密友也會背叛而洩密。產婆可以看出女人是否通姦、殺嬰、或有婚前性行為。如果有「怪異」的分娩情形、或是產下畸形兒，她們就認為是因為有了不道德的行為所致。舉例來說，十七世紀的新英格蘭總督亨利・范恩爵士（Sir Henry Vane），他的宅第就有兩名女僕；「這兩個他都敗壞了，也都產下怪物」。

到了十七世紀，男人終於開始進到分娩室一窺堂奧。隨之而來，他們開始對許多古老分娩習俗提出質疑，更為分娩室帶來一項重要的器具：產鉗。這些鐵鉗是大約一六〇〇年左右由彼德・張伯倫（Peter Chamberlen）發明，但一直是該家族獨有的不傳之秘，為他建立的醫師王朝帶來驚人的名聲。而說到將產鉗發揚光大、廣為流傳，通常會將功勞歸給蘇格蘭的威廉・斯梅利（William Smellie，1697–1763）。

毫無疑問，產鉗可說拯救了許多生命。在這之前，如果生產不順，是用鐵鉤將嬰兒拖出，這樣一來，嬰兒也唯有喪命一途。然而，產婆對產鉗卻是多有疑慮。一七三九年的《女性藥方書，人人都有自己的醫生》就建議唯有極端情況才該用產鉗，而所謂極端情況，是說產程已經超過四到五天。

漸漸地，雖然男性醫生的經驗沒有那麼豐富，但開始取代產婆，讓分娩這件事不再只操縱於女性手中。新罕布夏州德爾罕一位名叫休・亞當斯的牧師，就說自己曾在一七二四年處理過一起棘手的難產案例。當時有一位產婆已經接生了三天半，但仍然徒勞無功。於是雖然他從無接生經驗，還是被請來接手。他只用了一些「強力的歇斯底里藥物」和讀過幾本書所得到的知識，就完成這場奇蹟般的任務。

正是像這種故事，讓「老產婆的神話」開始破滅，愈來愈多人覺得產婆一不精確、二不可靠。但在喬治王朝時期，男性的助產士還是多方受到懷疑。很多丈夫一想到有別的男人會盯著太太的私處瞧，就實在過不去。男助產士在諷刺漫畫中的形象，常常是有著一排又一排的藥瓶，裡面許多裝的是鎮靜劑，好把婦女弄昏、做些見不得人的事。

隨著逐漸由男醫生接管接生這回事，分娩用椅的設計也開始改變。過去的椅子較矮，產婦的腳就能撐在地上，但產婆就得彎腰前傾，「總是俯身彎腰、伸出雙手，等著胎兒出現」。但等到大約一七〇〇年，醫生開始接手，分娩用椅的椅腳也開始

可摺疊的分娩椅，約十七世紀末，十八世紀初，
倫敦惠康博物館（Wellcome Collection）收藏

變長。椅子變高，醫生就不再需要彎腰，但產婦反而比較不舒服。到了最後，乾脆直接請產婦在床上躺平，以推的方式生產，而不再是坐著利用重力生產。這種作法，其實方便的是醫生、而不是病人。

都鐸王朝時期，想要止痛主要是靠禱告的力量。像是西敏寺的「聖母飾帶」，有時候就會借給要分娩的婦女，例如亨利八世的妹妹瑪麗．都鐸（Mary Tudor）。另外也有一些藥方，像是約翰．帕特里奇就有一帖頗負虛名的草藥藥方，聲稱可以「讓女性迅速生產，完全無痛、或至少幾乎無痛。」而到了喬治王朝時期，產婦就能選擇更有效的液體鴉片酊（鴉片溶於酒中），這在當時完全合法，而且約翰．瓊斯醫生在《鴉片的奧秘》更稱鴉片是「聖賢而高貴的靈丹妙藥」。維多利亞女王分娩時使用了哥羅芳，讓此藥大為風行，但隨之而有龐大的道德壓力，認為不該因為這個「弱點」就「屈服」。她的許多臣子都認為，「如果因為威士忌、琴酒、白蘭地、紅酒、啤酒、乙醚、哥羅芳而變得昏迷無知覺，就是『死醉』」，不論原因為何，都十分可恥。但是，既理性又講科學的達爾文，也在自己的妻子分娩時給予哥羅芳。

後來人們開始明白，就算手看似乾淨、還是可能將肉眼不可見的細菌帶進臥室；但即使如此，要叫醫生改變習慣，在醫生之間還是有不少異聲。一八六五年，女性醫學會要求醫生不得直接從解剖室進到產房，但在《刺胳針》期刊上就有一篇文章反擊，認為這項要求完全不必要，聲稱產褥熱不是因為感染，而是因為產婦的

「心理情緒」或是過度興奮。而且，當時也繼續採用都鐸王朝時期的做法，讓產婦在分娩後繼續留在床上；有一本書名為《對妻子的建議》，於一八五三年出版，建議新手媽媽生產後得先躺著九天，才「可以坐起來半個小時」。還要等到兩週後，才能「從寢室換到客廳」。

當然，這一切和休息與隔離有關的議題，都還是牽扯著令人厭惡的階級因素。另一本維多利亞時期的參考書就寫道，「勞動階級的太太根本不可能放下工作……而且也沒有這種必要。有了背，就該承擔。」如果是勞動階層的婦女，或是前往美洲殖民地的移居者，在為母或為妻的職責之間總有些拉扯。像是一位即將臨盆的母親，醫生建議不要手舉過頭；但在新英格蘭，太太的主要工作之一就是要在房子未完工或是漏水的時候，伸手向上、用灰泥將縫隙填起。麻薩諸塞州格洛斯特的瑪格麗特．普林斯曾經上法庭控告她的鄰居下咒，讓她的孩子死產，當時被告就反控她有「抹灰泥」的動作。瑪格麗特承認自己「在那樣的時候抹灰泥有錯」，但也說「她情非得已，因為她的丈夫不會做這件事，而且她的房子還破著個洞」。所以在務農的地區，顯然孕婦還是得一如往常地工作。

到了十九世紀，出現一種神經兮兮的態度，不願意談到懷孕這回事。早在一七九一年，《紳士雜誌》的一位作者就注意到一種趨勢，覺得提到懷孕是品味不佳。他寫道：「我們的母親和祖母，以前會說她們『有孩子了』，但是在過去十年以來，只要是在女僕或洗衣婦的階級以上，都沒提到她們有孩子了⋯⋯也沒提過她們『被帶去產床』，或是『分娩』。上流社會的淑女只能「在某個時間，告訴朋友她要被『關起來』」。這麼樣的雅緻溫婉，缺點就是讓婦女覺得懷孕是一種疾病，維多利亞時期關於生子的書籍，甚至將懷孕歸類於「婦女疾病」。而無論在臥室或是在社會上，女性的形象開始變成就是柔弱、易受傷、無法照顧自己。

相較之下，喬治王朝時期的女性形象較為強健，講到性和傳宗接代，雖然態度比較粗俗、卻也比較有自信。像是喬治二世的妻子卡羅琳王后（Queen Caroline），就會和首相羅伯特．沃波爾爵士（Sir Robert Walpole）公開討論她的性關係，並表示丈夫不忠這件事對她的重要性「還比不上他去廁所」。

但如果是神經質的維多利亞女王，我們就完全無法想像她會和首相討論這樣的問題。甚至她自己也被生孩子這件事嚇壞了：「我婚姻生活的前兩年，就被這件事徹底毀了！」，幾乎可以肯定，她想必有過產後憂鬱症。對於生子這件事保密再三，對於十九世紀那些資訊不足、從無經驗的母親而言只會更為恐懼，而對女性的身體隻字不提，除了可能造成不便，更可能帶來極大的危險。例如醫生從一八三〇年代就知道，受孕會使陰道黏膜顏色改變，幾乎也就成了女性懷孕最早的可靠指標。如果女性知道這件事，豈不是大有幫助？但醫生卻是閉口不提，才能確保女性私處檢查是自己的專業領域範圍。等到有醫生終於打破默契、將此公諸於世，卻遭到醫界除名、以示懲罰。

隨著普遍認為懷孕是種疾病，也就愈來愈多人選擇到醫院待產。慢慢地，生產這件事走出臥室、走出家庭，最後進入了公共領域。

一九三七年有人把生產寫得有些恐怖，講到在理想狀況下，準媽媽來到二十世紀的醫院會發生什麼事。她會「立即受惠於現代化的止痛劑或止痛藥。很快進入如夢般的半昏迷狀態……完全不知道自己被帶入一塵不染的產房……嬰兒第一次感受到這個冰冷世界的寒意時，她也聽不到他的哭聲。」《女廁》（一九七八）的女主角米拉碰上的情況可不是如此：「讓她受盡折磨的不是分娩本身……而是這個地點：這裡的冷漠無情，護士和醫生的不屑，被綁起固定曝露陰部、而旁人可以隨意窺視的恥辱。」

正因為這類的經驗，現在很多人又開始在家生產。只不過在本文寫作的時候，紐約的助產士仍無法合法在民眾家中接生。

維多利亞女王還躲掉了另一件母親的工作：哺育母乳。其實在歷史上，因為過去奶媽盛行，餵母乳這件事出現在臥室的情形，其實比想像中要少得多。

CHAPTER 03 母乳無敵？

我實在無法理解，為何大家要把嬰兒送出家門，由另一個女人讓他們吸吮。
——威廉．卡多甘（William Cadogan），一七四八

❖ ❖ ❖

在長達數個世紀的歷史當中，上流社會女性並不哺乳，而且新生兒常常很快就被趕出母親的臥室。

當然，當時的人還是很重視嬰幼兒早期照護，認為這對他們未來的幸福影響重大；而想要好好把小孩帶大，需要的衣服可不少。十八世紀的育兒大師漢娜．葛拉絲（Hannah Glasse）建議，嬰兒至少得要穿一件內衣、一件襯裙、一套硬麻布束腰、一件袍子，還有兩頂帽子。把小嬰兒塞進束腰裡似乎很殘忍，但這麼做的目的是要確保脊椎能挺直。有些人長大後有駝背問題，就會有人說「這些人現在這麼慘，就是因為嬰兒時照顧的人太不聰明」，居然連把他們好好綁緊都做不到。

育兒顯然是件需要專業技巧和注意力的事。然而有好幾個世紀，媽媽們並不覺得自己能把孩子照顧得最好。

在十七和十八世紀，可說是奶媽的黃金時代。相關證據多半來自當時極力反抗的一個團體，他們激烈抨擊幾乎人人請奶媽的情況，也引發許多討論（就像今天在親餵和瓶餵的爭論一般）。據說在十七世紀，只有非常少數擁有「勇氣和決心」的媽媽會自己帶小孩，而且這種作法在社會上「顯得不合潮流、不符身分，就好像一個紳士竟然不喝酒、不罵髒話、不夠男人」。

只不過，會大力反對請奶媽的，常常是那些多管閒事的清教徒虔誠紳士們。即使是有的母親因為停乳而請奶媽，也躲不過他們的責難：「如果真像她們說的，乳房已經乾了，她們當然就應該禁食、一起祈禱，祈求這個詛咒快快退散。」自然，這種觀點在新英格蘭的清教徒社群大行其道，使得哺育母乳成為所有社會階層共同的作法，而與英國大不相同。

雖然有些母親確實有產不出母乳的問題，但更多人只是想避免餵母乳的痛苦和不便。還有許多人是丈夫禁止餵母乳，認為這會妨礙懷下一胎的進度。當然，在大富之家的女性，如果生了個女孩，大家就會希望她要趕快繼續努力、盡速為龐大的

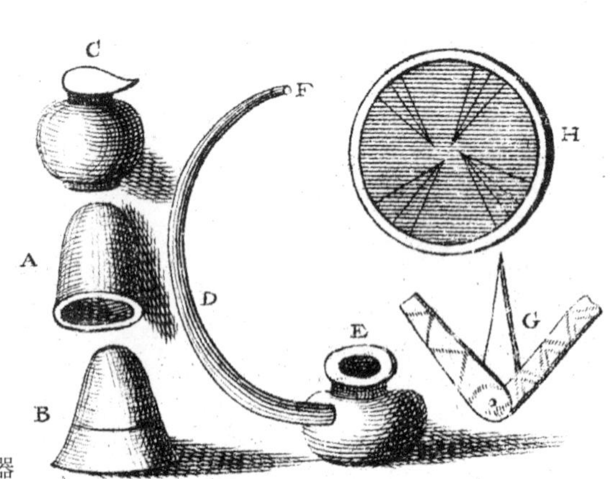

十七世紀的擠乳器

資產生出一個男性繼承人。

貝納迪諾・拉馬齊尼（Bernardino Ramazzini，c.1700）曾列出餵母乳的醫療風險：如果「產乳量太多、乳汁在乳房裡凝結、或是乳房發炎」，就會出問題，也「可能會有乳房膿瘍或乳頭破皮裂開的問題」。在抗生素問世之前，這些症狀不僅十分痛苦，而且確實會造成危險。此外還有營養考量：「長期持續哺乳，可能造成萎縮或消瘦……奶媽的身體被奪去了富營養的汁液……她們逐漸變得削瘦而體弱。」

然而其實，比起受僱的奶媽，上流社會的女性飲食更佳、更豐富多樣，而且將養育工作託付給人也有風險。過去就曾經發生過，因為奶媽一時心不在焉或是昏昏欲睡，就在深夜餵奶時將小孩壓死或造成窒息。約翰・伊夫林（John Evelyn）就曾在一六六四年這樣失去了一個兒子：「因祂的喜悅，上帝帶走了我的兒子理查，他一個月大，無疾無病……我們十分懷疑，是奶媽壓住他而使他窒息。」

這種直指奶媽錯誤的說法十分耐人尋味，可以看出當時如何看待父母的養育責任。你可能會認為，像伊夫林這樣把小孩交給陌生人來帶的父母，不可能真正愛他們的孩子（也正因如此，今天談到親餵或瓶餵的問題，還是有人反應激烈）。歷史學家就曾說過，在幾個世紀前，父母確實沒那麼愛他們的嬰兒：當時嬰兒死亡率高，而且即使活了下來，沒多大就得送出家門安排結婚，一旦付出情感，很有可能隨之而來的就是失落和感傷。在法國，蒙田（Michel de Montaigne）居然連自己有幾個孩子過世都記不清楚，現在聽來實在誇張：「在奶媽那裡走了兩個還是三個，不無遺憾，但也沒有悲傷」。

所以我們可能會懷疑：以前真的有童年嗎？還是小孩都直接被視為小大人，能夠面對這個世界的婚姻、工作和失落？在七歲之前，小男孩和小女孩很難分辨，但男孩到了七歲改穿褲子，自此之後，他幾乎就算是個成人了。

當然，貴族必須更鐵石心腸，才能早早將孩子送走，完成對王族政治來說重要的婚姻佈局，又或是服侍國王或地位崇高的家族。丹尼爾．巴爾巴羅是一五四〇年代由威尼斯赴英國的大使，他很驚訝英國人這麼快就和孩子分開，認為這顯現了「情感的缺乏」。但他去詢問貴族，他們卻認為這都是為了孩子好。他們的孩子到了地位更高的家族，就能接受教育、認識重要人物，家族之間也能打好關係，於是皆大歡喜。

但我們也知道，即使貴族女孩早早就出嫁，和原生家庭的關係也並非一刀兩斷。靠著信件、互相拜訪，以及僕人或訪客代為傳信，都能維繫這些連結。女繼承人往往會選擇與父親、而不是與丈夫同葬：畢竟，她們是先當了女兒、才成了母親。當然，要說前現代家庭並沒有強烈的情感連結，顯然是個荒謬的說法。來自新英格蘭伊普斯維奇的伊莉莎白．雅博頓，家中的嬰兒死亡率高到特別令人痛心。一七三六年，她一邊頭痛，一邊回憶總結著她失去多少兒女：

以下列出我所有後代。六個兒子、三個女兒，二十個孫子、二十個孫女，總共五十八人。這之中，有三十三個都在我之前離去了。我盼望將來能在主的右邊，在主的羊群中，與他們重聚。我常常看著這個表，滿懷傷感。

薩拉・古德休也來自伊普斯維奇，她在一六八一年和孩子談起以前丈夫下班後的習慣。他是一個充滿父愛的父親，喜歡

把小孩抱在他已經疲憊的雙臂中……可以清楚看見，他在你們每個長大時的溫柔呵護和愛意：我可以肯定地說，他如此愛你們全部，分不出愛你們哪個愛得最多。

從十七世紀晚期開始，有愈來愈多的日記和信件更大方表達出對孩子的情感，也開始有新一代的醫生認為母親應該親餵母乳。威廉・康多甘醫生在一七四八年發表《關於育兒的論文》，承認他完全找不到贊成奶媽制度的任何理由。他的書得到倫敦知名的棄兒養護院認可採用，也成了十分普遍閱讀的讀物。他寫道：「我實在無法解釋為何一般家庭都要將嬰兒送出家門、交由奶媽或是保姆養育。這些人對孩子的了解和愛心，都不如父母來得多。」他建議「每個父親都應該讓孩子在自己的眼下得到養育，用自己身為父親的理智和理性來指導、主管相關的事情。」強調「理

智和理性」是啟蒙時期醫生的典型特徵。

幾年以後，美麗而又引領潮流的德文郡公爵夫人喬治安娜聽從了康多甘的意見。當時親餵對貴族來說是件不可思議的事，但她發現自己僱用的奶媽常常喝醉，「床上滿是酒臭」，於是開始親餵自己的女兒。

與之呼應的，還有十八世紀盧梭鼓吹要改善「童年」的想法，他認為父母應該要對孩子有更多慈愛與關懷，讓孩子穿著簡單、自然的衣服，而不是綁在緊身衣裡、受到嚴密的行為監控。

如此一來，餵母乳大行其道、形成熱潮，甚至到了一七九六年，諷刺畫家詹姆斯・吉爾雷(James Gillray)還畫了一幅諷刺圖：一位追求時尚、但又時間緊迫的母親，急著想擠出一點母乳，好趕著參加晚宴。

一位時尚的母親模仿德文郡公爵夫人的作法，不請奶媽，而是親自哺乳

醫療機構持續鼓吹哺乳，到了十九世紀，形成一股影響深遠的改變。奶媽制度非旦沒有就此消失，甚至還形成一個新的夢魘：嬰兒農場。

如果女性有財務上的困難，就可能刻意懷孕，好得到作為奶媽的工作、取得豐厚的酬勞。這些人並非真心想要的兒女，就會被送到「嬰兒農場」，只能得到最低限度的照料，甚至有時會因一時忽略而死亡。《英國醫學期刊》就問道：「我們怎麼能允許一個母親，只是為了能有成為奶媽的能力、獲取可觀的利潤，就犧牲自己的孩子、使孩子遭到緩慢的病痛和死亡？」

經過大力鼓吹，終於推動在一八七二年通過「嬰兒生命保護法案」，影響至今不輟，由國家來篩選、登記、監督保姆工作。只要婦女擔任保姆的時間需超過二十四小時，就需要登記註冊，如此一來，奶媽自己的孩子也不再那麼容易號稱「走失」。而到了一八六〇年，奶瓶開始較為普及、價格也較為親民，瓶餵就逐漸成為可行的選項。家政專家比頓夫人（Mrs Beeton）認為，瓶餵「營養更豐富」，也能避免孩子得到軟骨病。

到了維多利亞時代，雖然開始更關心嬰兒的福祉，但這個時期的中產階級房屋仍然明確劃分不同用途的空間，讓孩子與父母距離遙遠。孩子通常會被放逐到樓上的兒童房或教室，有保姆或家教女老師之類的人來替代母親的身分。畫家愛德華．伯恩—鍾斯（Edward Burne-Jones）把自己的第一個孩子形容成「在我們家門裡的小陌生人」，正可代表這種缺乏親近感的情形。在保守的家庭裡，維多利亞時代的「好小孩」幾乎就是要無聲無影，要等到長大成人、能成為社會的一份子，才出來正式露臉。從十六到十七歲，會是一個強烈的對比：十六歲的孩子，可能還是穿著孩子的衣服、吃著孩子的食物、睡在兒童房，在父母的生活中就像個邊緣人。但一到十七歲，他就搖身一變、成了成年人，能夠和父母及長輩朋友社交來往，而且有單獨的臥室。

一直要到一九五〇年代，我們才認知到兒童到成人之間還有個過渡期：青春期。與此同時，正值戰後房屋數量爆增，父母終於能夠讓年紀較大的兒女擁有自己的臥室，而不是讓他們和年紀小的弟妹共處一室、另外留一個房間給保姆。青少年有了自己的房間，就能夠開始收集屬於他們年紀的衣服、唱片、海報和消遣玩意。

然而，年紀更小的孩子仍然被認為是家中不懂事的次等成員，他們有何需求、有啥期望，似乎都不太要緊。「孩子是家庭的核心」其實只是過去三十年間的事，實在讓人有些意外。康藍在一九七四年寫到兒童的臥室，認為「為了小孩花上大筆金錢來裝飾，是毫無意義的。他們不會感謝你在金錢上的犧牲，他們會亂塗亂畫、搞出骯髒的痕跡，說他們兩句還會生氣。」只不過，無論是他旗下的Habitat居家用品店、或是與兒童臥室相關的龐大家具及用品產業，想必都深深無法苟同。現在想到孩子，都覺得他們應該享有與父母相同、甚至是更多的家庭資源。雖然證據顯示寵兒愛女古今皆然，但現在家庭以兒女為中心的情形，絕對可說是史上高峰。

一般認為到了二十世紀，奶媽制度就已在英國絕跡，但其實到了一九四〇年它依然存在，而且在其他文化中也還得見其蹤影。而且雖然有愛滋病毒的威脅，有些滿不在意的中產階級媽媽，還是會交換孩子來餵。或許，如果有些母親雖然產乳量不足、但還是希望孩子得到喝母乳的好處時，就會讓奶媽行業捲土重來。

CHAPTER 04 女用內褲

舒適的服裝……我們人人都穿、但人人都不談。

——切斯特菲爾德夫人（Lady Chesterfield）談到女用內褲，一八五〇

❖ ❖ ❖

每天早上起床，你的第一件事是什麼？都鐸王朝時期的醫師安德魯・博多建議，應該要「伸展手臂和腿，接著伸展身體，然後咳嗽、吐一口痰，然後到便座去排泄。」就算是現在，你可能還是會伸伸懶腰，然後上廁所去。接著就像是生命中的每一個早晨一樣，挑套衣服，打扮接下來一天的身分形象。

一直以來，臥室就是放衣服的地方，除非你夠有餘裕，能夠有個藏衣間。英文裡的「衣櫃」（wardrobe）本來指的不是一件家具，而是一個單獨的房間，而且還有專屬的僕人看管。王室組織就有「wardrobe」這個單位，是負責「袍服」（robe）的「看守員」（warder），要照料國王和王后的衣服，以及窗簾、地毯、靠墊等室內佈置品。

從愛德華三世開始，這個單位甚至還在倫敦城內有專屬中央倉庫，方便與布商往來。像是在聖保羅大教堂附近，還有一間教堂名為「在Wardrobe旁的聖安德魯教堂」，呼應著過去這個單位的存在。在十七世紀以前，國王仍然有一個「大藏衣間」，是中央儲存庫，另外還有在各個王宮裡的「常設藏衣間」，以及會隨著他四處出巡的「活動藏衣間」。

雖然「wardrobe」的語義慢慢演化成現在所稱、在臥室裡的木櫥，但這其實是十九世紀才發生的事。中世紀要收納各種織品和簾子，一種方式是放在箱子裡，另一種則是掛在稱為「perch」的橫桿上，這個字的語源來自拉丁文「pertica」（橫桿、桿子），而perch也是英國的土地測量長度單位。至於最早的「cupboard」（櫥櫃），就是拿來放杯子（cup）的一塊板子或架子，並不會出現在中世紀的臥室，而是屬於大廳、或是廚房。至於箱子（chest）常常是長方形，拿來放亞麻布或疊好的衣服，喬治王朝時期的女士就會寫到要把衣服「疊起來」而不是「掛起來」。

現代直立式的衣櫃，其實是在衣架發明後才誕生。根據維多利亞時代的時尚，女士的裙子比以前更寬，而用量這麼大的織品，總得有個地方放。女士的更衣室和臥室，也開始出現絨腳墊和空心的凳子。最後終於發明了衣架，一開始的名稱是「shoulder」（肩），木質、形狀狹長，已經看得出來衣架的造形，讓衣服能夠垂直地儲存在櫥櫃裡。一九〇四年，一位德國遊客造訪英國，就指出英國婦女的衣櫥裡「只有裙子掛在衣架上、放在櫃中直立垂掛的部分，其餘的全部都是平放，像男人的衣服一樣。」但當時正值剛剛發明了鐵絲衣架，而且即將襲捲全英國：時至今日，襯衫、外套、長褲和洋裝通常都是用掛的。

有長達數百年的時間，國王或貴族會將貼身衣物放在寢室中。到了早上，會有早晨接見的儀式，國王需要從寢室走到另一個比較公開的房間，僕人會在那裡將外衣交給他。換言之，他也得習慣臣子看到自己穿著內衣的樣子。

看到別人內衣的機會，其實比想像要來得多。像是俠義、古老而高貴的嘉德勛騎士團（Order of the Garter），其命名來源就是有位女士在大庭廣眾下服裝出了差錯：當時，薩里斯伯里伯爵夫人的襪帶（garter）不小心掉到地上，有些臣子無禮地笑了，愛德華三世便斥責「Honi soit qui mal y pense」（心懷邪念，必將蒙羞），而這也成了嘉德勛騎士團的格言。

事實上，內衣也常常成為刻意的展示。這種在「性」方面的出擊，不管是一六三〇年的騎士穿著有花邊的襯衫，或是現在的年輕都會男子，穿著低腰牛仔褲而露出Calvin Klein的內褲頭，其實都是一樣的心態。白宮實習生陸文斯基（Monica Lewinsky）也發現，就算是全美最有權勢的人，看到實習生的丁字褲，也會意亂情迷。

但一般來說，看到內衣仍然不是好事。在十四世紀末葉的《賢妻指南》裡，就這麼告訴一位法國的年輕家庭主婦，要她小心把自己包好：

注意妳的連身內衣、或是背心、或是長袍、或是外衣，領子都不能溜到外面；只有醉酒、愚蠢、無知的女性才會這樣。

只不過，如果連衣服都還沒穿好、就跑來迎接某人，倒也可以說是非常看得起對方，而擁有超級自信的溫斯頓．邱吉爾，便曾經赤條條地邊洗澡邊和手下講話，廣為人知。在一五二〇年六月十七日早晨，法國的法蘭西一世出奇不意地出現在亨利八世的寢室，當時他們正在加萊附近召開會議、慶祝彼此間的友誼。他親手為英國國王送上內衣，作為英法之間親密的象徵。（之所以有必要如此圓滑，是因為幾天前法蘭西才在摔角時贏了亨利，而這位王室手足可正在生他的國王悶氣。）

對亨利八世來說，通常是由貼身侍從在他隱密的寢室中為他侍衣。接著他再「穿著隨性地」進到隔壁的樞密室，這已經是比較對外公開的房間了。在這裡，衣櫃侍從會為他準備好外衣，並由郎官交給寢宮裡較資深的個人侍從。而真正為國王更衣的，正是最後這群個人侍從。郎官會被警告，奉上國王服裝的時候必須滿懷崇敬，而且不能「讓手觸碰到王室的身體，或是干擾更衣」，除非是為了先用火將衣服暖一暖。

在無數的王室寢宮中，通常都是由深受信任、地位崇高的僕人，負責為國王暖衣。光榮革命即位的威廉三世就曾在寢宮守則提到，僕人要將國王的內衣「放在火前，維持溫度直到我們準備好要穿上。」一七六五年，霍勒斯・沃波爾造訪法國路易十五的宮廷，發現國王公開著衣這件事極具制度、恍若儀式，幾乎算是個觀光表演：「國王穿上內衣後，你就能獲准進入寢宮；他一邊著衣，一邊幽默地和幾個人談話。」然而，就算是這位異常大方的國王，也還是有限度的：他會「瞪著陌生人」。

地位重要的女士也會有同樣的穿衣儀式。像是十七世紀的日記作家伊夫林就曾記道，他有一次受邀前往樸次茅斯女公爵（Duchess of Portsmouth，她是查理二世的情婦）的寢宮，「她才剛起床、穿著早晨寬鬆的服裝，女僕為她梳理頭髮，國王陛下和其他獻殷勤的人站在一旁。」除了國王之外，還有其他追求者和國王的親信都聚集在此，一覽這令人愉悅興奮的景象。

之後不久，英國的安妮女王也在她為數眾多的寢宮侍從協助下，半公開地換裝著衣。侍從依據職等，從女侍長、寢宮女侍（均為貴族），到更衣女侍、美髮侍，以及最低一級的後梯侍從。

女王的每件衣物也有位階，所有人只能碰到符合自身等級的衣物。所以，寢宮女侍負責協助女王穿上連身內衣，這是貼身的衣物，重要性非同小可。此外，寢宮女侍還要在穿衣過程最後將扇子遞給女王，而這也就是她最後一件事。至於其他更多粗活，像是將女王塞進束腰裡、替女王穿上裙環、繫緊洋裝，則是交給寢宮女僕和更衣女侍；侍從的地位低落，能負責的只有替女王穿鞋而已。至於女侍長，所需的體力最少，但做的是地位最高的工作：服侍女王戴上珠寶。有人會認為女王真是堪憐，得要又冷又無助地身處於這個恍若舞會的儀式中心。

透過這些王室更衣儀式的記錄，可以看到參與更衣的人數多得驚人。這些人數聽來多到誇張，可能讓人覺得很多只是沒什麼實際用途的幫手隨從，但當時冗員的情形比比皆是：在一五一二年，諾森伯蘭伯爵的大廳（客廳）上午有二十個僕人值班，下午有十八個，晚上則至少有三十個。然而，這樣龐大的僕人數量，展現的是一個人的權力和地位，至今仍然如此。到了巴洛克時期的絕對君主制，上述的這一切都相形見絀：路易十四搬家的時候，運送人和財物就得用上三萬匹馬。即使是地位較低的人，也從來不會嫌僕人少。伊莉莎白．斯賓塞想說服她那心不甘情不願的丈夫（即寫《仙后》的愛德蒙．斯賓塞）多掏出點錢，多請一個女侍；她在一五九四年寫道，她現在只有「一個女侍，所以悶悶不樂」，認為這件事實在「太失禮了」。

然而，需要這麼多僕人，還有另一個原因：沒有別人幫忙，誰都根本沒辦法穿衣服。扣子要到十四世紀才發明，在那之前，一定得要有人幫忙，才能將袖孔綁起來（長袍的袖子要用線穿過袖孔，才能與主體相連）。中世紀的騎士一定要有僕從「協助打扮他、綁好他的袖孔、豎直他的短褲，確保一切整齊清潔。」一篇中世紀文章也建議，領主的內侍（寢室僕人）必須同時擔任髮型師和更衣侍。文章建議內侍「在領主出門前，必須辛勤為他刷淨，而且無論領主穿的是緞料、涼鞋、絲絨、鮮紅或是胭脂紅，都要確保一切乾淨漂亮。」

不難想見，這樣在寢室裡為主人刷背洗身的僕人，也會變成主人的密友。一六四三年就出現一幕動人場景，第二代福克蘭子爵盧修斯・喀利（Lucius Cary）戰死沙場。戰場上，只有他的內侍認得出主人的遺體：「他們找不到子爵的遺體；遺體衣服被剝去、遭到踐踏砍傷，只有一個在他的寢室服侍他的人，能夠靠著子爵脖子上的某個痣，認出子爵。」

另一方面，一七八〇年代的紈絝子弟逐漸過於依賴貼身僕人，成了一種病態，幾乎「除非身邊有僕人圍繞，否則完全沒有活動的能力……如果僕人恰巧不在，主人就只能無助地癱躺在床上，像是翻了面的烏龜躺在料理台上一般。」

中世紀騎士穿的內褲和現在並不相同。有的是讓內衣垂下一條長長的尾巴、垂到兩腿之間，也有人穿著像是寬鬆亞麻尿布的衣物。十七世紀開始出現早期的內褲型式：較長的絲綢短褲，後面開了個口，好方便上廁所。等到一六六〇年代後期，查理二世穿的就是絲綢內褲。至於兩任之後的國王威廉三世，對內衣的品味幾乎令人感到刺目難耐。我們知道他喜歡綠色襪子、紅色背心，這些衣物現在仍然可見於肯辛頓宮的服飾收藏。這位國王身材矮小，背心尺寸也迷你，前方沒有綁孔，所以每次穿上的時候，就得要用針別住、甚至縫緊。在拉鍊發明之前，這兩種作法並不少見。

與此同時，十六、十七和十八世紀的女性服飾根本就不允許穿內褲這件事。當時的裙子有巨大的裙圈，所以如果希望上廁所的時候不需要脫下所有衣服，就不該穿內褲。因此，當時的女士都不穿內褲，需要上廁所的時候，就用便壺。換言之，可說處處都是廁所、也處處都不是廁所。無論是臥室、接待室，甚至大街上，都能充當廁所之用。（有人甚至在床上用便壺。只不過，如果能「先加溫，邊上還蓋著法蘭絨」，就更舒適了。）

然而，等到珍．奧斯丁所處的攝政時期，女性時尚開始變得比較苗條、寬鬆、而不那麼麻煩，穿的裙子比較輕便薄巧、但也可能比較暴露，裡面再學男性穿著內褲做為保護。最早的女用內褲是長褲，但還是被認為實在太猥褻。一八五〇年，切斯特菲爾德夫人寫信給她的女兒，說到她年輕的時候穿著「到踝上一英寸的裙子」、露出「從另外那個性別借來的舒適衣服的花邊，那種衣服我們人人都穿、但人人都不提。」

雖然內褲一開始帶了些情色意味，但還是迅速成為主流。就連維多利亞女王的宮廷侍女，也同樣被這陣風潮颳得神魂顛倒。像是她的侍女埃莉諾．絲丹利閣下，就曾在一八五九年描述曼徹斯特公爵夫人如何攀越一扇大門，

她的裙籠（cage）有一圈卡住，把她翻得頭上腳下……展露在全世界眼前，但至少

她穿的內衣有一件深紅燈籠內褲，其他女士們真不知道這算不算不幸中的大幸。

這裡最特別有意思的，是用「cage」（籠子）這個詞來形容裙撐，這種有箍的襯裙用了金屬、植物纖維或木頭，限制女性的自由活動，實際上就像是將她們關進了籠裡。後來有些女性起身反抗，反對繼續採用這些層層疊疊又笨拙的內褲和襯裙，認為這些無理的要求扼殺了女性的聲音。我們至今都得好好感謝她們才是。例如愛米莉亞・布倫姆（Amelia Jenks Bloomer），就在這場女權運動上舉足輕重。事實上，真正設計女裝燈籠褲（bloomers，很寬鬆的土耳其褲、加上一件罩裙）的是她的朋友莉比・米勒，但布倫姆大力推動，表示這種褲子特別「適合任何形式的運動」，包括騎新式自行車。鼓吹婦女參政的蘇珊・安東尼在一八九六年曾說，「講到解放婦女，騎自行車這件

莉比・米勒發明的燈籠褲

事的幫助比什麼都大。每次我看到女性騎腳踏車，我總是站在那兒、感到喜悅。這讓女性有自由和自立的感覺。」

雖然有人認為燈籠褲不成體統，但無論是燈籠褲或是倡導者布倫姆，其實都不是想打破什麼道德。布倫姆一心一意地做著顯然徒勞無功的事，她嫁給了貴格派的教徒；她也是女性禁酒協會的忠誠分子。她在美國各地巡迴談講，鼓吹禁酒、提倡燈籠褲（但成效有限）。

在英國，理性服飾協會也提出類似的改變。該會由哈伯頓子爵夫人於一八八一年成立，次年於肯辛頓市政廳舉行「衛生服飾展」。哈伯頓夫人寫道，「無論是成長中的女孩，或是在生育的女性，所穿的內衣都不該超過七磅重」（約三公斤）。成果之一是發明了自由緊身背心（liberty bodice），用以取代緊身胸衣；成果之二，則是一九二〇年代掀起新風潮，追求使用新人造纖維所製、各種輕鬆而又通風的內褲。（一六六四年，羅伯特．胡克就已經有了要模仿蠶用「黏性物質」來紡線的想法，但一直要到一九〇五年才真正發明了人造絲／嫘縈。）

只不過，那些地位最高的女性，還是穿著長內褲進入了二十世紀。羅西娜．哈里森是英國首位女議員阿斯特夫人的女僕。她還記得阿斯特夫人如何「對於內衣特別講究，平常要用絲質套袋包起來。我除了做出這些袋子，還要用阿斯特子爵的代表色（藍色和粉紅色）加上裝飾……內褲穿到膝蓋以上。」隨著二次世界大戰來臨，常有令人惱火的燈火管制（也稱為「激情的終結者」或是「男孩的阻礙」），女性內褲也變得嚴肅節制，政府發的內褲是卡其、藏青或黑色，正好搭配女性軍服的及膝裙裝。這些內褲常常連穿都沒穿過，總是熨得好好的，只為了應付檢查。

在內褲開始風行之後，塑身這項奇特而又私密的業務也開始引人注意。漸漸地，我們最愛看身體哪一部分、覺得哪裡最性感，也起了很大變化。在都鐸王朝時期，男性的小腿是推崇的重點。亨利八世就曾一邊拍著自己的肌肉，一邊誇言道：「看啊！我也有條絕佳的小腿。」在斯圖亞特王朝時期，宮廷中常可見到赤裸的女性乳房，一如克里特島的米諾斯宮廷一般。然而，不過在兩個世紀後，喬治四世的可憐妻子卡羅琳（Caroline of Brunswick），很有可能只是照著家鄉日耳曼的時尚來穿著，

揭露完美身材的秘密，c.1810

但這袒胸露背的作風卻大大觸怒了她的新同胞。(「真是從來沒見過這樣一個穿著過份、露胸露背、還畫眉毛的人!」)

面對著臥室裡的鏡子,女士們不是詛咒、就是感謝著自己的遺傳基因,讓她們有著背離或符合當代時尚的身材。有些時代,乳房大受重視;也有些時代,乳房無關緊要。這種趨勢就像鐘擺,不停在兩端擺盪。十七世紀的美容書就提到一個配方,能夠「讓乳房維持小巧」並「阻止其生長」,還要「讓鬆軟的乳房硬起來」。在十三世紀末葉,腹部成為評判重點:也許就是因為當時重視婦女的生育能力,所以畫家筆下的女性常常是臀部突出、小腹圓鼓。十九世紀初,威廉·華滋華斯就曾表達對巨乳的厭惡,說他碰過一對胸部就像是「乾草堆,對著觀者突出而來」,讓人「嚇得幾乎要躲起來」。然而,對於愛德華時期(一九〇一—一九一〇)要像是「凸胸鴿」(pouter-pigeon)的時尚造型來說,大到能下垂的胸部是不可或缺。對臀部的喜好也是來來去去:確實,十九世紀末葉對裙撐為之瘋狂,也讓人對臀部的喜好進入了一種宛若幻想的境地。

塑身並不只是一個女性化的現象。在十八世紀中葉,理查·坎貝爾曾嘲笑倫敦人重度依賴他所謂的「身材商人」。追求時尚的人,「除了裁縫、帽匠、假髮匠所賦予的形象外,就不存在了」。如果把他們的衣服脫光,看起來就會是「完全不同的物種」,就像是「木偶潘趣(Punch)被拿掉了控制繩、掛在牆上」。至於喬治四世,這個人狂飲白蘭地、戴著假髮、全身精心打扮、還有點瘋狂。他同樣幾乎總是穿著緊身胸衣。他小時候穿的緊身胸衣（為了讓他能夠身材挺拔），目前仍然屬於肯辛頓宮的皇家禮服典藏。至於他成年後的緊身胸衣目前已經不知流落何方，當初是為了要固定住他的肥肉，並且幫助他走路。（有人會誤以為中世紀騎士也穿緊身胸衣，但可惜這種說法是來自一個拉丁詞的誤譯，而非事實。）喬治四世之後的一代開始出現胸墊，可以讓男性看來有理想中的身形。甚至連亞伯特親王也用了這種悄悄令男性胸膛更雄偉的道具，倫敦博物館收藏有他的軍裝，裡面就可見到胸墊。

然而，從女性的身形，就可得到許多關於其地位的資訊。鄉下姑娘好不容易搭驛馬車抵達了喬治王朝時期的倫敦，很快就會碰上一些新朋友，急著想「幫幫她」脫離土包子形象：

她剛進城，看來笨拙不雅；
身型絕非時尚，臉蛋也不留印象：
她是我的朋友，所以我教她
在蠟黃的面頰，抹上一片紅色活潑。

當然，這個天真的鄉下姑娘最後成了妓女，就像講述這首詩的朋友一樣。從喬治王朝時期的版畫和漫畫裡可以看到（現實生活中大概也相去不遠），妓女如果撩起一邊的裙子、露出腳踝，就代表她正在等生意上門。

十八世紀女性必須穿上綁得緊緊的束腰，但要獨力為之十分不容易；我們實在很難想像，沒有女僕的勞動階級女性該如何是好？其實是有小撇步的，第一，可以直接穿著束腰睡覺，連脫的麻煩都省了。第二，綁的時候可以一條從上往下拉、一條從下往上拉，兩手分別伸過右肩和左下方，拉緊兩條繩子，對角線綁在身體中點。

維多利亞時代的女性被綁得最緊。《給妻子的建議書》（一八五三）認為，綁的時候不應緊於二十七英寸；如果綁到當時普遍追求的二十一英寸，則是犧牲了「舒適、健康和快樂」。當時就算是極端情況，也很難說服女性脫下束腰。《建議書》的作家還得特別提到生小孩的時候「不該穿束腰」。（然而，分娩的婦女一般還是得穿無袖寬內衣、襯裙、睡袍，以及在腹部纏著「寬的綳帶」。）

穿著束腰有時會帶來難以忍受的疼痛，維多利亞時代的女性指南甚至還會提到該如何治療摩擦破皮的傷口。倫敦博物館的考古學家研究了維多利亞時代束腰造成的骨架畸形現象。他們也注意到，在十九世紀初開始使用鞋楦、鞋子開始分左右腳之前，鞋子會對腳的骨頭造成損傷。

十九世紀末出現了自由緊身背心，女性的日常生活終於不再需要以塑身為一大重心；至於男性，更是早已擺脫了塑身的束縛。二十世紀，胸罩和馬甲束衣取代了束腰；最終連馬甲也跟著消失。然而，青少年卻還是渴望著穿上象徵成熟的內衣：茱蒂．布魯姆（Judy Blume）一九七八年筆下的小女生祈禱著：「上帝，你在嗎？我是瑪格麗特。我剛剛告訴媽媽，我想要一件胸罩。上帝，請你幫我長大。你知道該大的是哪裡。」

結束內衣這個話題之前，順道提一提關於口袋的有趣來由。從現代女性手提包裡有什麼東西、是什麼品牌，就能一窺她私密的日常生活。而手提包的前身，甚至還要更為私密：女性在腰際綁著的密袋。

有些小偷正是專門偷這些東西，扒手也許會這麼說：「我最拿手的把戲就是打劫淑女。要將手伸進女士的襯裙、偷走她的密袋，手藝可得要特別靈巧。」在過去，講到將手入侵到女士的密袋裡，常常就是性誘惑的譬喻。然而，在一七六〇年代，各種可得的消費品大爆炸，開始出現手提包，可以用來裝錢包、扇子、梳子等等，於是密袋的意義也逐漸縮減。一七九九年的泰晤士報就提到「女性密袋的終結」，而手提包則很快成為「不可或缺的品項」。

最後，密袋縫上裙子成了現在的口袋，而手提包也日漸風行。但不論是口袋或是手提包，仍然都能赤裸裸展現出其主人的需求、慾望和渴望。這一點和最初稱為「closet」（私室，後來成為「衣櫃」之義）的房間有異曲同工之妙。

CHAPTER 05 祈禱、閱讀、隱藏祕密

萬事皆為浮華。

——德比郡博爾索弗城堡，十七世紀私室中的座右銘

❖ ❖ ❖

你是否曾經把自己「closeted」(關起來)，做些自己的事？這個動詞的語源來自「closet」(私室)，但這個房間的功能後來已經退化消失，就像闌尾這個器官一樣。

一開始，臥室除了睡眠，也是祈禱和讀書的場所。直到在建築方面雄心勃勃的都鐸王朝時期，開始在臥室旁建起一個相鄰的小房間，就是所謂的私室。私室裡的裝飾華美而豐富，常常設有許多櫃子來存放奇珍異寶。雖然這些有趣的小房間後來走進了建築歷史的死胡同，但在長達幾個世紀的時間裡，它們都是房子裡最私密而貼心的空間。私室可以用來從事孤獨的活動，像是祈禱、閱讀、沉思，或是存放珍貴的藝術品、樂器和書籍。

在中世紀的尾聲，隨著識字率增加，也出現一種新的現象：民眾開始願意獨自打發時間。這種追求孤獨的新潮流與閱讀的興起息息相關，而這麼一來，也需要出現比較小、屬於個人的新房間。奧爾良公爵查理一世（Charles, Duc d'Orléans）被囚於倫敦塔的時候，就曾寫過一首詩，講著孤獨的誘惑。一四四〇年，英國在阿金庫爾獲勝，這位公爵（法國國王的侄子）便遭囚禁。惆悵之情令人痛苦，但又激發創意；他可能是第一個將之付諸筆墨的人。這種情懷到了浪漫時期可說司空見慣，但在中世紀倒還是前所未聞。他思念家鄉、生活環境也不佳，在在令他只想獨自四處走走散心：

悲傷攫住我許久，讓我已經完全放棄了喜悅。我讓自己與同胞分隔兩地，這是更好的選擇。受苦的人，只會更添難堪。

奧爾良公爵查理一世

之所以要有能夠獨處的私室，也是為了傳統的禱告儀式。正如聖經馬太福音所言，「你禱告的時候，要進你的內屋（closet），關上門，禱告你在暗中的父；你父在暗中察看，必然報答你。」確實，私室的前身就是個人的祈禱室（oratory），例如愛德華三世在倫敦塔的臥室旁就有一個。

如果房子不夠大，放不進一間特別用來祈禱的私室，只好用其他房間代替。尼西米．沃林頓是位十七世紀倫敦的木藝師、日記作家，個性抑鬱，又有強烈的清教徒信仰，他便常常祈禱。他的著作可以讓我們用難得的角度，窺見一個中等階級內省而又虔誠的心靈。一個冬夜，他在自己用做私室的頂樓裡，忽然有了點頓悟：

我就像平常一樣，上到高處的頂樓祈禱：我在祈禱中得到很大的安慰，等我祈禱完，我到了頂樓的窗邊、向上仰望天堂……看到星空這片上帝榮耀的創造，（開始）沉思著天堂會是個如何榮耀的地方。

只不過，偶爾在沃林頓苦於精神疾患的時候，也會有魔鬼引誘他從頂樓的窗口一躍而下。他試著：

以各種方式抵擋這種誘惑，上帝偉大的愛和憐憫讓我盡快下了樓。

會放在私室裡的物品還包括了「日課書」(Books of Hours)。這是在宗教改革前所用的祈禱書，從修道院裡流了出來、進到平民的手中，會定期用來激發宗教上的靈感。在玫瑰戰爭中最終打敗蘭開斯特家族的愛德華四世就要求他的大藏衣間管理官，要為他那些珍貴且心愛的書籍「打扮裝飾」一下，幾乎就像是要幫它們穿衣服一般。用來包裝書籍的是天鵝絨、藍色和黑色的絲綢，有絲質的蕾絲和流蘇、藍絲綢和黃金做成的「鈕扣」，銅和鎏金的扣子，有玫瑰和皇家紋章裝飾。住在約克郡的艾格尼絲·赫爾是一位十五世紀商人的妻子，她在遺囑中就將一本祈禱書留給她的女兒。這聽起來或許不是那麼了不起，但其實重視的程度絕對不低。她說這本書「我每天都用」。這些日課書都是手工製作，裝飾精美、常常還會將擁有人的姓名也設計進去。但在一五四九年，信奉新教的國王愛德華六世(繼亨利八世後即位的短命君主)明令禁止日課書。儘

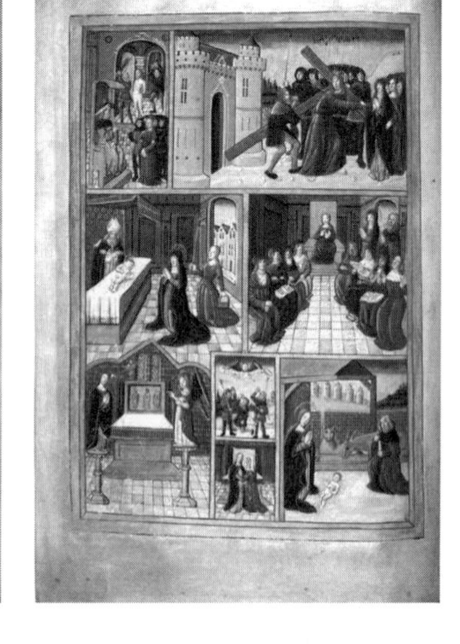

華麗的日課書

管如此，許多天主教家庭仍然偷藏了許多中世紀的書籍、暗地閱讀；由於這件事情不能張揚，日課書也就變得更為私密而不足為外人道。

雖然私室最初的用途是與宗教相關，但也可做為俗世的用途。私室可以讓商人記帳數錢，可以在這裡寫信給私生子，如果有情色物件，私室也是絕佳藏匿地點。十七世紀的羅德戴公爵夫人伊莉莎白·戴薩特，就是個身懷許多祕密的人。傳言中，在她嫁給權傾一時的羅德戴公爵之前，她是奧利佛·克倫威爾的情人，而且還是祕密組織「封結會」(Sealed Knot，曾支持查理二世流亡）的成員。她住在泰晤士河畔的漢姆宅第，至少有兩間私室，外側一間可以供訪客參觀，至於內側一間則是她個人專屬。她在這裡收藏的繪畫，隱含著可能帶來危險的天主教信仰，另外還有兩個書架的私人書籍，還有一個上了漆的盒子，裡面放著甜品，以及奇貨可居的茶葉。

另外，在私室裡還可以從事另一種非常私密的活動：觀賞微型畫。微型畫所畫的都是所愛的人，體積小、價值高，總是收藏得仔仔細細，只有最親近的人得以一親芳澤（而不是像今天，手機裡面存滿小孩照片，隨時以饗親友）。蘇格蘭大使前往漢普頓宮謁見伊莉莎白一世時，便曾得到一項難得的特權，進到了女王的寢宮，在那裡她「打開一個小櫃，其中有各種小小的畫像，用紙包著。」其中一張已證明正是蘇格蘭女王瑪麗的微型畫，伊莉莎白一世和蘇格蘭大使兩人一同共賞。這種親密的舉動，等於是伊莉莎白一世向蘇格蘭大使示好，也等於是向蘇格蘭女王示好。

正由於私室是這種個人、私密、令人嚮往的地方，就開始發展出一種特殊的書籍文類，聲稱要揭露出名人在私室裡的各種勾當。例如《打開女王的私室》和《迪格比爵士的私室》，就像今天的八卦爆料雜誌，據說資料來源都是名人的資深管家或僕人，特地揭露在這些私室中的點點滴滴。這兩本書也都像食譜一樣報導各種祕方，有的能治病，有的是佳餚，還能有些洗浴用品帶來異國情調。更早在十六世紀也有類似的書籍，是約翰・帕特里奇的《好主婦的私室》，裡面有各種配方，從手套用的黃色染料到治療「可惡的性病」不一而足。

正因為私室都是自成一格的小房間，常常都裝飾得華美富麗。十七世紀的博爾索弗城堡，就為重要的保皇黨新堡公爵建了一間私室，裡面的飾板覆有黃金漆成的木紋。在這個有黃金木紋的房間裡，天花板有奧林帕斯山諸神幾近情色的圖像，公爵在這裡終於可以脫下他貴族的面具，想起自己在公爵的生活表象之下，還是有人性的一面。正

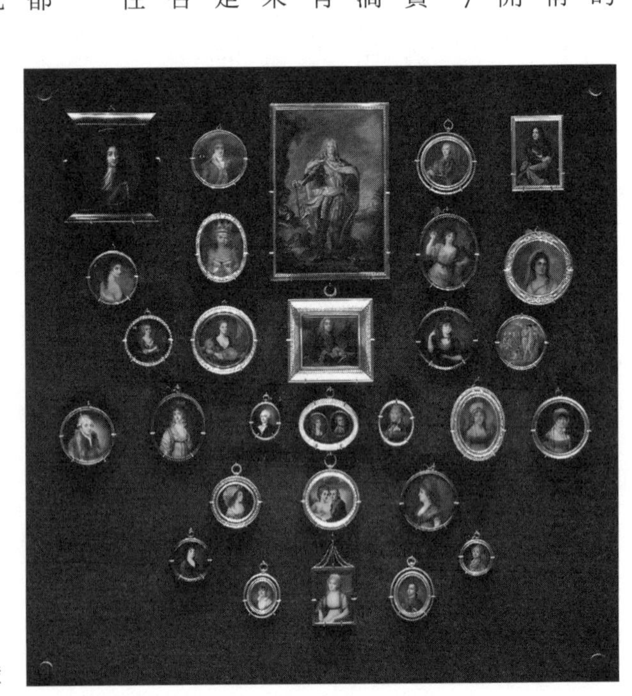

掛滿微型畫的牆壁

如他窗口的座右銘：「萬事皆為浮華」。

時間過去，私室有兩種截然不同的發展方向。第一種是將私室當作珍貴藝術品的儲藏室，於是規模變得更大、更複雜，發展成陳列室（cabinet），最後則演進成繪畫或雕塑的藝廊。（時至今日，英國的「內閣」（cabinet）一詞也是源自這種房間。曾經有一段時間，所有內閣成員會擠進一個私室或陳列室裡舉行會議。）第二種方向，則是因為前往美國的清教徒也將私室的傳統帶到美國，所以到了今日，美國人還是會把個人財物放在「closet」裡。就像是《慾望城市》裡的凱莉，在她小小的紐約公寓裡有著滿是鞋子的衣物間（walk-in closet），代表著她的希望和夢想。

只不過，回到英國的臥室，私室設計卻已遭到淘汰。對女性來說，私室的功能有一部分已經被放內衣的抽屜所取代，而這也是今日要藏日記和貴重物品的不二選擇。至於如果新堡公爵是個現代人，想要沉思的話，花園的小屋倒是不錯的選擇。

CHAPTER 06 疾病

取一隻肥貓，完整去皮……將貓焙烤，收集滴下的油脂，塗在患者身上。

——十四世紀治療咽喉膿腫的配方

❖ ❖ ❖

想瞭解臥室的歷史，從醫學下手可說是一條比較痛苦的途徑。

在亨利八世統治時期，國王親自成立皇家內科醫學院，使醫藥正式形成專業。但一直要到十九世紀，醫院裡的醫師才正式壟斷了醫藥行業。在此之前，民眾會在自己的臥室自我治療。

亨利八世對醫藥興趣濃厚，會向自己的臣民建議療法。他曾建議過自己的寢宮司庫布萊恩．圖克爵士如何治療睪丸腫瘤，描述了各種「療法，就像任何一位英格蘭高明的醫師一樣。」

會這麼做的不只他一個。他的許多臣民也一樣會自我診斷、自我治療。在十六和十七世紀的臥室裡，婦女和「民間」療法長期以來一直和醫生形成拉鋸戰。雖然她們對疾病的觀念和我們天差地遠，某些療法在我們聽來愚不可及，但效果卻還是不錯。在長達數個世紀的時間裡，人們認為疾病是上帝的懲罰，所以遇到疾病，第一道防線就是祈禱；至於實際檢查病人身體，似乎不是那麼重要。我們以一位十四世紀醫生的診斷方法為例：

採集金棒槌草藥，採集時要代替病人誦念祈禱文。用一個新的罐子，以水將草藥燒滾，之後拿給病人服用；如果燒滾後的藥水為紅色，病人將會死亡。

大約一七〇〇年前，大多數醫生認為人體如古羅馬醫生克勞迪斯・蓋倫（Claudius Galen）所描述，是由四種「體液」組成，如果有某種體液太過強大而壓倒其他體液，人體就會生病。正因如此，許多當時的療法就是要取出某種體液。熱門的療法包括催吐（催吐劑）、通便（瀉藥）、洗腸（灌腸），以及放血。背後的概念，都是要恢復體液間的平衡。這些是當時最基本的醫學概念，就算是健康的人，也會在臥室裡有樣學樣。而且每位病人的療法各有不同，原因在於，當時的人認為每個人天生的主要體液不同、性格也隨之各異：

個性	特質	體液
樂觀	熱、濕	血
冷淡	冷、濕	痰
易怒	熱、乾	黃色或綠色的膽汁
憂鬱	冷、乾	黑色的膽汁

今天我們可能認為，這些邪門歪道哪可能把人醫好，像是人都已經生病了，還把輸送營養的血液放掉，似乎沒死就是萬幸。

但特別的是，放血的效果確實還不錯。正因為無論病人或是醫治者對此療法極具信心，安慰劑作用也就格外強大。很多時候，病人還真的就這樣康復了。

都鐸王朝時期的藥物，有許多古怪且聽來恐怖的配方，但部分的效果還真靈。舉一個例子：當時如果太太性冷感，療法就是要由先生在她的私處抹上「山羊的油脂」。當時的想法，是因為山羊是非常好色的動物，藉著塗抹的動作，就能將這種特性轉移到女性身上。但其實在實際的過程裡，很有可能就是因為有了油脂的潤滑，而使得女性春心大動。所以這則偏方確實有用，但背後的道理跟都鐸時期的想像可能不太一樣。

都鐸王朝時期的飲食以大量肉食為主，容易便秘，因此在當時的宮廷中，每個人都會灌腸。亨利八世（又是他！）在這方面同樣表現出色。他的侍便郎官（可說是最私密的僕人），每天都得負責告訴全世界今天國王的排便狀況如何。至於灌腸的作法，是用豬膀胱裝滿液體，通過管子緩緩流淌到國王的肛門裡。就有一晚，醫官曾報告當天的灌腸極度成功，國王醒來之後，給便座來了個「非常壯觀的圍城攻擊（siege）」。（當然，這裡講的不是現代對於圍城攻擊的理解。「Sege」一詞，是中古英語裡「糞便」的意思）。

亨利八世為民眾的日常生活定了一個習慣，要定期回到臥室裡，用灌腸、洗浴和出汗的方式，讓體液恢復平衡。都鐸王朝和斯圖亞特王朝時期都有習慣安排幾天遠離俗世、休養一下，有點像是今天去做渡假水療一樣。只不過，當時的人可是十分認真，而且作法有時候相當極端。例

這位醫生正要使用巨大的注射器進行灌腸。想當然耳，床上的病人看來十分緊張。

如當時認為痔瘡的療法，是要先服用瀉藥，接著「在最後一次清腸的兩天後，將六隻水蛭放到有痔瘡的血管上，讓牠們吸出約九到十盎司的血」。（好痛！）

潮流總是來來去去。曾有一度，英國的時尚還超前了法國這個時尚代表；奧爾良公爵夫人利絲特曾在一七一四年提到英國有種新鮮玩意：「有一種瀉藥實在太有效，讓我得去用便座不下三十次。」瀉藥當時已經成了「一種新的藥物，而且非常á la mode（流行），整個巴黎都在使用。這是一種來自英國的鹽，在這裡叫作du sel d'Epsom，溶在水中服用。」就算是一本正經的維多利亞女王，每週也要服一次瀉藥。維多利亞時代對瀉藥的熱愛可說是史上少有匹敵，直到二十一世紀初，英國突然興起以蛋白質為主的阿特金斯（Atkins）飲食，才讓瀉藥東山再起。（阿特金斯飲食的奉行者會減少蔬菜和纖維的攝取量，常常導致便秘。）一八五三年的一本孕婦手冊，對女性的腸胃消化頗為重視：「如果懷孕的女性患有便秘，應每週兩到三次攝取少量蓖麻油……就很少會發生分娩困難的情形。」至於說到灌腸，從十七世紀開始使用的注射器會傷害直腸，到了維多利亞時代遭到淘汰，改用軟管和擠壓袋。

然而，即使醫學專業逐漸確立，臥室裡仍然危機重重。以山繆·佩皮斯為例，他接受結石手術的時候，是由外科醫生到他家中動刀，整個手術過程都在自己的臥室。醫護人員將他綁在桌子上，免得他掙扎亂動，另外現場還有兩名壯漢「抓緊他的膝蓋」和「抱緊他的肩下」。

等到啟蒙時代，不再在臥室動手術，如果有手術需求，就會求助於專業人士。雖然仍有醫生願意收費到府服務，但已經出現外科醫生自己專用的手術室，另外也出現了藥劑師，有自己販售各種草藥或藥品的商業場所。早期的「hospital」是提供「hospitality」（款待、招待）的地方，主要是救濟貧苦窮困的人，而不是為中產和上層階級提供治療的場所。所以，直到十九世紀，如果某個大戶人家有人生病，仍然會請專業護士到家裡協助，將臥室作為病房使用。到了二十世紀，和疾患相關的活動都移到了醫院診所之中。現在如果再說到有醫生進行「家訪」，聽起來就有些不尋常，甚至有些走回頭路：這彷彿只屬於一個比較悠閒的過往了。

現在要在臥室裡看到生死大事，機率已經大大不比從前。現代人有百分之五十八是在醫院過世，讓人忘記，曾有一度，最後一口氣都是在家裡嚥下。

CHAPTER 07 性

你是想要和艾莉諾・葛林一起在虎皮上沉淪，還是在其他的皮草上耽溺？

——頌揚言情小說家艾莉諾・葛林（Elinor Glyn，一八六四—一九四三，寇松勳爵的情人）的詩句

❖ ❖ ❖

我們很容易同意菲利普・拉金（Philip Larkin）的想法，認為「性交的開始／在一九六三年……在《查泰萊》的禁令終止／和披頭四發行第一張LP之間」。從一八〇〇到一九六〇年這長達一個多世紀之間，不知為何，我們對性交這件事總是諱莫如深。但在這之前，性交這事卻可高談闊論，沒什麼好羞愧和覺得恥辱的。

誰說性交得在臥室？埃德蒙・哈羅德是斯圖亞特王朝晚期住在曼徹斯特的一名假髮師，不僅性生活活躍，還會記錄成詳細的日記，像是「在睡椅和床上，和老婆在一個半小時裡做了兩次。」一七六三年，詹姆士・博斯韋爾和一位名為露易莎、

技巧高明的女演員／妓女打破了他的紀錄：「這是我享受過最豔情無邊的夜晚。有五次，我幾乎要在狂喜中失去意志……我對自己的表現真是有些驕傲。」這次他們是在床上。但一定要提一下，對於中世紀和都鐸王朝時期的人而言，因為家裡老是有其他人，所以巷道和曠野其實是遠遠更具吸引力的地點選項。正因早期的臥室都是眾人共躺，絕不是個浪漫春宵的好地方。像是十七世紀住在新英格蘭蠔溪的愛碧蓋兒．威利，如果不希望丈夫「來找她」，就會讓兩個小孩睡在床中間，而不像平常睡在床邊。

我們並沒有聽到哈羅德的太太、或是露易莎的說法，但當時教會都鼓勵做愛時採用傳教士體位，好讓女性維持在正確的從屬地位。哈羅德與太太做愛的時候，想必是既遵循「舊傳統」（傳教士體位）、也追求「新風尚」（女上男下），特別是當時他太太已經有孕，後者的可能性還比較大。事實上，在前現代時期，認為女性的情慾是強大、有力且重要的。

中世紀的婦女如果覺得丈夫無法滿足她們，可以到西敏寺聖昂康伯的聖壇前祈禱把丈夫換掉。（「如果男人的小傢伙總是沒用、像死了一樣，這對夫妻也該離一離了」）。喬叟在《坎特伯里故事集》裡便寫到巴斯夫人艾莉森，為了滿足自己的性慾，前後至少吸乾了五任老公；至於陽痿，那也絕不是現代臥室特有的現象。像是湯瑪士．馬洛理爵士（Sir Thomas Malory）筆下《亞瑟王和他的圓桌武士》的崔斯坦爵士，就因為思念著先前的戀人伊索德，而無法和妻子圓房。每次只要腦海中出現伊索德，他就變得「垂頭喪氣，完全沒什麼能讓他歡樂起來」。另外，英格蘭王后安・波林（Anne Boleyn）在一五三六年受審的時候，其中一項指控就是她透露了亨利八世不舉這回事。

對中世紀的婦女來說，性高潮是一種應得的權利。就像十三世紀《玫瑰戀史》作者所言，「男性不應拋下另一方，在共同抵達港口之前，不能停止他的航行。」一位十四世紀的牛津醫生，就建議失望的姊姊妹妹們乾脆自己來：女性應該找她的產婆，把手指潤滑之後插入陰道，然後「活躍地動來動去」。

然而，社會長期以來一直縱容著兩種女性角色的分工：情婦（歡愉的提供者）和妻子（孩子的母親），而且只有少數能成功從前者轉型成後者、得到財務方面的保障。安・波林就是一位重要的例子。她對亨利八世欲擒故縱，讓他足足等了六年，過程中讓他時時有些甜頭嚐嚐。安・波林不在身邊的時候，亨利寫信給她，常常就會陷入關於她的白日夢裡：「希望自己……能在愛人的懷裡，能立刻吻上她的雙峰」。但等到他們完婚之後，安・波林也得忍受丈夫偶爾的出軌，特別是在她懷孕期間，丈夫就只是叫她「把眼睛閉上，像那些比妳更好的人一樣忍著。」

對現代人來說，中世紀對女性性歡愉的重視可能十分令人驚訝。這是因為在當時的醫療概念中，認為女性的身體只是男性身體的次級版，類似是一種鏡像，性器官在體內而非體外。也因此，他們認為女性性高潮就像男性性高潮一樣，是生育所必需的因素。（同時，都鐸王朝時期的醫學書籍也會提到如何治療男性的「子宮」疾患。）十七世紀對於女性性高潮能如何帶來受孕，有以下的想法：性交過程中，如果男性感覺到「棍棒的頂端有一種吮吸或拉引的力量……女性可能已經受孕了。」正因如此，雖然山繆・佩皮斯情婦無數、縱情享樂，卻一直小心不讓她們享受到性的歡愉。但對於女性來說，一旦發生強暴事件，就會暴露出這種概念的可怕之處，照這種推論法，如果被強暴的女人懷孕了，一定是因為她很享受而有了性高潮，所以不算是強暴。

然而在十八和十九世紀，女性性高潮的重要性下滑，甚至連存在的意義都遭到質疑。啟蒙時代的醫生發現，性高潮其實並非受孕的必要條件，這個發現使得女性快感的社會重要性一落千丈。因此，我們對於維多利亞時代就有了一種冷感的刻板印象，以為女性害怕性交，而當時也確實認為她們不該體驗性高潮，正式說法則是醫生和丈夫覺得她們不會有高潮。

生物學概念的這種轉變對社會造成重大影響。這時的女性逐漸擺脫中世紀慾求不滿的香艷女郎形象，希望搖身一變，成為維多利亞時代理想中純淨、貞潔、無瑕的天使。關於性的秩序，原本是靠實際身體守貞，但後來開始轉由內化的道德規範來控制，個人行為受到社會力量的監督，像是如果發生性犯罪，就會恥辱加身、甚至被逐出社會。歷史學家勞雷爾・撒切爾・烏爾里希（Laurel Thatcher Ulrich）指出，到十七世紀末葉，新英格蘭郡法庭放棄了早期殖民期間使用的鞭刑刑罰，改用罰款取代。如此一來，身體的暴力減少了，但心理卻更為壓抑。現代的心態也於焉誕生。一直要到二十世紀後半，才再次認為女性不只是男人的妻子或情婦，也有從性生活當中得到歡愉的權利；在科學及公眾的言談當中，再次出現關於女性高潮的討論。

雖然早期曾經重視女性的快感，但如果是受人敬重的已婚女子，還是會遵從一夫一妻制。在中世紀和都鐸王朝時期，年輕男子的性衝動是透過騎士精神的愛情巧妙加以昇華：當時要求他們應該完全投身於服侍上層社會階級的女士，而且不求任何身體上的回報。（至於寵愛、贊助，以及在宮廷中得到晉升，則是十分方便的其他選擇）。

騎士作風還表現在床位安排上，這就是奇特的「和衣共臥」（bundling）傳統，這在十七世紀威爾斯農村地區和十八世紀新英格蘭相當普遍。這是一種無性的關係，講的是一對年輕男女獨自在臥室共度良宵，身著完整衣裝。有時候，雙方甚至會被綁起來，或是兩人之間用木板隔開。這裡的重點是兩人一夜無性到天亮，目的是瞭解雙方究竟是否合得來、適合結婚。要到一八〇〇年，才有人開始覺得「和衣共臥」有道德上的問題，但在此之前覺得這種作法既能維持貞潔，又能促成更美滿的婚姻，實在美妙：

鎧特・南斯和蘇一片真心
和衣共臥為其證明
而露絲隱瞞已有子嗣
遭和衣共臥揭露而令人不齒。

從前現代時期的農村小屋建築設計，還可以找出其他線索，解釋這種奇特的風俗。不難想像，當時房子的房間數不足以讓每個人都有自己的房間，年輕一輩沒什麼個人空間可以溫存一下。所以如果女方的父母想行行好，就會讓年輕人他們單獨待在樓上的臥室，其他家人則先待在下面的廚房或客廳。之所以要把他們綁起來或加板子，則是為了讓父母放心，既能幫女兒找個好老公，又不會讓她失了身。但另一方面，對中下階層的人而言，婚前性行為也不是什麼太糟糕的事；在婚前就懷孕，反而證明了生育能力，可喜可賀。在諾福克郡，有個農夫就對牧師說「買馬之前，總要試騎吧。」

只不過，如果要生的是王室或貴族子弟，這可就是全國的大事，還得半公開以昭公信。亨利八世的妹妹瑪麗，就曾有法國國王的代理人來共臥一番，雖然聽起來不太體面，但還是得通過這個程序，才算走過結婚的合法流程。瑪麗躺在床上，這位「衣衫不整的美人」還裸露著雙腿。至於法國國王的大使，則是脫下自己的紅襪，躺在她身旁。在他們赤裸的雙腿相碰那刻，「英國國王大喜。」（等到瑪麗真的抵達法國，年邁的國王對這位新后十分滿意，還吹噓著新婚之夜自己「展現奇蹟」。）

一個世紀後，還有另外一位英國公主也叫瑪麗，她年僅十歲，就不得不和她的丈夫公開共床：十四歲的奧蘭治親王（Prince of Orange）。年輕的公主在床上等待時，圍觀群眾層層疊疊，新娘的父親查理一世努力了好一陣子，才領著他的新女婿突破重圍。一旦上了床，這位還是男孩的王子就「在現場所有英國貴族和夫人面前，給了公主三個吻，再循規蹈矩地躺在她身邊約三刻鐘。」至此，他也算是完成任務。

至於等到眾人離開之後，國王和王后究竟幹了些什麼事來延續子嗣，我們也知之甚詳。相關細節之所以能夠保留下來，是因為這些事情在政治上有極重大的意義，牽涉到王國的穩定、國與國之間的聯盟。

亨利八世有一位短命的哥哥亞瑟，一五〇一年，阿拉貢的凱薩琳與亞瑟的共床儀式同樣被記錄得清清楚楚。這位公主從婚宴上被侍女帶了出來，寬衣之後「敬重地」請到床上。亞瑟王子僅著內衣進了臥室，後面還跟著一大群朝臣和樂師，伴隨著中世紀雙簧管、六絃提琴和單面小鼓的樂音。之後樂音散去，轉變成另一種心情：主教在床邊，給予新人莊嚴的祝福。接著眾人離去，讓這對年輕戀人能夠獨處。

然而，接下來發生的事，卻在日後出了岔子，在亨利打算和阿拉貢的凱薩琳離婚的時候成為主要爭議點。亨利主張，因為聖經明訂不得迎娶兄弟的遺孀，因此他與凱薩琳的婚姻應為無效。與此同時，凱薩琳本人卻主張這種論點並不適用，因為她和亞瑟並沒有婚姻之實：他從來沒有真正進入了她。只不過，亨利的支持者聲稱「記得」年輕的亞瑟在與凱薩琳的初夜後走出臥室，命令人拿酒來，讓他在「來回西班牙的長途旅程」之後，放鬆一下。

至於亨利八世自己雄風如何，還真的讓他幾位最親近的僕人面臨生死關頭。一五四〇年六月，他最新一任的主政大臣湯瑪士・克倫威爾（Thomas Cromwell）遭到逮捕。他曾是促使亨利迎娶克里維斯的安妮（Anne of Cleves）的主要推手，認為和日耳曼的克里維斯家族結盟會是個好主意，於是說服亨利與安妮成婚。然而等到亨利與新娘見面，卻對她的外表大失所望，竭盡全力希望擺脫這段婚姻，因而要求克倫威爾在宮廷內散布謠言，說因為安妮其貌不揚，這對夫妻一直沒能行洞房之事。克倫威爾也十分聽話，將國王所言照樣轉述：「我已撫摸過她的腹腰和乳房，如我所判斷，她應非處女。我如受心頭重擊……我無意也無勇氣再有任何進一步的行動。」

然而，等到克倫威爾提出能讓婚姻無效的「證據」，啟動亨利與安妮的離婚程序，亨利就不再有讓這位前寵臣留下活口的理由。一五四〇年七月二十八日，克倫威爾遭到處決。

至於把新娘脫光這件事，到了十九世紀初還是帶有社交意義的臥室儀式，得把脫下來的衣物丟向四方，就像今天我們也會拋出花束和糖果一樣。男儐相會「拉下新娘的吊襪帶」、綁在他們的帽子上，而女儐相則是把新娘帶進臥室、「為她寬衣，讓她上床……男儐相脫掉新娘的襪子、女儐相脫掉新郎的襪子；兩個人都要坐在床腳、把襪子往後扔過頭去。」

十七世紀，查理二世的情婦卡絲曼夫人（Lady Castlemaine）曾經開了帶點顏色的玩笑。她假裝和朋友斯圖亞特太太結婚，將把新娘送入洞房的儀式演了一遍。她們的「婚禮」演得莊嚴隆重，有「教堂儀式、彩帶，床上有薩克奶酒，而且也有扔襪子。」只不過，等這場小鬧劇演到最後，據說「扮演新郎的卡絲曼夫人起身，而國王此時現身，代替了她的角色。」

直到十九世紀初，仍然認為新婚夫婦需要有觀眾鼓勵，不過這種想法逐漸顯得過氣。一八一一年，詩人雪萊與海莉兒．衛斯布魯克私奔結婚的時候，住在愛丁堡的一間民宿，終於能和新娘在臥室中兩人獨處。但就在此時，突然有人敲門。民宿老闆站在門口宣佈噩耗：「根據這裡的結婚習俗，賓客要在半夜給新娘來場威士忌浴。」不過等到老闆看到雪萊揮舞著手槍，也只能失望地面對事實：那晚沒什麼威士忌浴了。

一直要到維多利亞時代，新婚夫妻才能好好把門關上；不過在維多利亞女王的日記裡，還是寫下了她的新婚丈夫亞伯特如何幫她穿襪，令她滿心歡喜。等到性事成為新人彼此間的祕密、而不是所有親朋好友可以公開討論的話題，想得到情報細節的難度跟著提高。

到了一九五〇年代，英國的臥室出現革命性改變，讓情況又有改觀。在這十年中，英國結婚率創下史上新高。部分原因在於戰後住房短缺，那些被迫與父母同住的年輕人，覺得結婚就像是朝著有一個自己的家跨出一步。而許多男子從戰場回到職場，也代表有許多婦女丟掉了工作和收入，於是乾脆投入整理家務，胸中燃起對烘焙的熊熊熱情。

一般人常覺得一九五〇年代是保守、穩定的年代，雖然看來樂觀，但骨子裡有些拘謹和壓抑。雖然當時奉「順從一致」為圭臬，卻也出現新的婚姻模式，認為丈夫和妻子是一種「夥伴」關係，認為性生活應該要能讓雙方都滿意。英國當時出現許多相關著作，幫助人民追求這個目標。

像是海倫娜．賴特便是先驅，著有《婚姻中的性因素》和《婚姻中的性因素續篇》。此類著作促成了英國「婚姻輔導會」在一九五〇年代著名的系列小冊。就現在看來，這些小冊裡的建議其實很古怪，總是煞有介事地講著似乎沒什麼的事。不過在當時，它們確實以單刀直入的方式，提供當時迫切需要的性知識。（像是「夫妻絕不該認為他們的性關係是有什麼不檢點、不莊重或不對的。」）

除此之外，當時迫切需要有書籍直接告訴讀者，男性不得強逼女性性交。婚姻輔導會有一本指南寫道：「第一點要記住的是，必須等到妻子準備好，才能嘗試性交；而且，讓妻子準備好是丈夫的責任」。此外，提倡節育的家庭計劃協會終於開始受到重視。一九五六年，英國衛生部長伊恩．麥克勞德造訪該協會，慶祝該會成立二十五週年。在此之前，媒體根本就不得報導關於該協會的工作、甚至是存在。

雖然已經有了這些進步，但在一九五〇年代，就算是地位較高的夫妻，讀過婚姻輔導會的小冊，對於同性戀和婚前性行為仍然大多無知而且反對，認為這些是危險而不道德的。要到一九六〇年之後，隨著勞倫斯《查泰萊夫人的情人》解禁，社會風氣才變得更為寬容。在審查庭上，法官就因為要求陪審員假設是否會希望他們的「妻子或傭人」讀這本書，而受到許多嘲笑。他對於社會關係的想法，似乎已經太不合時宜。「搖擺的六〇年代」（Swinging Sixties）出生的人，會看到有愈來愈多的人，身邊的伴侶不只一個。

時至今日，在煮茶機（Teasmade）旁邊各放一張單人床的形象，對英國人來說可能還是代表著壓抑，但搖擺的六〇年代正是在這種一九五〇年代的壓抑臥室中播下了種子。許多人認為這些種子已經長得太過猖狂，許多臥室角落裡的電腦可以隨時看到色情內容，兒童接觸到性影像的年齡也逐步下滑。

事實上，從百年之前的噤聲不語，到現在「性」這件事能夠成為公眾討論的議題，形成強烈對比。但也常有人指出，這只是選擇沉默的議題有所不同。像維多利亞時代的人，雖然對性諱莫如深，但對於衰老、死亡、悲傷和哀悼，公開度和接受度都遠高於現代。

CHAPTER 08 受孕

願你的馬褲和你的睪丸得到祝福！
——十四世紀讚美詞

講到生命現象如何影響女性的命運，生育能力絕對是最重要的一點。坦白說，如果你是一位公主，你的健康和幸福就得看你在臥室裡行不行、能不能讓丈夫有個繼承人。

❖ ❖ ❖

在這方面慘遭不幸的，包括阿拉貢的凱薩琳以及安・波林（嚴格來說，她們並非不孕，也懷過好幾個孩子，但都只生下一個健康的寶寶）。斯圖亞特王朝的安妮女王至少懷孕了十七次，但還是無法生出一位繼承人。王室醫生總是將不孕歸咎於女方，從沒有人質疑那些王室精子的品質問題。亨利八世的第四任妻子克里維斯的安妮未能生子的時候，國王要御醫巴茲開始在宮廷放話，說亨利「和誰都能行那事，就只有和她不行」，而且還有夜間夢遺的情況（現在看來，亨利八世很有可能是性無能）。

但在另一個極端，有一些年輕女子生育能力太強，卻也是慘事一件。像是肯特郡可憐的女僕伊莉莎白．查萍，就在一六〇二年未婚生子。（不過，當時的食譜裡常常會有號稱能「帶來月經」的配方，其實就是墮胎藥的暗號。而芸香這種草藥能夠引發子宮收縮，在這個領域特別受到重視。）伊莉莎白的教區長老想知道究竟孩子的父親是誰，因為如果沒查出來，她和孩子就會成為教區受攻擊的把柄。但伊莉莎白一直不肯透露，一直到她分娩疼痛達到最高點、「希望所有地獄裡的惡魔趕快把她撕裂」，才終於承認「孩子真正的父親」是她的主人兼雇主。但他拒絕協助，讓她和孩子只能靠救濟度日，她的一生也就此淒慘。

至於如果是單身女子產下死胎，很有可能被懷疑犯下殺嬰罪。令人心碎的法庭記錄曾記載著許多媽媽因為死產而受到嚴厲的審問。一位在一六八二年未婚生子的伊麗莎白．阿米塔吉，告訴裁判官她那天被陣痛痛醒，但沒人來幫她，寶寶肯定是死產，而且「她那晚的疼痛指數破表。」一六六八年，一名未婚女子遭控殺害了非婚生嬰兒，法庭還曾要求一群專業的產婆對她的衣服做鑑定。她們報告說，她的襯裙確實是「一個孩子最近出生在這個世界上的第一個容器」，而且證實她犯了殺嬰罪，不能輕易放過。

然而，男性卻從未因為非婚生子而受到類似的指控。畢竟條件太不相同了，像是讓女傭懷孕的雇主，就對她掌握極大的控制權。就社會觀感而言，每戶大宅就像一個小王國，他就是王國的王、甚至是神。如果批評他，等於暗示當時的社會秩序有錯，這絕對不被允許。一五九三年，英國下議院考慮如有非婚生子女，男性應該和女性同樣受罰，但正如某位議員所大膽直言，不可能通過。原因就在於，如果真如法案要求，鞭刑「可能加諸紳士或貴族男性，然其身分地位不宜受此羞辱。」

對於在大宅裡工作的女傭而言，遭到雇主染指可說是古今不變的詛咒。十八世紀的珍・佩瑞絲就慘逢不幸，雇主霍爾先生「低級、荒淫又邪惡」，還說自己「和所有的女傭都睡過，也會把她給睡了。」霍爾先生的妻子是個說話大喇喇的女人，告訴他「如果真得找個妓女，應該去外面找一個，而不是跟她的女傭亂搞。」但這一切實無助於家庭和諧。

山繆・佩皮斯的女傭瑪麗・默瑟很得主人歡心，但就得忍受他每天「在她為我著衣時摸著她的乳房，那真是我這一生看過最美好的事物。」伊麗莎・海伍德曾著有《給女傭的禮物》（一七四三）。對於瑪麗這種得應付好色雇主的女傭，伊麗莎建議採取嚴正的應對措施，認為一旦遇到這種情形，女傭應該「告誡他所給妳帶來的罪惡和恥辱。不得露出淫蕩的笑容或是賣弄風情的態度，以免讓他誤會你對他所做的事感到歡喜。」至於強納森・綏夫特（Jonathan Swift）還告訴女傭更多取財之道（但也不無諷刺）：「絕不得令他有最小的冒失舉動，連摸摸妳的手也不行，除非是把一枚基尼金幣放到你手裡……五枚基尼摸摸乳房算是便宜……想突破最後防線至少要有一百基尼，或是一年算他二十英鎊。」

這些都是明智的建議，因為一位叫作伯納德．曼德維爾的評論家就曾說，「女傭和更可憐的女人很少有機會能藏住鼓起的肚皮」。但喬治王朝時期還有一種受孕方式特別令人悲傷，當時有一種「送子者」（child getter），專門受雇至新門（Newgate）之類的監獄提供服務，讓已定罪的女犯人能夠「以她們的肚子為藉口」多苟活數月，直到嬰兒出世。

即使是在上層社會，非婚生子也不陌生，不過更不能張揚，必須秘密為之。喬治王朝時期，曾有一些嬰兒神秘地「出現在宮廷裡」，而聖詹姆士宮的小教堂也會為他們洗禮；沒有人知道小孩的母親是誰，但總有各個貴婦挺身而出擔任教母，熱心的程度高到不可思議。十九世紀初，喬治三世的女兒、可憐的公主蘇菲亞（Princess Sophia）既找不到適當的新教王子可嫁（因為各家都是男丁短缺）、又不可能嫁給一般平民，沒有辦法之下，她開始了一段外遇關係。她認識的男性非常少，而這位是她父親的王室侍從，被稱為加斯上校，足足長她三十二歲，同僚都說他是個「可怕的老惡魔」。她放棄了她的孩子。

一件值得一提的事，是維多利亞時代的家庭規模遠比喬治王朝時期來得大，平均一家有六個孩子，而喬治王朝時期只有二點五個。部分原因在於結婚年齡下降。在十七和十八世紀，非貴族的女性多半在二十五歲左右結婚（已經工作有了一點積蓄）。因此，等到開始生兒育女，她們的生育能力早已完全成熟。（一開始生育，她們就不會輕易停止，只不過嬰兒死亡率高，因而拉低了每家的平均孩童數。）但到了工業經濟時代，因為產生了大量財富，男主人出外工作，能夠賺到足夠的錢，供太太在家帶孩子。因此，維多利亞時代的女性結婚得早，活下來的嬰兒也多。

至於如果夫妻不想要有小孩，從十七世紀晚期已經有了保險套，而且不論古今也都有體外射精這種方法（當時的描述頗為怪異，把這種作法稱為「讓女性的私處成為咖啡館，進進出出，卻不花半毛錢。」）如我們所知，到了二十世紀，可靠的避孕措施對社會影響深遠；某些報紙另外提到，不孕或「等到太晚才懷孕」是重大且令人遺憾的社會問題，與意外懷孕不相上下。

CHAPTER 09 性偏差和自慰

我每次想到珍．格雷夫人就會自慰，所以我當然總是想著她。
——南西．密特福德（Nancy Mitford），一九四八年

❖ ❖ ❖

一七〇〇年，漢普頓宮有個無聊的侍從用鉛筆在樓梯間的牆上畫了幅色情塗鴉，那是個兩腿交疊的女子，除了腳上那雙繪製精美的鞋之外，全身赤裸。由於其他部分都只是草草描繪，但鞋子部分卻是精細無比，應該可以推測，他是個戀腳癖。

性偏差歷史的重點之一，是在二十世紀後期之前，性偏好和性向並不曾成為某種社會認同。因此，過去並沒有「同性戀」、「女同性戀」的標籤，也沒有「戀童癖」或「偷窺狂」，只是偶爾會有人進行這種異常行為。十七世紀初，卡斯爾雷伯爵因為雞姦男僕而遭到審判和譴責，於倫敦塔處決。但他受刑的原因並不是雞姦，而是因為對象是個僕人。

同性戀次文化的開端，在十八世紀初倫敦諷刺作家奈德・沃德（Ned Ward）所描寫的「莫莉房子」（molly-house，類似今日的同志酒吧）便已出現。慢慢地，有一群人最後是公開以自己的性向來自我描述。

令人驚訝的是，早在任何資料提到男性之間可能有性行為之前，醫學書籍裡就已經提過女性間的性行為。或許，這是出自於那些男性作家情色上的興趣。十七世紀尼可拉斯・萊斯特蘭奇，他下流的叔叔「每次看到兩個女人親吻（並不是打招呼那種）啊，我的褲子就濕了一片。」安妮女王也曾傳出負面傳聞，說她「除了屬於自己性別的人，她對誰都沒興趣。」在這指責的背後還有一層恐懼：擔心女性在她的宮廷太具勢力，阻礙男性大臣向女王進諫。由於過去的床鋪是多人共用，意味著無論男女，許多人在臥房裡都多少能接受某些同性行為，但真正會造成問題的，是在臥室外面的事。

至於自慰的歷史，最有趣的時期是在十九世紀，當時針對年輕人發放了許多反自慰的宣傳品，與今天的反毒宣傳有許多異曲同工之妙。為什麼社會如此恐懼，覺得自慰是這麼大的罪？

縱慾過度似乎一直都是個問題。十二世紀，賓根的希德格就建議使用山萵苣入藥，認為能「澆熄人類的慾望。如果男人腰間的慾望滿溢，則應水煮山萵苣，在三溫暖浴室以煮過的水沖全身。另外也該用溫暖、煮熟的山萵苣敷在腰間。」一七一五年，喬治王朝時期的倫敦，除了都市生活正蓬勃發展，也出現了第一本專門討論自慰之害的書籍：《手淫，或稱為可憎的罪、自我的危害，以及對兩性的可怕後果》。之所以會有反自慰運動，一種解釋在於城市使得民眾開始遠離大自然，於是大眾愈來愈注意外表和正確的行為，也逐漸從生產者轉為消費者。接著，在各種思想和習慣上掀起「理性」的風潮。如果你會以自己經過啟蒙後的理性感到驕傲，就很有可能覺得，如果這種活動只能帶來性的愉悅，卻毫無生產價值或意義，就是一種浪費和錯誤。《淑女藥方》（一七三九）的作者認為，女性自慰就是大逆不道。他表示，這些學到如何「能夠取悅自己」的女性，等於拒絕了婚姻帶來的好處，不僅愚蠢、而且大錯特錯。

到了十九世紀，年輕男子常被警告「自慰的危險」，甚至還發明了一些設備來避免人自慰。一代又一代的青少年相信，如果自慰的話可能會讓他們瞎掉，這實在是令人啼笑皆非。十九世紀要避免他們自慰的方式，還真是異想天開、令人嘆為觀止。像是一八三一年發明的「皮革貞操帶」，就有一個金屬的陰莖套，還能「避免人碰觸到睪丸」。另外「及時預警」功能則是要讓陰莖冷靜一下的裝置，能夠用水冷卻一下「繁衍的器官，讓勃起消退、避免釋放」。

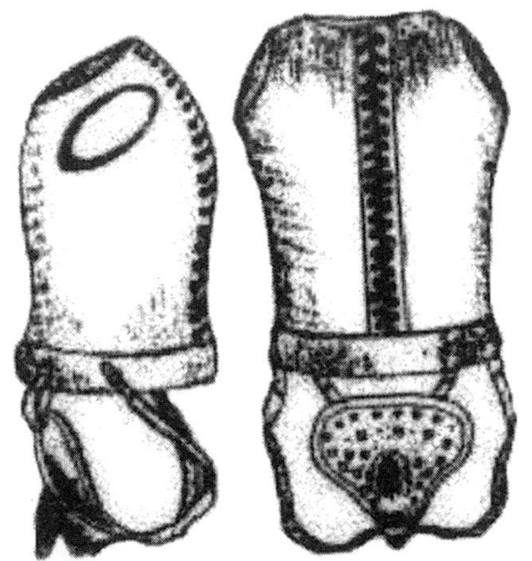

「弗萊克博士的皮革貞操帶」。
維多利亞時代有許多類似的裝置，
目的都是避免自慰。

時至今日，我們大多都認為只要把臥室門關上，裡面發生什麼事都沒什麼大不了。自慰是個拿來說笑的話題，不算是一種恥辱。

CHAPTER 10 性病

啊！我現在好急著想小便……啊！燙得我好像要散了……這像火燒一樣……我聽說過、也讀到過說撒尿的時候像是有針一樣，到今天可是真的感覺到了。

❖ ❖ ❖

這是在一七一〇年九月九日，一位患者詳細記錄的性病症狀。他碰到的是典型的性病症狀：排尿疼痛、膿液從尿道口滴出。在一七六三年，同病相憐的詹姆士・博斯韋爾也痛罵過：「這些該死的刺痛、滾燙的熱度，還有深色可惡的玩意，正是感染的最好證明。」他相信自己是被「淋病閣下」所折磨，但當時還無法分辨淋病和梅毒的差別。後者較為嚴重：一旦感染，多年間都有可能復發，造成組織腐爛、癱瘓、瘋狂，以及悽慘的死狀。不管他得的是哪種，總之有好幾週的時間，博斯韋爾都被關在臥室裡治療，也不難理解為何他心情不好了。

第一次世界大戰期間的評論家（其實古今也都是如此），認為當時年輕人的道德正在快速崩壞、情況危急。《改變中的道德標準》作者嚴詞批評：「社會習俗和傳統正朝向我們最不願見到的方向迅速改變。不論任何階級，女孩、未婚女子和年輕的已婚婦女」都愈來愈像妓女。二十世紀早期，打擊淋病的努力逐漸和優生學合流。全國性病防治委員會發行一本小冊，主張打算結婚的情侶除了要得到牧師和律師的許可，還必須得到醫生的許可：「如果不把血液的清潔、免於感染的自由視為必要，婚姻如何可能神聖？」另外一則發行給士兵的告誡傳單，則提出更實際的性病解決

一名年長的老鴇，臉上的梅病膿泡貼著膏藥，
正在將一位天真的鄉下姑娘收入旗下。

辦法：造訪「特殊治療中心……那裡會提供祕密、免費、由專科醫師進行的檢驗。」（如欲得知最近的治療中心位置，請向警方洽詢）。

十五世紀後期，梅毒首次由新世界傳至歐洲，接著透過性接觸大舉傳播肆虐。性病無法透過空氣傳播，但手中權力過大的樞機主教沃爾西（Cardinal Wolsey）就被指控透過「呼吸」把梅毒傳給了亨利八世。雖然當時的醫療仍然以體液為基本概念，但建議療法已改用水銀，認為只要讓身體大量出汗，就能恢復平衡。當時有一個說法：「和維納斯（Venus，亦為「金星」）享樂五分鐘，可能就會和水銀（Mercury，亦為「水星」）在一起一輩子」。現代潛水員將一五四五年沉沒的瑪麗・羅斯號打撈起來的時候，就發現了將水銀打入尿道的注射器。除了注射，也可以有塗抹用的水銀軟膏，甚至是塗了水銀的防性病內褲。水銀確實能引起病人出汗，而且使人產生黑色的唾液。當時的人認為這代表療法有效，但其實這是水銀中毒的晚期症狀。

常有人認為，亨利八世各種健康問題的始作俑者就是梅毒，而且他確實會自製各種藥水和藥膏來「乾燥破皮的地方，讓那話兒舒服一點。」然而，當時梅毒標準的水銀療程需時六週，像是同時的法國國王法蘭西一世就曾人間蒸發這麼一段時間，但亨利八世卻從未有這一段隱居期。因此，這一切仍然只是猜測。（梅毒在英國被稱為「法國病」，而在法國則被稱為「英國病」。其他國家認為英國特有的疾病還有自虐、自殺和支氣管炎）。

十七或十八世紀，如果在倫敦招妓，得到性病的風險極高。曾有個愛說教的人，雖然說得大致沒錯、但實在令人不悅：「妓女就像是便座……接受著各種形式的穢物，也像是個理髮師的椅子，上一個才走沒多久，下一個就來了。」也難怪詹姆士·博斯韋爾在拜訪過「淋病閣下」之後，只能心不甘情不願地決定試試當時開始愈來愈流行、用動物腸膜做成的保險套。

一些最悲慘的梅毒病例，是因為丈夫在外尋花問柳，結果不慎感染了妻子和孩子。最令人感到傷心的，是在喬治王朝時期有種想法不僅無理、甚至恐怖：男人如果和小孩、甚至是嬰兒性交，就能治癒梅毒。當時認為，年幼的性對象能夠除去這種疾病，讓患者得到醫治。

一九五〇年代之後，更能控制梅毒，只要早期發現，就能完全治癒。但也要注意：即使是今日，新的梅毒病例數字都還在上升！

CHAPTER 11 在床上穿什麼？

我在床上穿什麼？當然就是香奈兒香水五號囉。

——瑪麗蓮夢露

❖ ❖ ❖

歷史上，臥室長期都是多人共用的場所，所以一般人也很習慣被人看到穿著睡衣的樣子。中世紀給侍童的指示，就說明了該如何為主人寬衣、讓他準備上床就寢。（這些指示有趣的地方，在於那些主人／國王／領主都被描述得像是個洋娃娃一樣任人擺布。）根據指示，主人想上床就寢的時候，侍從必須先攤開一張足罩，讓他站在上面脫下長袍。接著，侍從為主人披上外套，再脫下鞋、襪和齊膝短褲（包含短褲和下面連著的襪子）。侍從要把齊膝短褲拋過肩後，再為主人梳頭、戴上頭巾、穿上睡衣。

前面提到的頭巾，後來就演變成現在的睡帽。當時認為，疾病是以瘴氣的形式透過空氣傳播，所以睡眠時絕對不可以讓頭部暴露在外、毫無保護。當時的人真的相信，如果坐在風口或在風口入睡，可能會死於非命。所以十分堅持一定要為頭部保暖（但也不能過熱：有些睡帽頂上會有一個洞，讓「蒸氣能夠出去」）。即使到了一九五〇年代，如果我母親的頭髮還沒乾，外婆就絕不准她出家門。

亨利八世手下的樞機主教沃爾西，出身背景不過是伊普斯維奇的旅館老闆和屠夫，卻力爭上游，在教會中身居高位，這是平民魚躍龍門的極少數管道之一。沃爾西對樞機主教的樞機紅長袍鍾愛有加，但他常常處於工作過度的狀態，辦公時都還直接穿著睡衣。他對治國極有天份，面對壓力仍能勤奮不懈：一五二七年與法國談判期間，沃爾西從凌晨四點開始連續工作十二小時，「完全沒有起身去上小號或是吃東西，只是不斷親自寫著信，連頭上都還戴著睡帽和頭巾」。

大多數人睡覺時，男性穿著襯衫式男睡衣、女性穿著連身內衣，這與他們白天穿的內衣款式相同，或者根本就是那一件。一六三三年，老倫敦橋大火，就有一戶人家在睡夢中倉惶逃出，「只穿著內衣或無袖寬內衣」。至於比較富裕的人家會買特殊的長睡衣，袖子比白天的內衣稍微長一些，領口也開得比較深。

許多流行服飾一開始都是臥室裡的穿著。安・波林穿的是亨利八世買給她的睡袍，其中著名的一件是用黑色綢緞和黑色塔夫綢材質，邊緣再飾有黑色天鵝絨。這種睡袍其實已經很像現代的晨袍，溫暖、寬鬆，往往還有連帽。通常是套在其他衣服外面，在上床的時候就脫掉。

由於睡袍既舒適又實用，便逐漸走出臥室而進入公共領域（很像是二十世紀的家居服）。艾格蒙伯爵（Count Egmont）一五六八年就是穿著紅色花緞的睡袍昂然赴死；一六一七年，安妮·克里福德夫人甚至會穿著「華麗的睡袍」上教堂。慢慢地，睡袍演變成史上最可觀也最正式的服裝：十八世紀的宮廷女用長外衣，裙圈極寬。這種長外衣原本只是臥室服裝，但後來發展成為一種風格，變成正式場合穿著的制式服裝。宮廷裡的世界保守而改變緩慢，到了一七六〇年代仍然會穿著這種服裝，但看來十分可笑，像是在模仿將近一個世紀前下班後所穿著的服裝。

十九世紀出現專門的睡衣，這時英國的棉業雄霸天下，大量的棉成了不二的材質選擇。第一次世界大戰前，女性並不會穿睡衣褲。一九二〇年代，好萊塢電影讓臥室服裝有了革命性的改變，當時的明星出現在臥室場景時，穿的是綢緞布料，那材質能在打光下閃閃發光。大約同一時間，瑪德琳·薇歐奈（Madeleine Vionnet）發明了「斜裁」設計，讓衣服可以更貼近身體曲線，於是出現新一代閃亮、美觀、桃色或肉色的睡衣。至於如果覺得絲綢太貴，這時也有了合成人造絲可供選擇。然而在一九三〇年代，不論女性的閨房如何受到好萊塢啟發而光鮮亮麗、用桃紅色來裝飾，當時英國的居家很少有中央暖氣，那些斜裁的絲綢睡衣外面，仍然得穿上厚重、絮棉絎縫的緞子晨袍。

睡衣褲成了好萊塢女明星的標準裝扮，靈感來自頹廢而充滿異國情調的中國服裝，而不是傳統的男性條紋棉布睡衣。上海和香港當時是迷人的旅遊景點，遊輪趨之若鶩，在船上，睡衣褲就是合宜的休閒時尚穿著。

自從一九二〇年代以來，睡衣和睡袍跟著當代的流行剪裁和布料發展，但過去幾十年間，睡衣並沒有什麼革命性的改變。

或許令人意想不到的是，現在都已有了中央暖氣設備和羽絨被，為什麼還有人會需要睡衣褲？當然，晨袍還是會帶著一點懷舊情感，而且多半是在旅館或是多人共住的房子裡穿著；至於私人臥室，就又是另一回事。

第一代的女用睡衣褲。出自一九二〇年代的女性雜誌

CHAPTER 12 與王共眠

群眾經引導走過了國王寢宮，看到了……華麗的寢宮、掛著精美的頂篷。
——倫敦遊客塞薩・德・索緒爾（César de Saussure），一七二五年

❖ ❖ ❖

前面已經提過王室的穿衣儀式，至於到了晚上，國王或王后想要就寢，得再好好忙上一回。

王室的就寢儀式，起源是來自中世紀的騎士或扈從就寢。騎士在遊歷或前往下一座城堡時，無論睡在哪，扈從都要完成下列步驟：

確認床單乾淨、折到床下，為夜用頭巾加溫，確認房間整潔，協助騎士脫下衣服，拉上窗簾，確認火燭安全，把狗趕出去，把門關上。

至於要閱讀《賢妻指南》的那位十五歲法國中產階級家庭主婦，必定在夜間也得以同樣的方式滿足丈夫的需求，但還不只如此。她的職責包括：

生好溫暖的火，在火前為他脫下鞋子，拿來乾淨的鞋襪，端上豐盛的食物和飲料，恭恭敬敬地尊敬他。在這之後，她會讓他戴著睡帽、睡在白色的床單上，蓋著好品質的毛皮；至於之後還得用其他的玩樂、親密行為、愛和小秘密來讓他開心滿意，這我就不多說了。

王室儀式的進行方向完全相同，但複雜程度和參與人數都要大得多。

亨利一世的家務記載，提到有許多人負責準備他的寢宮，包括「國王床鋪的搬運工」，因為動用到他的人和他的馱馬，所以額外收到三個半便士（提醒一下，這時還會把床從一個城堡搬到另一個城堡）。至於國王的「侍浴僕」替國王晾衣服可以得到一分錢，而「國王入浴時可得到三便士」。（但會計並不知道所有人的工資：「關於洗衣婦則不清楚」。）所有這些在寢宮工作的人，構成了王室最私密的部門。

亨利八世的家務規則，則詳述了寢宮工作人員該怎樣鋪床。他的床要鋪八層床墊，而且僕人還得先在上面滾一滾，好確認裡面沒有藏了什麼敵人危險的匕首。鋪床換新床單的時候，僕人得在床上做十字標記、親吻他們碰過的地方，還要灑上聖水。

對於那些身處最高位的人而言，臥室政治不只是性而已。在十七世紀晚期之前，王室寢宮還要用來接待貴賓及觀眾，以及舉行儀式。這些事情實在太繁瑣，所以國王如果真的想好好睡上一覺，就會偷偷溜出王室寢宮，躲到更私人的第二寢宮。像是威廉三世的私人寢宮，就在漢普頓宮王室外交大廳樓下，共有三個門，而且都是從裡面上鎖。這樣一來，國王才終於能夠清靜清靜。

為了想要控制有誰能謁見國王，不難想像鑰匙在皇宮裡的重要性。侍便郎官是國王最重要的僕人，伺候國王使用便座或廁所。他的標誌正是戴著寢宮唯一的「金鑰匙，鑰匙上綁著藍色緞帶」，而且還有嚴令控管「不得製作或容許有其他的寢宮鑰匙」。

在現代之前，國王很少獨自入睡。但亨利八世是例外；他只有在想有性行為的時候才會前往王后的寢宮，否則並不會和妻子同床。一般情況下，每天晚上會從國王的大床下面拉出一張小型、附有輪子的床，讓他的個人侍從使用。至於特別受寵的僕人，像是湯瑪士．卡爾佩珀，「通常都和國王共床」。

只不過，隨著時間過去，愈來愈多人覺得自己有權在任何時候闖進亨利八世的寢宮，讓他也愈來愈難以忍受。於是，他在漢普頓宮為自己打造了一個「祕密住所」，並且重新訂下更嚴格的門禁規則。他對寢宮人員發佈新令，堅持從此六位寢宮個人侍從必須得到許可，才能夠進入寢宮。唯一能自由進出的，只有他最寵愛的亨利．諾里斯（Henry Norris），「國王明令，除非得到召喚，否則其他六名個人侍從不得進入或跟隨國王進入指定之寢宮或其他管制區域。」

至於王后，同樣也有許多的寢宮人員，最後也同樣覺得寢宮裡的人實在太多。但根據先例，很難將所有自認有權進出的人拒於門外。十八世紀，卡羅琳王后有一次就花上一整個小時，聽著她的寢宮女侍、宮務大臣和副宮務大臣爭論不休，討論某兩個人是否有權進入王后寢宮，「他們總是主張有這種權利，而寢宮侍從總是反對。」

有權進入可說是重要的地位指標，這些人也就能夠得意張揚擁有這種特權。有一次，卡羅琳王后流產之後正在休養，曼徹斯特伯爵夫人堅持，因為她的先生地位崇高，她應該有權直達卡羅琳的床邊探視。於是她趾高氣昂地一路走進這位重病女性的寢宮，只為了向同儕證明自己可以。

就現代的眼光看來，這似乎都是瑣碎的小事，但在當時卻事關重大。那些能夠和國王或王后朝夕相處的人，就能對國家政府發揮影響力。而那些位高權重的人，只要一時不察或懶惰，就會受到最親近的僕人或臣子的影響，做出錯誤的決定。因此，從都鐸王朝到斯圖亞特王朝，可以說王室寢宮的歷史就是王權的歷史。

從亨利八世建造「祕密住所」，重新定義自己和寢宮侍從的關係，可以看出他成功地控制住了寢宮的人員。到了伊莉莎白一世的時候，她身為女性，待在寢宮和個人住所的時間較多，宮廷的權力結構因而有所改變。然而，她的寢宮女侍並不像過去國王的寢宮侍從一樣有影響力。男性臣子能夠見到女王的機會變少，但伊莉莎白女王的性格夠強悍，能夠好好利用這點，嚴格堅持自己的決定，在宮廷中推行無礙。

繼任的詹姆士一世就比較軟弱了。他從蘇格蘭來到倫敦的時候，寢宮的人全是過去在蘇格蘭的老朋友，於是形成一個小圈圈。而他最寵愛的白金漢公爵長袖善舞，把詹姆士耍得團團轉、予取予求，無須透過樞密院，就能為所欲為。像這樣只由一群自負的核心小團體高壓統治，使得詹姆士一世和接下來的查理一世陷入困境。最終，手下的臣民受夠了他們的專制任性，於是起而反抗，引起災難性的英國內戰，國民死亡的人數比例甚至超過了第一次世界大戰。由此看來，這場內戰的種子，可說是由王室寢宮政治所播下。

位高權重的貴族也發現自己的臥室就像個公共場所，整個宅第各種大小爭端都會搬到這個場地來解決。但從十七世紀開始，臥室的政治色彩開始消退。隨著個人的影響力下降，國家權力開始以議會的形式走向民主，貴族的寢宮也走入歷史，只剩下憑弔過往的意義和樂趣。寢宮開始變成旅遊景點，而不是權力的場域。

一六九八年，精力充沛的旅者兼房宅窺探者西莉亞．法因斯就曾進到艾塞特公爵位於英國斯坦福附近的伯利宅第（Burghley House），親眼見到他的藍色天鵝絨床。她覺得宅第的房間「非常寬敞且挑高，而且彩繪精美非常」，但公爵的藏畫則令她不悅：畫中的人物「赤身裸體或衣不蔽體，特別是在大人的住處，畫作如此無禮，真是唯一的缺失。」當然，公爵將女性物化，是會讓人有些失望，但也不免讓人有些同情，不過是基於禮節，就得讓這位超愛管閒事的法因斯在他的臥室裡四下窺探。

然而，即使王權逐漸萎縮，貴族在他們宏偉的鄉間宅邸裡，常常還是會設計一間特別的臥室，裡面有一張特殊的床，好招待來訪的君王。這些「王床」的使用頻率極低，但奢華程度幾乎可與神廟相比，也正因為很少使用，所以保存情況常常好得驚人。事實上，究竟這些床是不是真有要用來睡眠的打算，還成了學術上激辯的問題。對某些人而言，之所以委託訂做這種床，可能只是為了傳統以及自我感覺良好。

來到這些鄉間大宅的人，看到這些王床，都大為驚嘆。一位詩人來到約克郡的哈伍德宅第（Harewood House），看到這裡的王床，讚嘆得吟詠著：

致敬，向那輝煌的結構！我們島上最高貴的王床
各地藝術家的通力合作
是什麼樣的金工、什麼樣的品味

展現眼前的超乎想像
如此昂貴的家具，如此的王床！

湯瑪士・齊本德爾（Thomas Chippendale）在一七六一年曾建議，王床的尺寸應該是大約二・一×二・四公尺，頂蓬高約四・五公尺（相較之下，現代標準雙人床的尺寸大概是一・四×一・九公尺）。至於貝德福公爵在沃爾本修道院（Woburn Abbey）的王床，則委託蘇活廣場的山繆・諾曼製作。當時的價格是三七八英鎊，但如果轉換成今日的平均收入計算，大約是將近五十萬英鎊。

雖然王床看來奢華無比，但國王和女王其實常常還想睡得低調一些。像是生病的時候，躺在王床上並不舒服。可憐的伊莉莎白一世，過世前幾晚睡的都是「樞密室裡為她鋪上的一堆墊子，離私室的門不遠」，而不是躺在她那三・三公尺長、鋪著鴕鳥羽毛、鐵定不太方便行動的大床上。

而像瑪麗二世，生前最後一週睡的是肯辛頓宮的大床；丈夫威廉三世則睡得簡陋得多。一六九四年十二月某天早晨，瑪麗一覺醒來，發現手臂上出現疹子，那是天花的前兆。她把一切事務安排妥當、清付所有帳務，安然等待死亡，一週後過世。在這最後幾天，她的丈夫悲痛欲絕，就睡在她寢宮角落一張為卑微的僕人所準備的托板床上，希望在心愛的妻子人生最後幾小時裡，能夠分分秒秒陪在她身邊。他寫道：「我愛她如此，你可以想像。失去了她，也等於失去了世界。」有些人認為，在權利法案之後，威廉三世身為君主立憲制下的國王，王權大為削減，他會願意睡的床，在亨利八世眼中很有可能不屑一顧。

所以可以說，君權下降、王室的氣派隨之下滑，王床的規模也因而縮減。而英國女王伊莉莎白二世和菲利普親王的故事更了不起，他們的蜜月是在皇家遊艇「不列顛尼亞號」，每天晚上都是共擠一張單人床。船上可沒有雙人床這種東西。

CHAPTER 13 睡眠的歷史

睡眠可說是人生中的一大幸福。

——莎拉・考珀（Sarah Cowper），一七一二

❖ ❖ ❖

想知道時間，方法有兩種：看時鐘的指針、或看日晷的陰影。正因如此，英文講到整點時間，講的「o'clock」其實就是「of the clock」（時鐘的），而不是講「of the sun」（太陽的）或是「of the dial」（日晷的）。一般民眾要到十八世紀才有鐘可用，在此之前，想知道上床或起床的時間，靠的都是太陽。

在都鐸王朝時期，蠟燭和柴火成本高昂，只有最富有、最有權勢的人，才能把黑夜變成白天。有一次，因為亨利八世急著趕上建築進度，讓工人就著燭光徹夜趕工，搭配啤酒和乳酪作為獎勵。

然而，冬季長夜漫漫，如果連照明費用都無法負擔，該如何是好？歷史學家羅

傑．埃克奇（Roger Ekirch）提出一項有趣的理論，認為在工業化之前，渡過長夜漫漫的方法是將睡眠分段，有「第一段睡眠」和「第二段睡眠」，中間可能會有一、兩個小時是醒著的。

像在英國，冬季的夜晚長達十四個小時，但人類就是沒有睡這麼久的必要。現代實驗顯示，如果處於黑暗情境十四個小時，人類的生理時鐘會大致分成兩段睡眠，中間有一段清醒的時間。在過去要面對漫長而黑暗的夜晚時，這會不會就是普遍的睡眠模式？

確實，偶有文獻記錄能夠支持分段睡眠的理論。在十六世紀的故事《慎防惡貓》裡，就提到「剛上床」的主角和他的兩個室友吵了起來，而這兩個室友「已經睡了第一段覺了」。另外，《鬼的研究》（一五八八）作者也煞有其事地提到，「大約在午夜，也就是第一段睡眠後醒來的時間。」也許對於中世紀和都鐸王朝時期的人來說，這些已被遺忘的午夜夢醒時分，是生活的重要部分。

他們究竟該怎麼度過這段時間？或許是和丈夫或妻子閒聊。在十六世紀，法國醫師勞倫．茹貝爾建議，這是懷孕的最佳時機：「第一段睡眠之後」，夫妻「更能享受」、「做得也更好。」他建議，「完事之後如果可能，就回去睡覺，否則至少應該待在床上輕鬆輕鬆，一起開心地聊聊天。」也有可能會有人摸黑在房裡走來走去。當然，也一定會去喝喝水、或是解決內急的問題：都鐸王朝時期的安德魯．博多就建議，

「第一段睡眠後，如果真的醒了，覺得膀胱漲滿，就該去生產一些水來。」

有些人甚至會下床去工作。像是可憐的老公可以出去搶劫，老婆則是起來「在後面的廚房煮麥芽酒」，或把要洗的衣服先泡起來。瑪麗．科利爾在《女性勞動》（一七三九）解釋道：「在午夜，我們女人常常起床。」

如果夜裡睡覺的時候真的有一段會醒過來，那白天補一段睡眠回來，倒也沒什麼好驚訝的。湯瑪士．羅蘭森（Thomas Rowlandson）的畫作「休息中的乾草製作者」（*Haymakers at Rest*，1798），可以看到勞動者在田裡睡著了。根據英國一五六三年通過的《工匠法》，正式認可了工人在白天小睡一下的權利：每位工人每天可以小睡半小時，「在他獲准可小睡的時候……時間從五月中到八月中」。

山繆．佩皮斯曾寫道，某晚他睡睡醒醒，卻感到十分快樂：

三不五時，總有吵雜的人聲把我喚醒；那是個大雨滂沱的夜；我有點睏，而在醒醒睡睡、一而再再而三之間，我卻從未如此感到滿足。

他居然認為這算是一夜好眠，叫人難以置信。畢竟和現在認為一夜應熟睡八小時的理想相比，這可是差得遠了。

到了十八世紀中葉的倫敦，夜晚的這幾個小時往往是充滿吵雜與活動：搶匪、醉漢、扒手、巡夜「都還沒睡，而養鴿的、養牛的、挑水的、上魚市的人都已經醒了。」女僕想早點打水，免得白天大排長龍；「喝醉的老公」則是一搖一擺地「回家去，而家人則是心情鬱悶、餓得半死。」

看起來，隨著城市生活發展，人工照明逐漸普及，分兩段睡眠的模式也被打亂了。如果有了足夠的錢（和蠟燭）能夠點亮夜間的黑，就能像十七和十八世紀上層階級日記常常寫到的：一晚連續睡上六到八小時。理查．斯蒂爾（Richard Steele）在一七一〇年就曾譴責這種新的熬夜習慣。他覺得，「寧可就煤粉和蠟燭，而放棄陽光，把許多歡快的清晨時分拿來換成午夜的狂歡和浪蕩」，實在是一種「墮落的歡愉。」

但斯蒂爾有件事沒算到，對不習慣有照明的人來說，能夠用光來征服夜晚，就已經是極大的樂事一件。路易十四在凡爾賽宮裡華麗非凡的鏡廳，光是白天就已經極度閃爍耀眼，等到夜幕低垂、燭火點起，燭光經由鏡子反射加乘，就更是一番令人讚嘆的景色。在現代歷史上，鏡廳可能是第一個達到我們認為照明足夠、能做為社交場所的房間；法國宮廷對此也善加利用，舉辦了許多規模前所未有的夜宴。

至於現代分秒必爭的態度，可說是源自工廠的哨子和蒸汽火車。在此之前，計時這件事很少會精確到以分鐘做為單位。驛馬車要出發，會等到所有乘客都上了車；早期的工作場所（常常就是某人的家）工時也相當彈性；至於用餐，也是等家人都到了才開動。然而，說到火車發車、或是工廠換班，可就是分秒不等人了。

喬治王朝時期，各大宅邸也希望家裡所有的幫傭都能抓緊時間。從這個時候開始，時間就是金錢，僕人指南裡也開始要求及時和效率。一八一七年《廚師至理名言》寫道：「所有事情，都要適時完成。所有物品，都要放在適當的地方。使用任何東西，是為了適當的目的。」湯瑪士．布勞頓在《致僕人的嚴肅忠告和警告》正色警告讀者：「如果你是自己僱用自己，除了上帝和自然本來就會要求保留的時間之外，等於你所有的時間都賣給了你的主人。」

舉例來說，一個新來的家庭幫傭可能會拿到一張令人瞠目結舌的卡片，以十五分鐘為單位，列出每週的所有工作。拉維妮亞．史溫班克出生於一九〇六年，從青少年時期就開始工作、擔任幫傭，她曾寫道：「我第一次看到的時候，完全不敢相信怎樣才能在一天內完成所有工作」，但「從那時起，四十年來，女僕長和時刻表成功讓我培養起如時鐘般的精確時間概念。」到了現代，起床和就寢的時間比較像是有沒有意志力的問題，而不像是中世紀可以昏昏沉沉、夢夢醒醒。

然而，雖然現在充斥著讚揚時間管理的自助書籍，但想要把時間清楚區分成一個一個的區塊，仍然是說得容易、做得難。例如現代人待在家裡，工作和休閒之間的分界線模糊不清：要做家務、用電腦辦正經事、也有休閒時間，但這都定不出固定的時刻表。

睡眠也是如此。雖然自工業革命，理想的健康情形就是一天有充足的八小時睡眠，但大多數人並無法達到。下一次再失眠的時候，倒是可以安慰自己只不過是進入了中世紀的睡眠模式，或許這樣一想，就能自然入睡了。

CHAPTER

14 在床上遭到謀殺

我整夜輾轉難眠，看著時鐘直到白天。

——山繆・佩皮斯

❖ ❖ ❖

英語常說到有人「在床上」被謀殺，而不是在客廳或浴室。這也很合理，如果想幹掉某個人，臥室又黑暗又隱密，真是絕佳的地點選擇。講到謀殺兒童，最早也最令人屏息的一幕，就是在莎士比亞的《理查三世》裡，用枕頭悶死了十五世紀那兩位「塔裡的王子」；這件案子曝光後，雖然理查三世看來極度可疑，實情卻從未真正獲得證實。

床上是我們覺得最安全的地方，但最安全的地方也可能最危險，令人意想不到。一三八一年，還是個男孩的國王理查二世為了躲避農民起義，再次逃到倫敦塔，他位於河岸街的王宮遭到起義民眾焚毀，坎特伯里大主教也在塔丘一帶遇害。理查二世出塔和群眾見面時，抗議者一哄而入，「拔衛士的鬍鬚」。叛軍「傲慢地在國王的床上坐臥笑鬧，有幾個還要求國王的母親[⋯]親吻他們。」這裡講到的是國王的生母瓊恩。叛軍之所以會就這個特別私密的方面對她加以凌辱，是因為當時有她性放蕩的傳言。

伊莉莎白時期小說家湯瑪士·德洛尼（Thomas Deloney）為偵探小說這種文類拉開序幕，而床就在這裡面扮演重要角色。在他的某本著作中，一位名為湯瑪士·科爾的旅客抵達了克雷恩旅店（一間十六世紀的殺人黑店）。店外響著貓頭鷹和烏鴉的刺耳聲響，「叫得可憐⋯⋯緊挨著他的窗口」，令他感到極度鬱悶。他講著「那邊那些令人作嘔的烏鴉，發出的是什麼叫人厭惡的聲音啊！」，一邊「躺到床上，從此再也沒能起身。」

壞心的旅店老闆在床下做了一道暗門，科爾就在睡夢之中遇害。老闆只要在半夜把暗門的插梢拔開，倒楣的旅客就會直直落入底下廚房的大鍋裡，「燙傷且淹死」。在這個故事裡，案情最後水落石出的原因是因為店主忽略了一個細節：他告訴大家根本沒有這位客人入住，但科爾的馬就在客棧外面，這下可真是露出馬腳。

也正由於臥室如此隱密，讓它成為廣受青睞的自殺地點。約翰·伊夫林就曾提到，前任王室司庫克里福德勳爵「異常憂鬱」，後來發現「圍巾掛在床的頂蓬」勒著他的脖子。克里福德的僕人「從鑰匙孔看到他的主人吊在那兒，在他斷氣前破門而入，把他放下來，還吐了許多血。」他剛好還能及時聽到克里福德勳爵的最後遺言：「天上確實有神，一位公正的神。」

就因如此，不難想見臥室也會是全家最鬼影幢幢的地方。總是心神不寧、只能虛張聲勢的詹姆士．博斯韋爾，夜間自然也就揣慄不安。他和朋友蒙特史都華勳爵共住一個房間，有天晚上兩人躺著聊到迷信的事：「我過去很怕鬼魂會重回人間，有一段時間都希望上床的時候有主陪著我。但我只是安靜地躺著。」

在前個世紀，哲學家湯瑪士．霍布斯（Thomas Hobbes）就曾以一貫的理性來探討這個問題。他的精彩論述引人眼紅，敵人也放了不少謠言，

> 謠言之一講的是他晚上不敢一個人待在臥室裡；但我經常聽到他說，他不是怕鬼，而是怕有賊以為他的臥室裡會有些錢，結果潛入之後就拿東西砸了他的頭。

只不過，大多數人的態度大概都是像博斯韋爾，而不是霍布斯。對當時的人來說，女巫、鬼魂和強盜都是他們深信不疑的概念，所以要去睡覺還真需要一點決心和勇氣。和今天相比，當時要度過夜間的重重考驗難得多，可不是把鬧鐘設好、把燈關掉就解決的事。當時可能的預防措施，除了實際的居家安全，還有各種祈禱和儀式、希望就算是最凶惡的惡靈也會被嚇走。首先必須培養正確的心態：韓福瑞．

布魯克在一六六五年曾提出明智的建議：「睡前盡量少胡思亂想，一家之主應慎重地鼓舞和鼓勵他的妻子、孩子與僕人，一同對抗恐懼和失序。」當時每天晚上祈求保護算是明智的抉擇，因為得應付「火災、水災或暴風雨造成的猝死、恐懼、驚駭和死傷。」另外，當時也有象徵性的保護措施，像是將一顆豬心放在壁爐上，把一隻鞋放在屋頂的椽子之間，又或是在女巫可能進入的窗口或煙囪上刻個「M」，代表聖母瑪莉亞的保護。另外，你也可以在床上擺些迷迭香的葉子，好「驅走一切邪惡的夢。」

其他作法，還包括實際把所有門鎖上；喬治王朝時期的屋舍，不論前後上下，到了夜間上栓上鎖，滴水不露。倫敦一名洗衣婦安．桃爾絲就擔心小偷會把客人的衣服盜走，所以「我每天晚上一定會巡一巡，確保一切穩當。」至於在農村的強盜，想搶的可能是某家的豬，所以家中男丁就得拿棍棒守護。英語的「save one's bacon」（保住培根）現在的引申義是「避免損失」，但在過去可是名副其實。防盜報警器的歷史比一般人想得都要久。《男僕指南》（一八二七）提到，男僕就寢前應該仔細把門窗都鎖上，「如果百葉窗和門裝了警鈴，記得要把電線接好，被偷開時警鈴才會響。」

時至今日，雖然晚上比較擔心的大概是小偷或連環殺手，但對鬧鬼的憂慮也還在。另外，很多人會在凌晨三點忽然感受到對存在的焦慮這種哲學問題，別以為這是現代人才有的苦惱，其實就像大部分的人類問題，這都是幾百年來常有的焦慮。

PART 2

浴室的祕密歷史

AN INTIMATE HISTORY OF

The Bathroom

二十世紀中期之前，一般人家裡還不見得有獨立的浴室。但在這個部分，我們要討論的是洗澡、排泄、整理儀容，這些活動今天都是發生在最私密的場所：浴室裡。在英國住宅中，浴室通常是唯一有鎖的房間，但裡面的事卻不一定一直都見不得人。

另外，身體清潔這件事，也不見得都是與時俱進。很多人可能沒想到，其實中世紀有許多人很愛上公共浴場，到了都鐸王朝時期反而覺得洗澡是件危險的事，所以中世紀的人可能聞起來還比較清新。到了喬治王朝時期，重新找回了對洗浴的熱情，終於擺脫超過兩個髒兮兮的世紀。然而，對很多人來說，洗澡在二十世紀前都還只能是拿著一盆水、在臥室裡湊合湊合。

今天看來，沒有熱水的生活簡直是末日，但其實對於「乾淨」的概念，現在和過去大為不同。浴室的歷史，也正是對於清潔和社會習慣的思想發展史。至於接管技術的改進，並不是引導改變的因素，而是思想改變的結果。

CHAPTER 15 沐浴的來臨……

葛羅斯特：噢，請讓我親吻您的手！
李爾王：讓我先把手擦一擦；現在它沾著死亡的氣味。
——《李爾王》，威廉．莎士比亞（一六〇八）

❖ ❖ ❖

請注意，李爾王可沒有把手洗一洗，而只是「擦一擦」。這在個人衛生史上可是大事一件。就算是飾演李爾王的演員，他們好好把自己全身上下洗乾淨的頻率和程度，很可能都遠遜於他中世紀的前輩們。

我們聽到「中世紀」這個詞，常常會覺得是原始、髒亂、不舒服，但這誤會可大了：中世紀的生活裡（至少是社會頂層），其實普遍已充滿著藝術、美、舒適、清潔，對於較富裕的人來說，清潔身體已經是生活中重要的一部分，許多中世紀城鎮也有仿照羅馬而興建的公共浴場。

只不過，與洗澡相比，中世紀的人比較常做的還是用水盆洗手洗臉。（而不管是當時的水盆或是現代浴室的洗手台，用的英文字都是同樣的「basin」。）在藝術上，也能常常看到小耶穌在水盆裡擦身的畫面。大宅的主人通常會有個人專用的水盆，而且有僕人負責拿專用的水壺倒水進去：我們之所以知道這一點，是因為常有人在遺囑裡把珍貴的水盆或水壺遺愛他人。

用餐前洗手至關緊要，而且重視的程度還能反映出社會地位。曾有一次，樞機主教沃爾西竟敢把手指伸到國王剛用過的水裡，這在當時是種極度囂張的傲慢舉動。從這些看來私密而沒什麼大不了的小舉動裡，已經可以預見他未來必然垮台。

然而，中世紀的人把全身泡到水裡的頻率其實也不低。洗浴的目的不只是清潔，也是淨化儀式的重要元素。像是洗禮就要用到水，牧師在主持彌撒之前會仔細淨身，而在授與騎士身分的儀式上，洗浴也是重要的步驟。在英國，嘉德勛騎士團還有個年輕的兄弟團體：巴斯勛騎士團，洗浴對這個騎士團格外重要。就在亨利八世一五〇九年加冕之前，二十六位即將加入巴斯勛騎士團的成員就在倫敦塔進行了洗浴儀式，代表「未來心靈的純淨」，接著再在城堡的中世紀教堂裡守夜整晚。

騎士的洗浴聽起來應該相當愉快。他的僕人要先在木製浴盆四周掛起浴巾、鮮花和草藥，並在浴盆裡騎士要坐的地方放置海綿。接著，僕人一手拿著裝滿新鮮熱草藥浴湯的水盆，另一手則用柔軟的海綿為騎士擦身。享受得很的騎士接著再用玫瑰水沖身，然後再踏出浴盆站在「足單」上，由僕人拿乾淨的布為他擦乾、穿上襪子、拖鞋、睡袍，接著送到床上。

如果騎士需要藥浴（像是在長槍比賽後），用的草藥可能包含蜀葵、錦葵、茴香、甘菊和「小疼痛」（野水芹）。而在王宮裡，國王的沐浴享受自然更為高級：早在一三五一年，國王的浴室就已經有「兩個大型青銅水龍頭……帶來熱水和冷水」。亨利八世在漢普頓宮的浴室位在貝恩塔（Bayne Tower，Bayne 一名來自法語「bain」，也就是「洗浴」的意思），水源是遠在將近五公里外的噴泉，用鉛管輸送過來送到水龍頭、裝滿浴盆。亨利的工程人員技藝驚人，這條鉛管甚至還橫穿過泰晤士河的河床，最後再靠著水壓將水送上位於二樓的王家浴室。浴盆本身為木頭材質，像是一個切成一半的圓桶，還墊了一層亞麻布，以免傷了國王的龍臀。

身為國王，自然可能有自己的私人浴盆和浴室，但手下的臣民可就沒那麼幸運，很多都是定期上公共浴場，英語也會把公共浴場稱為「stew」（燉湯）。十字軍東征回國之後，就有人報告享受過「hammam」（土耳其浴室）。到了一一六二年，光是倫敦的南華克區就有十八間浴場。這些浴場之所以被英語口語稱為「燉湯」，一方面可能是因為水是由爐子加熱，但另外也值得一提的是，當時的魚塭也叫「stew」。對中世紀的倫敦人來說，他們對水和魚可說是同樣熱愛。

倫敦浴場眾多，主要集中在泰晤士河南岸的南華克區，該區是個娛樂區，有許多劇場、逗熊場、花園。每當某間浴場的水熱好了、蒸汽也準備妥當，就會有男孩在大街上奔跑呼喊、招攬客人。（但有命令在天亮前不得大聲嚷嚷，否則大夥可都不得安眠了。）

這些浴場的顧客人數眾多，而且是男女共浴。在當時，洗澡也是一種社交體驗，就像今天北歐的桑拿浴一樣。中世紀的人（真的隱士除外）都很習慣成群結隊，很少真的有獨處的時間。

雖然許多浴場都是光明正大的場所、為公眾提供實用的服務，但也有些開始變得龍蛇混雜，就像現在很多所謂的二十四小時按摩店一樣。曾經就有名假正經的僧侶，造訪了一三九〇年代的公共浴場，對那景象嗤之以鼻：他發現「他們就這樣全裸坐在浴場裡，其他人也是全身赤裸，至於黑暗裡發生了什麼事，我還是不要說好了。」在中世紀的歌曲和故事中，講到洗澡，常常就是一夜春宵的代名詞。例如威風凜凜、英勇神武的蘭斯洛特爵士，時常拯救許多少女於水火，而之後少女也會提供洗澡或是按摩的服務。同樣地，二十世紀的代表就是詹姆士．龐德，每次他去游泳或洗澡的時候，總是會不知從哪裡就冒出了一位美艷的女孩。

中世紀文學作品裡若提到有人要招待入浴，很難知道究竟只是出於款待、還是女性設計要染指男主角的肉體。但在十三世紀的《玫瑰戀史》裡，就再明確也不過了。裡面的「老太太」警告著還是青少年的男主角：

你遲早都要走過那燃燒著大家的火焰，你也會在那讓女性香汗淋漓的浴盆裡洗浴……我勸你在洗浴前就要做好準備，就讓我來當你的導師吧；年輕人要是沒人指導，洗那場澡可是危險萬分。

等到十六世紀，浴場已然聲名狼籍，成為妓院的代名詞。事實上，喬治王朝時期的妓院就叫「bagnio」（過去的「土耳其浴室」），但那裡已經和沐浴沒什麼關係。在中世紀後來的離婚案例裡，還會把「上浴場」當作離婚理由：如果某個人對浴場流連忘返，就像是現在忽然在週末跑去度假勝地，幾乎肯定就是出軌的證據。

究竟，中世紀的浴場是什麼樣子？許多圖片都顯示那是一個大房間，裡面有一排又一排的個人浴盆，有時候也有共用的大浴池。用來加熱洗澡水的熱源，很有可能就是隔壁麵包師的烤爐，方便得不得了。浴盆周圍常常會有布幔從上面垂吊下來，一方面是舒適考量，另一方面是用布幔將浴盆圍住，形成像帳篷一樣的蒸氣浴。泡澡水裡可能會放進熱石頭加熱，也可能放進香料（肉桂、甘草、蒔蘿、薄荷）讓水帶有香味。十二世紀，賓根的希德格就建議了幾種適合加入水裡的草藥組合，有的可以沖在頭上，有的可以澆在桑拿浴室裡的石頭，有的可以拿來擦身體，有的可以用來浸泡。在十三世紀的巴黎，蒸氣浴只要兩枚舊銀幣，而想要泡澡則是四枚舊銀幣。一切聽起來都再舒適不過了：從中世紀的繪畫裡，甚至可以看到浴場的浴盆上架著橫板，入浴者就坐在浴盆裡用餐。

講到最先進的供水系統，可能出現在修道院裡。僧侶也非常喜愛泡澡，只不過他們沒有男女混浴這一套，而且進行的是冷水苦行、而不是蒸氣的享受。（清泉修道院有一名叫作阿爾德雷德的僧侶，他會坐在水位高到脖際的冷水裡，據說能幫助他驅散「世俗煩念」。）從一三四八到一三五〇年，坎特伯里的僧侶奇蹟似地躲過了黑死病。當時認為這一定是他們祈禱技巧高人一等，但很有可能只是因為他們的供水系統效率過人。這些僧侶有五個淨水用的沉澱池，分別為餐廳、洗碗室和廚房、麵包房、釀酒房和大廳供水，另外還有許多噴泉不斷注水到水盆裡，用來洗淨雙手。

然而，許多中世紀的人並無法負擔上浴場的成本。就算他們能上浴場，他們穿的毛皮、皮革或羊毛衣服也無法水洗，很少能像他們的身體一樣乾淨。

當時想讓衣服乾淨，最好的辦法就是刷個不停。一本年輕男僕訓練手冊就提過長袍的清潔建議方法：「用軟刷的底端刷乾淨」，而且千萬別讓「羊毛或毛皮的衣服放了七個晚上都沒刷沒抖。」

中世紀家務手冊《賢妻指南》（一三九二）也提供了各種除蚤妙方，像是在房間裡撒滿赤楊的樹葉，或是在麵包片上抹膠水變成黏蚤片。毛皮上的跳蚤特別難抓，所以有跳蚤的皮草得要「密封起來，像是放在箱子裡再用皮繩綑緊、或是放在綁緊而把空氣擠出來的袋子裡。」這樣跳蚤就會「速速死去」。當時，染上跳蚤和染上蝨子可有著天差地別的社會意義。跳蚤幾乎是不可避免，人人都會碰上跳蚤的問題；但身上有蝨子卻是個人衛生不佳的代表。喬治王朝時期昆蟲學家湯瑪士．馬非（Thomas Muffet）就認為，有蝨子簡直是丟臉至極。（英國有一首童謠唱到身邊有蜘蛛的「小馬非小姐」，講的就是湯瑪士．馬非的千金。）

但在大約西元一五〇〇年，社會概念丕變，洗澡的歷史也進入兩百年無人疼愛的黑暗期。倫敦的浴場最後在一五四六年被亨利八世徹底關閉。當時大張旗鼓、風雨欲來：「王室炒得沸沸揚揚，下令關閉浴場，房子則租給那些聲名卓著、秉性誠實的人。」

就這樣，英國從一五五〇年到一七五〇年左右度過了兩個骯髒的世紀，當時大多數人都認為把全身洗乾淨是怪異、挑情或是危險的。還是有少數人能夠負擔成本而在家裡泡澡，但對他們來說，泡澡的目的是治病、而非清潔。

究竟為何會如此？改革運動開始後，許多和洗浴有關的聖人崇拜都被視為是非法的迷信，於是許多聖井和聖浴的場所都遭到關閉；至於這些崇拜的副產品：保持清潔，也連帶遭殃。沐浴習慣減少的另一個原因，是擔心水會傳播疾病，特別是當時剛出現的駭人疾病：梅毒。隨著城市發展，潔淨的供水愈來愈困難。民眾也愈來愈擔心，害怕受到污染的洗澡水會滲透皮膚，或從身上的各種開口進到身體裡。從法蘭西斯．培根爵士（Sir Francis Bacon）的指示裡，就能看出都鐸王朝和斯圖亞特王朝的人認為身體需要抵禦水的入侵：

洗澡前，要先在身上塗抹擦揉油膏，好讓濕潤的熱度和功效滲入身體，但阻擋水狀的液體部分。

當時還認為浴場裡潛伏著種種壞東西，以上的預防措施也就不難理解：

我從浴場的瘋狂和毒害之中逃離
所有皮屑和泥濘卻仍揮之不去
我回頭咒罵這髒污的廁間；
我乾淨地進去、卻帶出滿身污穢。

熱水甚至可能打開你皮膚上的毛孔，讓邪惡的「瘴氣」入侵、帶來疾病。

只不過，雖說洗浴不再流行，倒也不是說人人就對骯髒處之泰然、或說沒有清潔的概念，只不過是注意的地方不同了。就有一位都鐸王朝時期的保健作家建議，早上著衣之後，應該非常仔細地洗臉，至少要在水裡睜開眼睛，好清掉「會造成疾病的眼瞼黏污」。至於會引起不快的個人體味，在當時仍然會招人白眼。克里維斯的安妮就是因為有「惡臭」和「不愉快的氣味」，而讓亨利八世的第四任婚姻畫下句點。

在都鐸或斯圖亞特王朝時期的衛生概念中，乾淨的內衣格外重要。在這幾個「骯髒」的世紀裡，非常要求貼身衣物必須乾淨。時人認為，把身體泡在水裡是危險的，但如果是用衣物布料來吸走人的體液、再清洗這些衣物，就安全無虞。

而且，當時還特別要求領子和袖口必須潔白無瑕，好表示自己身體乾淨、也就代表心靈純潔。伊莉莎白時期的喬治．魏斯東就在他的《禮貌會話七日談》（一五八二）提到，穿著髒衣服的女子「既不會得到陌生人的稱讚，也無法取悅她的丈夫」。當時非常看重外衣會被人看到的部分，從西敏中學十七世紀校長的衣物列表可見一斑。他只有兩件內衣，但袖口卻有十五對。天然亞麻其實是灰色，要把它漂成亮到刺目的潔白，需要花上許多工夫。所以，除了證明自己的美德，潔白的衣物也象徵著地位和財富。

都鐸王朝時期的人怎麼洗內衣？第一步就是要製作主要的洗潔成份：「鹼水」或燒鹼。作法是在底下有洞的木盆裡放進木頭燒完後的灰，再讓水一次又一次滲過這些木灰，吸收其中的化學物質，每滲過一次，成份就愈濃。接著，把髒衣物浸泡在鹼水裡，好讓污垢鬆動，這很類似現代洗衣機的預洗階段。用來泡衣物的大木桶稱為「buck」，而現在還在用的小桶其實就是它的衍生，也就叫作「bucket」。

還有一種更濃縮的除漬劑：尿。一六七七年，漢娜．伍利（Hannah Woolley）就提出下列指示來「把亞麻布上的墨點弄掉」：

> 把髒布整晚泡在尿液中，隔天再在尿液中搓揉去掉所有斑點，就像在水裡洗一樣；接著用更多的尿液再泡一晚、再搓一遍，不斷重複直到斑點消失為止。

直到二十世紀初，尿液仍然是除漬聖品。在鄉間大宅裡，紳士們從事獵狐活動，總是把猩紅色的大衣弄得泥濘不堪，需要男僕立刻徹夜處理；就有一位名為恩尼斯特．金恩的管家，記得在大衣髒污至極的時候該怎麼做：

> ……我們會請女傭把夜壺的內容物留下來，至少得留下一桶。它除漬的效果簡直像是奇蹟。

有人認為，可千萬不能讓那些紳士知道自己的大衣被怎麼洗。

對於都鐸王朝時期的人來說，接下來的洗衣階段則是要用肥皂擦洗衣物，再用稱為「beetle」（也就是用來「beat」〔槌打〕的工具）的木棍來槌打，讓髒污脫下。我曾經親身試過這個過程，發現實在忍不住會想用木棍來把肥皂球敲來敲去；有種理論就說，正是洗衣工的孩子們發明了板球運動。這個擦洗敲打的階段，也正像是現在洗衣機的主要洗衣流程。

亨利八世每年付給他的洗衣婦安．哈里斯十英鎊來洗他的桌布和毛巾，但哈里斯還得自備肥皂。洗衣用的肥皂所用的鹼水更多，製作的時候要用動物脂肪與鹼水煮沸，會發出難聞到恐怖的氣味。在十七世紀的倫敦，肥皂製作過程會放出有毒氣體，在城市上面形成「一層骯髒的濃霧，如煤煙一般，還伴隨著惡臭。」當時做好的肥皂常常是放在桶中，像是果凍一樣，偶而也會作成固體的球狀或塊狀。

衣物用肥皂搓洗後，需要好好沖淨、將水擰乾（也就是現在的脫水流程）。擰水時，會使用立在地上的十字形杆子，將衣物捲成長條纏繞擰乾。最後，當時沒有烘衣機的情況下，衣物和床單就晾在灌木叢上，由太陽曬乾。曬的時候，迷迭香叢可說最為理想，能夠散放甜美的香氣，而山楂叢也很適合，上面的小刺可以避免衣物亂飛。

這一切的努力都是值得的，重點不只是要讓衣服乾淨，更是希望身體乾淨，畢竟當時還沒有出現浴室，於是內衣也就部分取代了使身體清潔的功用。一位法國建築師就曾在一六二六年寫道，乾淨的內衣能「讓身體乾淨，比蒸氣浴或古代的浴盆更方便。古人不用亞麻布，所以很不方便。」

只不過，他寫下這些句子不過短短幾十年後，泡澡就在上層階級的圈子裡再次風行了起來。

CHAPTER 16 洗浴再起

宗教不容懶散……清潔才真正與聖潔同在。

——約翰．衛斯理（John Wesley）關於服裝的講道辭，一七八六年

❖ ❖ ❖

究竟為什麼，到了十八世紀，洗浴又重領風騷？

在十六和十七世紀，確實也有人膽敢冒著一心以為的種種危險而洗澡，但那通常都是因為生了病，而在醫生命令下不得不為的醫療措施。像是亨利八世就因為腿部潰瘍而必須做草藥浴。十七世紀的貴族有時候也會泡礦泉浴來治病，但醫生會再三叮囑、務必採取種種當時認為必要的預防措施：

在要泡進浴盆之前，要讓水熱到你能忍受的極限，而且也要另外準備熱水，在水變涼時加入……泡完澡後一段時間內，要喝一碗熱湯或是酒湯，以避免受寒。

然而，也正是因為醫囑，洗浴才又開始回到日常生活中。在十七世紀，當代醫學的理解出現翻天覆地的變化。隨著啟蒙運動，克勞迪斯．蓋倫認為人體由四種體液組成的理論已經不再受到認同。等到民眾不相信水會使人體失去平衡之後，覺得洗澡會帶來的風險也就大大降低。

此外，對於「流汗」的本質也有了新的認知。當時桑克托留斯（Sanctorius）醫師測量證明，人類每天會從皮膚排出大量、但多半無形的汗水，而他的理論也逐漸為人所知。等到一七二四年，一位英國醫師已經能夠說：「現在人人都知道」，洗澡能讓毛孔放鬆，去除「不斷落在上面的黏膩物質。」然而，當時仍然認為熱水很危險，率先重返流行的只有冷水澡而已。

所以，當時已經認為洗冷水浴對健康有益，而且也能夠像是為昏昏沉沉的身體打一劑強心針。《冷水浴的歷史》的作者約翰．弗羅爾爵士就認為，冷水浴能夠「喚醒昏昏欲睡的精神」，而且「愚蠢的心靈也能得到強力刺激。」只不過，弗羅爾除了醫學上的理由外，推廣冷水浴其實別有用心：他認為，洗禮應該要像古代一樣將全身浸入水中，並且希望教會能夠恢復這種做法。

根據喬瑟夫．布朗《冷水浴的神奇療效紀錄》（一七〇七）就曾記載，泡冷水浴可以治療多種疾病：瘰癧、佝僂病、「勃起無力，以及整體男性雄風失調的問題。」而說到冷水浴可能讓男性重振雄風的想法，布朗之道不孤：

冷水浴好處唯此
丈夫再次擁抱妻子
召喚失去的喜悅
尋回無法勃起而埋葬的歡愉。

《論海水之用處》的作者理查・羅素醫師認為，喝海水有助瀉的效果：「通常成人一次喝半公升左右即可，能夠讓他使用便座三到四次。」而他的同事阿維思特醫師也說：「如有不孕，海水是我的療法首選。」在喬治王朝時期，在海中沐浴成為一種流行，也帶動英格蘭南部海岸如雨後春筍般出現許多海濱度假勝地。

由於冷水能帶來太多驚人的保健功效，愛好者的下一步就是希望能在自家裡沐浴。在德比郡的凱德爾斯頓莊園（Kedleston Hall），寇松家族就在私人的湖邊挖出專屬浴池，上面還蓋了一座漁亭（能讓你從窗口伸出釣竿去釣魚）。至於沒那麼大富大貴的，就只能自己拿個小浴桶，假裝是迷你的小型冷水浴池。每次霍勒斯・沃波爾因為痛風而臉不舒服的時候，就把頭「浸到一桶冷水裡，總是藥到病除。」

隨著供水愈來愈清潔，沐浴對所有人來說也確實愈來愈安全。喬治王朝時期的城市裡，中產階級的房子裡也終於能夠得到沒有污染的自來水。時間回到一五八二年，荷蘭人彼得・莫里茲（Peter Morritz）就曾記錄倫敦橋設有水車。配合潮汐，水車就能將河水送入民宅。只不過，在伊莉莎白時期，這條河也是倫敦的污水下水道，可真是肥水不落外人田。

倫敦歷史上最偉大的工程之一，就是十七世紀的新河（New River），這條人工水道蜿蜒長達六十二公里，將活水從赫特福德郡一路帶到伊斯林頓的中心。直到今日，在伊斯林頓的上街（Upper Street）仍傲然樹立著新河開築者休．密道頓爵士的塑像。新河的工程成就，足堪與英法海底隧道和英國大西部鐵路並駕齊驅。在十七世紀，要能夠精準測量、使河水依計劃路線流動，可說是相當驚人的壯舉。

喬治王朝時期，倫敦道路底下埋了許多巨大的榆木水管。有時候甚至會露出地面，看起來就像是巨大的香腸串。這種造型是因為接管的方式，每節水管都有一端較細，可以卡入另一節水管較粗的一端。在冬季，露出地面的水管上會堆滿糞便，但目的是保護水管不受霜凍。之所以選擇榆木，是看上它在潮濕的情況下仍然耐用，一直到要十九世紀，鐵才取代了榆木的角色。這些偉大的水管管線就延著倫敦的道路延伸出去，每隔一段，再用比較小的

喬治王朝時期的倫敦，木頭水管在路邊就像是香腸串

套管接到每間房屋位於地下室的廚房。

由於整個供水系統單靠重力來運作，所以水壓很低，也常常停水。像是在一六六六年的倫敦大火災中，市民驚慌失措，刺破了街上的水管、希望能夠救火，但因為壓力遭到破壞，整個供水系統也就迅速癱瘓，只剩涓涓細流。在喬治王朝時期的倫敦，每條街道可能每週只有某個「供水日」，而且時間還只有幾小時。到了那天，只要水還會流，住戶就會全力把所有能裝水的容器和鍋碗瓢盆全部裝滿。但如果儲水撐不到下一個供水日，住戶就只好向巡迴街頭的賣水商買水。

由於供水系統不甚可靠，屋子的地下室也就有時完全缺水、有時大水成災。狄更斯要洗澡時常發現自己準備不足，十分苦惱：一八五三年，他住在泰維斯托克廣場（Tavistock Square），就曾抱怨「供水常常不足到誇張的程度」。他已經多付了錢好有個「沐浴蓄水池」，但他寫道：「在星期一早上，我常常缺水缺到像是新河公司不存在，我有時候還真是虔誠希望確實如此。」

新河公司是當時倫敦最知名的公司，但競爭者還有漢普斯特自來水公司（水源來自漢普斯特西斯公園的池塘）以及切爾西自來水公司等等。早期，各家公司彷彿打游擊戰似地手段盡出，和現在各家手機通訊業者勾心鬥角的情況類似。各公司互搶客戶絕不客氣，甚至是把對手的水管切斷。其他精彩的，還包括意想不到的豐富野生生態：當時的自來水沒有過濾系統，所以管線裡有時候還能找到魚，像是在蓓爾美爾街附近就曾經發現過十幾條五、六十公分的鰻魚。

等到房子有了自來水，就算只是在地下室裡有那麼一個水龍頭，身體清潔得費的力就明顯少了。就算是在那幾個「骯髒」的世紀，大家還是會用水盆來洗臉、洗手等等，毛巾的材質則是亞麻。亞麻布的法語是「toile」，衍生而出的一個單字叫做「toilette」，指的就是用水盆來清潔、梳妝打扮的過程。慢慢的，這也衍生成現代英語中的「toilet」（盥洗室）。

浴室在喬治王朝時期終於開始成形，一開始還不是獨立的房間，而只是臥室的一個角落。喬治王朝時期的梳妝台上放著刷子、鏡子、香水瓶、珠寶和化妝品，而水盆也就放在旁邊的一個三腳架上。當時的家具目錄就有這種盆架，也有的是櫃子上面可以放水盆，這慢慢演變成現代浴室裡的洗臉盆或洗臉台。

值得注意的另一點是，雖然已經有少數幾位醫師開始建議應該好好洗個澡，而不只是在臥室一角用臉盆來洗洗擦擦，但整個社會對沐浴的接受程度還是不高。如果托比亞斯・史默萊特（Tobias Smollett）筆下的人物所言可信，喬治王朝時期的上流社會舞會仍然是臭氣逼人：「氣味混雜，聞得到腐臭的牙齦、惡臭的肺、發酸的胃、薰人的腋下、汗濕的腳、流膿的瘡和傷口。」一七五〇年，約翰・威爾克斯（John Wilkes）就觀察到「這島上的女性從來不洗某些部分」，而約翰・赫維（John Hervey）甚至曾經寫道，朝臣擠進悶熱的房間，就是「一如往常，汗流涔涔、臭氣薰天。」

講到英國人如何重拾沐浴習慣，還是要靠宗教的力量。衛理公會的約翰·衛斯理開始提倡一種想法，認為清潔與聖潔同在。他認為「宗教不容懶散」，而且如果某個地方沒有盥洗室，他甚至就會拒絕講道。他說這個「小房子」是必不可少的，「沒有它的地方，就別期待會看到我。」

英雄所見略同。各種激進新教運動的領導者發現，讓信眾想要追求清潔，也就能鼓勵他們自律、自勵，還愈來愈虔誠。維多利亞時代，查理·金斯利的《水孩子》（*The Water Babies*）就提到，掃煙囪的可憐小男孩知道，自己必須保持乾淨，以後才能上天堂；而要夠乾淨，他可得「非常認真、洗得非常努力。」在宗教、潔淨和新教職業道德環環相扣下，十九世紀掀起一陣廣設污水下水道、公共廁所和下水道的運動。正如歷史學家基思·湯瑪斯（Keith Thomas）所言，公共衛生成了一種「宗教義務，一種道德運動」。

但就算有了宗教加持，在十九世紀之交，沐浴仍然不是公認日常生活的一部分。一八二一年出版的《家庭百科全書》就把「個人清潔」和「沐浴」列成不同條目，認為它們仍然略有不同。就算到了一八五七年，說到泡個熱水澡，仍然覺得帶點情色、有些危險，絕不可「姑妄試之，若作醫療用途，則應事先取得醫師建議。」

沐浴逐漸普遍得到接受的下一個階段，是沐浴逐漸成為時尚、成為紳士的象徵。攝政時期，上流社會出現一位風雲人物波·布魯梅爾（Beau Brummell），引領男性穿著打扮的潮流，而他認為香水太女性化，實在男性不宜。這樣一來，為了避免汗臭，就不得不每日洗澡。慢慢地，中下階級也逐漸渴望複製他這種上流社會的生活方式。

到了這個時候，終於洗澡不只是健康或宗教的責任，也是個社會問題。維多利亞時代的禮儀書籍開始對此發表意見：身體乾淨是良好禮儀的基本。一八六九年，《卡塞爾家事指南》才終於不再堅持沐浴有醫療的功能，轉而強調「星期六晚上沐浴」就是出於簡單的衛生因素。

社會已經做好準備，可以邁出下一步：浴室的誕生。

CHAPTER 17 浴室的誕生

長久以來，東方文化都非常看重浴室，但英國北方的房子要到非常晚近才加進這項設計。

——《英國宅邸》，赫曼．穆特修斯，一九〇四

❖ ❖ ❖

一八七一年，一位法國遊客造訪英國，提到曾入住一間維多利亞鄉村別墅，臥室奢華無比。那間臥室有一張梳妝台，上面放著三個大小不一的壺，其中一個裝的是熱水。另外有兩個瓷盆，一個放牙刷的盤子、兩個肥皂盤、一個水瓶、一個玻璃杯。附近的地上，還有一個「大而淺的鋅製浴盆，供晨起洗浴。」每天早上，會有一個僕人走進來，把窗簾拉開，送來「一大罐熱水，以及用來放腳的毛巾」。

一直要到一八六〇年代，才出現有自來水管的浴缸；在那之前，維多利亞時代的僕人真是苦不堪言，得大費周章地燒熱水、提到根本不是為了這個目的而設置的

臥室的過程中，還可能把水灑個一地。但也由於當時的家事勞動成本相對較低，屋主壓根不會有把水管牽到樓上的打算。

一個完整長度的浴盆，就算水位只要十五公分高，就需要四十五公升的水、也就是四十五公斤重。在城鎮住宅裡，通常這得用人工從地下室抬上樓；而且洗完澡之後，用過的洗澡水也得再抬下樓。佛羅倫斯．凱迪在一八七七年寫道：「男人會為榮譽或虛榮做很多事，但我從沒聽過有哪個男人肯在洗完澡後自己把浴盆倒乾的。」顯然，講到洗澡的時候，就算是僕人自己也想偷懶。一九二〇年代，德比郡查茨沃斯宅第（Chatsworth House）的六個洗衣工，會在星期六晚上用一個切半的木頭啤酒桶泡澡：「領班最先泡，接著她的五個助手依年資輪流。」最資淺的那位實

臥室套裝家具。左方即為盥洗台，是現代浴室洗臉盆或洗臉台的前身

在不幸！

倒盥洗盆和夜壺的工作，英文稱為「slopping」（噴灑），每個臥室都需要。僕人並不是把每個盥洗盆和夜壺都搬下樓，而是做法如下：女傭拿兩個水桶進房間，一個是空的，另一個則裝滿乾淨的水。把盥洗盆、夜壺的髒水污物等等倒進空桶，再把這些容器沖乾淨。剩下乾淨的水還可以倒進另一個壺裡，留給臥室主人回來使用。夜壺每週只有兩次會真正拿出臥室，用沸水消毒（但用來清夜壺的髒桶則是天天消毒）。

遇到家大業大的時候，女傭可能會有「運水人」幫忙。戴安娜·庫珀回憶，曾在萊斯特郡的貝爾沃城堡（Belvoir Castle）看到那些像巨人般的運水人：

> 我所見過最巨大的人……在肩膀上，他們挑著一副木軛，掛著兩個巨大的水罐。他們持續不停地來來回回……似乎不是來自人世，口中也只會說出一個詞：「運水人」。

從一八六〇年代開始，自來水開始能送上三樓，這一切辛勞也就如同過眼雲煙。新一代浴室起初很簡單。像是漫畫家艾德華·林萊·桑伯恩（Edward Linley Sambourne）位於倫敦斯塔福德排屋（Stafford Terrace）的住處，就領先群倫有間浴室，但還是只有冷水供應（浴室裡還有一個巧妙的折疊架，所以除了洗澡之外，還能讓他沖他的情色照片）。只不過，原本這樣一個簡單實用的房間，隨著時間進展，裝飾也愈來愈華麗。一八八〇年代裝修的浴室風格常常稱為是「羅馬式」或是「龐貝式」，這是向羅馬著名的接管技術致敬。

從一八〇〇年左右，英國的廚房就漸漸開始配備爐台，於是房子裡開始總能有熱水供應。只不過，爐台在夏天常常只是備而不用。十九世紀中葉出現的另一項創新發明就是自熱式浴缸。這種「瓦斯浴缸」使用羅伯特・威廉・本生（Robert Wilhelm Bunsen）突破性的本生燈，用氧氣幫助瓦斯燃燒。當時中上層階級的家庭，就會得意地在家中安裝如「艾伯特親王」、「威爾斯親王」之類型號的浴缸。

只不過，瓦斯浴缸需要等上三十分鐘水才會熱，而且不是特別可靠。恩尼斯特・漢彌爾頓勳爵有一次回憶起一八六〇年代的浴缸，說道：「想要有熱水……不但沒有『熱』情的回應，連『溫』情都沒。」

經過一連串如同墳墓裡傳來的隆隆聲，接著就出現了一道忽來忽停、鐵鏽色的水，滿是蠼螋和青蠅的屍體……這些搪瓷鐵水槽並不是受歡迎的清潔設備。

後來，莫根（Maughan）發明「蓋瑟」（Geyser）熱水器，取得專利，一八七四年在

《五金商》行業雜誌上現身。蓋瑟熱水器是一項了不起的發明，後來為成千上萬的家庭提供美妙的熱水，但大眾對它還是又愛又怕。一九四〇年代一位住在巴斯的人就寫道：「在浴缸的頭聳立著一個像惡龍般的銅製熱水器，下面有個瓦斯表不斷吃錢。點燃的時候，熱水器就像是突然活了起來，轟鳴聲震耳欲聾，噴出大量蒸汽，還有一點點水。」

對於工人薪水的家庭來說，有自來水的浴缸以及熱水器都還是遙不可及的夢想，對許多人來說也還是件新鮮事。波特蘭的愛德華公爵夫人在諾丁漢郡有一棟宏偉的豪宅：威爾貝克修道院（Welbeck Abbey）；她會邀請當地礦工的妻子來上縫紉課。這些婦女會「排隊來上洗手間，而且每個都絕對會抓緊機會，看看華麗的浴室、試試冷熱自來水，還要用用奢華的肥皂。」

清潔與否，此時仍然是階級的重要指標。一八七四年，約翰・斯圖亞特・穆勒（John Stuart Mill）就抱怨「下層階級似乎真的喜歡骯髒。」喬治・歐威爾甚至說得更露骨，他說「階級差別真正的祕密可以用一句話來總結……我小時候大家都可以直言不諱，這句話就是：下層階級就是臭。」

但這並不意外。正如在戴安娜・阿西爾（Diana Athill）筆下，她愛德華時期的奶奶覺得僕人就是「又笨又髒，但他們實在很難不髒，因為還要好幾年後，才有人想到要在僕人住的閣樓裡加個浴室。」老習慣難改，即使到了一九〇〇年，浴室仍然只是個可有可無的房間，而不是必備品。舉例來說，艾德華・勒琴斯（Edward Lutyens）在二十世紀初蓋的豪宅，至少就有兩棟沒有浴室（分別是曼斯德莊園〔Munstead Wood〕和庫克斯伯里大宅〔Crooksbury〕）在相關法令於一九一八年通過之前，工人階級家庭裡一般都還是沒有冷熱水浴缸，而且如果是老房子，即使已經立法通過數十年間，這些設備仍然付之闕如。

就算是在貴族圈子裡，到了二十世紀，也還是有不少人對水管和熱水懷疑有加。像是「太乾淨」，聽起來似乎有問題。一八六〇年，卓霍亞斯加伯爵夫人就寫道「說到坐在浴缸裡，總讓人覺得有點懶散、有點軟弱，比較適合女人。」而一八四四年的《衛生手冊》也建議，私處每天不該清洗超過一次。手冊作者的解釋是：「我們認為，任何事物只要超越健康和衛生必要的界限，就會逐漸導致不幸的結果。」一九四七年，詹姆士・李斯—米爾恩（James Lees-Milne）住的房子就沒有自來水。每天，一位「老僕人會拿一條紅毯子進房，鋪在空的壁爐前。接著他再用一個黃銅罐裝溫水來，剛好可以倒滿浴缸的底部。房間的溫度一定不到零度。他搞不好根本就是個幽靈，現在還做著一百多年前習慣做的事。」

有時候，會有訪客大老遠從大西洋彼岸前來英國，以為英國的浴室應該還算先進，這時就會受到文化差異的迎面痛擊。一八九〇年，有一批「美元公主」（美籍的女繼承人）來到英國，希望能從英國貴族裡找到理想的老公，等她們到了英國的鄉間宅邸，落伍的沐浴設備真是把她們嚇壞了。只不過對她們來說，找不到人結婚還更可怕。所以，伊迪絲・華頓（Edith Wharton）筆下就有一個人物，因為害怕兩手空空地回去美國，就說她「寧願在這裡餓死、凍死，也不要回去有溫暖房子和熱水浴室的家裡。」

附在臥室旁的浴室始於美國，從一九二〇年代起，美國的旅館房間常常都會有浴室。至於可說還在苦行僧時代的英國，就這點而言學得很慢，只有豪華旅館因為有國際訪客要求，所以會有這種套房。位於倫敦梅費爾區的豪華旅館克拉里奇旅館（Claridge's）在一九二〇年代就有了裝飾藝術風的浴室，有大理石地板和台面、淺青綠的配色、分別在頭部和肩部高度的蓮蓬頭（洗身體的時候才不用弄濕頭部）、還有叫人鈴，就是絕佳的好例子。我們可以想像一種畫面：好萊塢明星在這樣的房間裡嬉戲、洗著泡泡浴，但或許隔壁就是一位英國遺孀，對這種行為大搖其頭。

其他美國來的發明還包括立式、與浴缸分開甚至取而代之的淋浴間。即使在美國，淋浴間這個點子也是慢慢從西岸傳到東岸。英國在維多利亞時代的水管工程型錄也出現過和浴缸結合的蓮蓬頭（像狄更斯就想要一款叫做「惡魔」的型號），但在歐洲，總覺得這種設備必然有問題：像是覺得孕婦一定得避免使用，免得「淋浴造成太大衝擊，引發流產」。到了一九三〇年代，歐洲的現代住宅設計已經比較理性，覺得住宅應該是種「居住機器」，但仍然比較喜歡浴缸而非淋浴；即使時至今日，雖然一直有人大力呼籲節水，但英國的住宅仍然多半都有浴缸。

也因為對於浴室一直還是帶著情色的偏見，要到一九八〇年代，套房才成為英國家庭常見的設計。一如往常，泰倫斯．康藍還是領先時代。他在一九七四年寫道：「除了中央暖氣和良好合用的廚房，想讓你的房產價值大增，還要有臥室／浴室的套房組合。」但就算如此，在那個時候他還是得大費周章來說明，為什麼該花錢蓋某個房間，只是為了把自己洗乾淨：

對浴室的態度一直在變化。浴室已經不只受限於清教徒的傳統、只能用來做洗禮和齋戒沐浴（還得洗冷水），也不再需要在滾動的蒸氣水霧和各種管線之間摸索前進。

康藍寫作這段文字不過幾年後，清教徒精神還濃時，母親有次帶著我上哈羅德百貨（Harrods）看看那裡賣的豪華浴室，一方面開開眼界，另一方面也是去酸葡萄心態一下。

所以你可能沒想到，其實浴室的歷史並不長：只有幾十年，而不是幾世紀。至於浴室的裝飾，有過維多利亞時代龐貝式的華麗、裝飾藝術時期的閃閃發光，到了一九九〇年代採用反樸歸真、簡約的設計師風格，將功能與美學合而為一。一本關於一九九〇年代頂尖流行趨勢的指南就宣告：「最佳的當代浴室，就是要能用斯巴達式的簡約、滿足所有目的功能。」約翰．帕森（John Pawson）設計的浴室看起來就像是崇拜寧靜的寺廟，而菲利普．斯塔克（Philippe Starck）也能將常見的浴室配件轉化成時尚、搶眼的不同形狀。然而，雖然造型簡單，還是不違背初衷：有源源不斷的熱水，水聲譜成美妙樂章，而且氣氛無比奢華。

到了二十世紀末，在浴室洗澡已經成為次要的功能。有一種冥想法叫「在浴缸內思考」，也成了浴室裡的私密活動之一。在現代英國家庭裡，浴室可能是唯一可以對家人上鎖的房間，和斯圖亞特王朝時期的私室，實有異曲同工之妙。

CHAPTER 18 別忘了刷牙

用幾粒火藥……就能清掉每個污點，讓你的牙齒白到不可思議。
——《紳士雜誌》，一七六四

❖ ❖ ❖

十八世紀前還沒有牙醫這種行業。在都鐸王朝時期，理髮師可說兼任外科醫師，幾乎包了所有要對身體動刀的工作，除了剪剪頭髮之外，也會拔拔腐爛的牙齒，順便還能幫人截肢。

都鐸和斯圖亞特王朝時期，當時的人確實已經開始會清潔牙齒，用的是清水、磨碎的烏賊內殼、鹽或迷迭香，至於器具則可能是布、小樹枝或海綿。只不過，他們也吃糖，所以當然也會蛀牙。（伊莉莎白一世年紀大了之後的形象有些恐怖，有著「有點倒勾的鼻子，嘴唇很薄，而牙齒則很黑。」）當時像是糖雕之類的熱門甜點可說是牙醫的一大挑戰，糖雕可能做成堡壘、野獸，甚至是聖保羅大教堂的外型（樞機主教沃爾西就曾呈上這種玩意），還會有精美華麗的金箔。由於糖雕的成份就是糖和杏仁膏，等於是對「英勇的牙齒」的一輪猛攻。一旦牙齒被蛀、拔掉之後，就會戴上象牙或骨質的簡陋假牙。

十七世紀後期，醫學發展出一個新的分支：牙科。查爾斯・艾倫的《牙齒手術》（一六八五）是最早的英語牙科論文著作。他強調健康的牙齒對咀嚼非常重要，對蛀牙引起的疼痛也多感遺憾。十八世紀的後人也同意牙齒堅固有助吃東西，但除此之外，更透露出另一套更高雅的新價值觀：他們希望有一口好牙，也是為了說話的時候能夠優雅，更希望照片看起來好看：牙齒可以說是「口部的裝飾品」。正是在這個世紀，肖像中開始出現露齒的笑容。

只不過到了這個時候，仍然還不確定該怎樣避免蛀牙。一七二五年的《週刊》為一種「令人愉快的芬芳酊劑」打廣告，保證就算是「最黑最臭的牙齒，只要使用一次，就能變得潔白、乾淨、美麗」，但效果實在令人懷疑。至於用醋來當漱口水，據說能夠抑制口臭，聽起來就比較靈驗，不過還有一種含有蒔蘿粉和白酒的藥水，號稱能「對抗來自胃部的口臭」，這聽來就比較有問題了。

一直以來，鹽和小蘇打都是廣受歡迎的牙粉材料。至於早期用的小樹枝，則逐漸換成豬鬃或馬鬃刷。一七二一年，約翰・菲利普斯爵士還曾經求妻子別用新式的牙刷：「用刷子刷牙齒和牙齦（就像妳一直在做的那個樣子），過一段時間之後，肯定會傷到它們的……我求求妳，為了未來著想，還是用海綿吧。」

很多人都知道，美國的第一任總統喬治．華盛頓（一七三二—一七九九）就戴過河馬齒和牛齒材質的假牙。美國獨立戰爭期間，英國在一七八一年攔截到一封信，信裡提到想要清牙齒的工具，於是就透露了他的行踪：一個帝國的未來，可能就是決定在這種最小的細節上。而且，確實有很多需要假牙的人都不想大聲張揚。喬治王朝時期，密．希維（Mme Silvie）就是因為特別小心翼翼，而讓他的顧客都十分放心：「如果顧客覺得說出想做人工牙齒太丟人，只要說是想做黃金鼻煙盒或是鑷子盒就可以了」。一八八〇年的《牙科雜誌》也刊載過一件慘事，有位女士向醫師抱怨自己喉嚨痛，但醫師很快就發現她究竟是在害羞什麼：她其實是吞了自己的假牙。

喬治王朝時期的這種口部改進藝術，其實也屬於當時生活中流行但不必要的事物之一，只是為了想炫耀個人的地位、財富，還有告訴別人自己有大把時間可以揮霍，就像是當時的購物旅行、巨大的羽毛帽子、陶瓷品，以及其他種種工業革命帶來的奢侈品。但不幸的是，十八世紀那些希望自己有一張「美口」的淑女們，卻因為當時剛開始流行喝加了

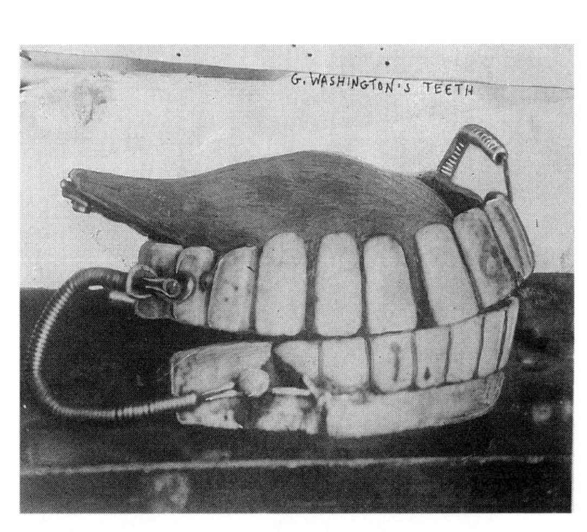

喬治．華盛頓的假牙。下排假牙的材質是河馬牙齒

糖的茶，而讓自己的牙齒陷入危機。一七〇三年一本書中的角色就很不恥當時倫敦的這群奢侈「貴婦」：她們「喝著熱酒、在教會吃著糖李子，十個裡面，還有牙齒的不到一個。」當時民眾的齒態不佳還有一個原因，因為當時基於四種體液的醫學概念，會大量使用嘔吐或催吐劑。有人會固定催吐，而每次催吐，強大的胃酸都會腐蝕牙齒、造成傷害。

在牙醫史上有個小插曲，有一段時間曾有活牙移植的風潮，而且還是到府服務。外科醫生約翰．杭特（一七二八—一七九三）就是活體器官移植這項新藝術的領導先驅，而這些器官也包括了牙齒。有錢人家如果需要牙齒，就會找上某個窮光蛋當苦主，移植的時候需要用鉗子和烈酒，而且從這張嘴到那張嘴可得速速為之。

這種活牙移植的手術在十九世紀告終，原因有三。首先，窮人把自己健康的牙齒賣掉，還是有道德上的疑慮（就像今天對於賣肝和賣腎的看法一樣）。第二，不難想像，會有活牙可能傳染其他疾病的恐懼。第三則是因為後來發展出了新的瓷假牙，美觀潔白又耐用。漸漸地，瓷牙取代了之前的所有材料，包括象牙、珠母、銀、瑪瑙和海象牙等等。但就算是瓷牙，一定也還是很不舒服：一八四六的一本牙科教科書承認，這些瓷牙通常「在嘴裡都太不穩，咀嚼食物的時候，很難好好咀嚼而不會亂動。」一直要到發現了印度橡膠並引進使用之後，戴假牙才變得比較舒適。

等到假牙戴起來還算緊貼舒適，就掀起一陣對假牙的需求熱潮。只要在年輕的時候就把所有的牙齒拔光，以後就可以避免又貴又疼痛的牙科治療。一九一八年，艾略特（T. S. Eliot）就曾經在酒吧聽到兩個女人討論牙齒和一次大戰戰後老公歸國的關係：

亞伯特要回來了，你得放聰明點。
他會想知道妳都把錢花哪去了。
妳該去做幾顆牙。他就做過，我當時也在。
莉兒，妳該把牙全拔了，直接做個全套，做好一點。

只不過，活牙移植還是要過很久才完全銷聲匿跡。一九一九年，英國皇家外科醫學院的牙科考官還是能寫出一整套手續，描述該如何執行這項神秘的藝術。只不過，那時牙醫已經不再到府服務，而成了一套專門的手術，這已經遠離了我們想敘述的家庭歷史範圍。

CHAPTER 19 為鬍子辯解

長髮是世上壞人罪惡的習慣和時尚。

——湯瑪士．霍爾（Thomas Hall），一六三〇年代

澳洲有個洗髮精廣告這麼說：「頭髮不是生命的全部，但先把頭髮顧好也不錯。」確實，從身上的種種毛髮，都能看出一個人的地位、財富，以及對時尚的渴望。事實上，毛髮可說是一塊大畫布，讓你表達個人人格和政治傾向。

在宗教信仰這一塊，毛髮特別具有代表性。十二世紀一位僧侶寫作了《為鬍子辯解》，認為亂蓬蓬而油膩的鬍子有著「不可思議的神秘」，代表著「內在的純淨」以及「神聖的美德」。只不過五百年後，極度清教徒的作家威廉．普林（William Prynne）則認為，男子身上毛髮過長，是「粗俗」、「放蕩」、「可怕」。

諾曼王朝時期的評論者似乎態度不斷搖擺，有時候批評年輕瀟灑的騎士毛髮過

長，但也有時候抱怨他們理得太短。有一種滿說得通的道理，是由於中世紀的人害怕看到其他人試著擺脫他們生命中被分配好的角色。所以像是騎士，生來的職責就是戰鬥，但如果頭髮太長、就會像個女人一樣；至於如果頭髮又太短，則可能又是另一種越界，因為只有僧侶才能做削髮的打扮。

在整個中世紀時期，至少在西歐，都對金髮特有偏好。從騎士時代的法國羅曼史小說女主角名字就可見一斑，像是「Clarissant」（純淨）、「Soredamor」（金色）、「Lienor」（明亮）。十三世紀的盎格魯－諾曼文本《女性衣著》（*Ornatus Mulierum*）有著一種現代而正向的口吻，保證有一套萬無一失的方法，能讓白髮重新變回金髮。（將骨灰放在醋裡煮沸半天成糊狀，敷在髮上過夜。顯然，這和「Sun-In」漂髮劑是一樣的道理。）而到伊莉莎白時期，能「讓髮色如同黃金」的配方，還加了大黃和白葡萄酒等成份。

中世紀婦女還有另一項聽來很現代的美容手段：除毛。如果想要去除體毛，「讓女性全身變得非常柔軟、從頭到腳光滑無毛」，所用的配方就是黃瓜、杏仁漿以及生石灰（這可不妙！）。當時還警告使用者「由於會發出高熱，因此敷用時間不得過長」。同樣的警語，現在的除毛劑上還是看得到。

在都鐸王朝時期，亨利八世的頭髮就別具政治味，髮型多變，有時候像是侍童造型、有時理成平頭、有時又變回侍童造型，而他的臣子也是瘋狂模仿。一五二〇年，他聽說法蘭克王國的法蘭西一世因為受傷而將頭髮剃光，也就理了大短髮以表同情。另一次，為了想儘快和這位好兄弟見面，他又發誓在見面之前絕不刮鬍子。只不過，他的第一任妻子阿拉貢的凱薩琳受夠了丈夫毛刺刺的下巴，逼他打破了誓言。這下幾乎演發成外交慘劇，幸好法蘭西一世的母親薩伏依的路易絲（Louise of Savoy）從中調停，表示這兩位國王之間的愛「在心中，而不在鬍子上」。

亨利八世每天都要由御用理髮師潘尼修容，很有可能是躺在浴缸裡、缸邊在脖子處還有凹槽設計，就像是在瑪麗・羅斯號殘骸所見（現存於樸次茅斯的皇家海軍船塢）。浴缸裡的水漂著丁香香味，潘尼的工具則有小刀、象牙梳子和剪刀。正因為他和國王如此親近，潘尼必須嚴保自身清潔健康，還得避開「誤入歧途的女人」。

但等到阿拉貢的凱薩琳被驅離宮廷之後，亨利八世開始蓄鬍，過世時也是這個造型。一八一三年開棺驗屍時，「下巴還有一些鬍子」。

不管是亨利八世的女兒伊莉莎白和瑪麗、或是她們的繼母凱薩琳・帕爾（Katherine Parr），都像亨利八世一樣有著一頭黃髮，而且十分自豪（只不過，伊莉莎白後來頂著一頭染過的假髮：據說她的髮色是「自然界不存在的一種淡色」）。凱薩琳・帕爾留存至今的頭髮數量龐大。她身後埋在第三任丈夫的休德利城堡（Sudeley Castle），在十八世紀被愛管閒事的考古學家挖出了無數次、剪下許多縷的頭髮，甚至還有一顆牙被拔了當作紀念。

都鐸王朝時期，人人都深受頭虱困擾，所以每個人都有自己的梳子來解決這個問題。一六〇二年，威廉．沃恩為看來不起眼的梳子賦予了偉大的力量，建議應該「用象牙梳輕柔地梳頭，因為我想不起來有什麼更快樂的事了。」山繆．佩皮斯有一次想叫女傭來點理容服務，結果惹禍上身。他自己的說法是「晚餐後，我要戴比幫我梳梳頭，結果給我造成前所未知的大災禍；因為我的太太忽然上樓，看到我抱著那個女孩。」後來，佩皮斯夫人滿腔怒火，抓住燒得滾燙的鐵鉗：「她來到我床邊，一把拉開簾子，鐵鉗的頂端火紅一片，好像要鉗住我一樣。」

至於理髮師，除了幫人理髮，還可以提供一些更特別的服務。理髮師—外科醫師公司就結合了這兩種與刀有關的專業。這兩個職業都有到府服務，不管是理髮、或是大型手術。（內科醫師做的是比較傳統的開處方業務，不用像外科醫師一樣搞得鮮血四濺。）即使後來這兩種職業開始分流，理髮店和外科醫生還是有部分技巧重疊。像是曼徹斯特的假髮師埃德蒙．哈羅德就可做為代表，他原本受的是理髮師的訓練，但有時候也會有哺乳困難的婦女找他幫忙，而療法就類似為乳頭拔罐。其他時候，他則是出門四處找找有沒有淺黃色的頭髮可買，好進行他的假髮業務。女性如果能有一頭美麗的長髮，會是一大利器。像喬治王朝時期有位系出名門（但卻運氣欠佳）的女臣亨麗耶塔．霍華德（Henrietta Howard），她想知道如果把她的一頭秀髮賣給假髮師能得到多少；對方的開價是十八基尼。

從一五五〇年開始的幾個世紀之間，洗髮也像沐浴一樣，都是令人避之唯恐不及的事。當時的醫生「極度反對用冷水洗頭，特別是在冬季」。蘭德·霍姆（Randle Holme）曾經描述過十七世紀的理髮師工作，也與此相互呼應。他不是「洗」頭，只是「用一塊布擦掉頭髮上的汗水和髒污」。

英國輝格黨（Whig）的時代，也是假髮（wig）的時代。紳士戴假髮，始於一六六〇年代的倫敦：查理二世流亡到時尚的法國之後，慢慢養成戴假髮的習慣，復辟時也把這種風潮帶回英國。山繆·佩皮斯對這種潮流先是懷疑、再是動心，等到四年之後，就砸大錢做了頂自己的假髮。他表示，自己這麼做是因為「想使頭髮清潔，一切的努力真是苦不堪言。」當時紳士頭頂的標準裝扮，就是剃個光頭、再戴上假髮：詹姆士·博斯韋爾在一七八九年丟了假髮，這可讓他驚惶失措，趕了超過四十公里的路去買頂新的（「我可不能一直當個笑柄」）。

一開始，假髮的主要客群是男性，但後來女性也跟進。到了一七五一年的時候，「黑的、棕的、黃的、紅的，一應俱全；這麼一來，想從髮色來判斷小姐的自然膚色，就像從緞帶來判斷一樣不可能。」就算等到十八世紀末、假髮風潮不再，真髮也會經過梳理、捲起或堆起、撲上粉，達到人工的完美境界。大約在一八〇〇年代，宮廷式的誇張髮型逐漸退流行，但查爾斯·奈特（Charles Knight）描述當時情況：「想維持上流社會的外表，每天得在理髮師手下花個一小時」，士嘉堡伯爵手下居然有

「六個法國美髮師，唯一的作用就是整理他的頭髮。」一位公爵夫人到了倫敦，抱怨連連，覺得這個城市「整天就是敲個不停；整晚就是捲髮捲個沒完」。然而，能這樣花時間，正可看出這個人的地位，除了打扮之外沒什麼更重要的事。

為什麼假髮終於在十九世紀初失寵？如果大膽猜測，可能認為假髮退流行是和專制政治衰落有關。就像那些穿了就不能走的鞋、穿了就不能坐的衣服，想要有得花上幾個小時才能弄好的頭髮，你就得是錢永遠花不完的貴族。但很多這種人都在法國大革命的斷頭台丟了腦子，於是剩下的人也沒了膽子。

理光頭一直是種激進的政治表達，像是十八世紀法國大革命、十七世紀英國圓顱黨、以及一九七〇年代的英國光頭黨都是如此。法國大革命後掌理法國的人，放棄了「他們的捲髮、假髮和辮子；有些人就留著像是英國農民的髮型，完全沒有撲粉」。革命後，許多法國美髮師和理髮師丟了工作，於是渡海到變動迅速的英國求職。但他們這樣在許多臥室裡與客戶輕聲耳語、又在頭上摸來撫去，讓許多保守派眉頭一皺。這些法國佬，會不會在一邊撲粉、一邊潤髮的時候，也同時在傳播罪惡的思想？

在這種危險的時代，又得把脖子赤裸裸交給理髮師，除非能先確認他在這些問題的原則，否則可不能談起政治。畢竟如果小命得靠手拿剃刀的對方大發慈悲，這可是危上加危，特別如果他還是個政治狂熱分子就更糟了；不過，所有的刮鬍匠當然都是狂熱分子，無一例外。

因此，法國大革命後，美髮專業招致相當猛烈的批評。一八二四年有人寫道：「理髮這項藝術和祕密」已經從「古代曾有的高度期許墜落。」那些高尚賢德又愛國的人大幅縮減日常的美髮行程，到了一八三〇年，布里斯托的報紙就報導：美髮師已經「不再是過去那樣的重要人物。」到了維多利亞時代，上流社會的主要打扮是柔順、樸素的髮式。

只不過，在豪門大宅裡的僕人頭髮仍舊會撲上髮粉，而且在二次大戰之前，宅第裡的男僕依然裝扮奢華，好似電影《仙履奇緣》裡的臨時演員。他們討厭撲髮粉的過程：

首先要把頭浸到水裡、用肥皂揉出泡沫，再用梳子大力梳理。接著輪流用粉撲幫對方撲上髮粉，可能是紫羅蘭粉、或是普通的麵粉。最後等到乾，就會成為堅固的一層漿。

這是在一九二三年、由曾任男僕的艾瑞克．霍恩所記。他還寫道：「因為搭馬車出門回來之後都得重新撲粉，頭常常都是濕的，所以我常常頭部著涼。」而撲粉除了會讓他們頭痛，僕人還覺得這會讓他們頭髮脫色、甚至是提前禿頭。

十九世紀後期，浴缸開始有自來水供應、浴室也應運而生，於是淘汰了牛脂和香水混合、或是雞蛋搭配檸檬的怪異配方，而出現更新、更好的洗髮精。隨著維多利亞時代逐漸進入尾聲，美髮也像牙科一樣慢慢成為科學創新的焦點，並走出一般民眾的家庭、進入專門工作室之中。

大波浪髮型（Marcel wave）的發明者是法國的馬塞爾（Marcel）先生，一開始在他位於巴黎沙龍裡，這種髮型被稱為「ondulation」（波動）。馬塞爾用的是一對普通的壓鉗，要等到德國人卡爾・內斯勒（Karl Nessler）發明電熱燙髮機，讓波浪能永久（permanently）維持。於是英文的「perm」（電燙）一詞因此產生，並且在一九二〇年代流行短髮的時候達到高潮。這種解放髮型的過程，英國首位女議員阿斯特夫人也推了一把。她曾和管家有下面這一段對話：

有個女傭問，能不能讓她把頭髮剪短……

阿斯特夫人問：「她為什麼想剪短？」

「夫人，據我所知這是時髦。」

「告訴她把頭髮留著，我不想要時髦的女傭。」

管家說：「好的，夫人。但請容我稟告，如果您堅決不讓女傭時髦，能請得到的女傭大概也都沒毛。」

阿斯特夫人笑了，告訴他自己手下女傭的頭髮可以愛怎麼就怎樣。

等到能拿來割喉的剃刀也過時之後，男性美容也愈來愈容易。美國人肯恩．吉列（King C. Gillette）在一九〇一年申請到第一把拋棄式安全刀片刮鬍刀的專利，一九二〇年代發明電動刮鬍刀，從此之後，想留起像鉛筆一樣細的小鬍子、或是想要讓臉頰和下巴乾乾淨淨，也都是輕輕鬆鬆、所費不多。

雖然這時候美髮沙龍日益盛行，在家理容並不是從此銷聲匿跡。像是在我小時候、一九七〇年代，就會有理髮師固定到我家，我們坐在廚房的小梯子上，由他幫我們理髮。這說起來似乎已經是很久以前了，但似乎也反映了最近的經濟衰退情形，很多人都不再上昂貴的美髮沙龍，而自助染髮劑的銷量一路長紅。

經濟困難的時候，大家就會回到自家浴室，自己當起美髮師。

CHAPTER 20 戰鬥之妝

我發現女性已經開始化妝，這在以前是件最可恥的事情，只有妓女才這麼做。

——約翰．伊夫林，一六五四

❖ ❖ ❖

約翰．伊夫林所講的改變，是從英國內戰之後進入復辟時期，整個氛圍從嚴肅走向享樂主義和宮廷氣氛。另外，先前長期以來只有妓女在化妝，但現在皇室成員、臣子、男女演員，也都加入這個行列。只要是得在世人眼前登場的角色，就有化妝的需求。

都鐸王朝時期的人，其實還真的不太清楚自己長什麼樣子。當時還沒有玻璃做成的鏡子，只能將金屬磨光、或用水反射出模糊的影像。（最愛顧影自得的皇室成員亨利八世，就有好幾個這種金屬鏡子。）在這樣的年代，不難想像畫肖像畫的時候，像不像不是最大重點；相反地，肖像畫該呈現的是這位金主應該看起來的抽象概念如何：常常是衣著奢華、貴氣逼人、名門模樣；不過卻也經常少了些人味，不像活生生的人，反而像是個有待解讀的密碼。

貴族女士每天有女僕把她們的皮膚塗得鉛白，就像是當時肖像畫中的樣子，僵硬、華麗、莊嚴，代表著她們的血統和權力。

詹姆士一世時的時尚，需要花上許多時間「看看鏡子，把頭髮別起來、再放下來，把頭髮定型、再鬆掉，整理整齊，遮瑕上粉」。至於當時之所以喜歡追求蒼白的臉色，是因為只有工人階層才會被太陽曬傷。

十七世紀出現胭脂，紅潤的臉頰和唇色大為風行。但這下爭論來了。清教徒堅信，賣弄性感和比較自然的妝容是種罪惡；化妝和香水代表虛榮和一心自戀，掩蓋了底下靈魂的不純潔。曾有個特別聒噪的清教徒抱怨化妝品是種「腐敗」、化妝的女人不過就是「蓋著白色和紅色的糞堆。」一六五〇年六月七日，英國國會甚至提出「反對女性化妝、使用黑色痘貼和穿著不正經衣著等罪惡之法案」（但並未真正通過）。

查理二世在一六六〇年從法國流亡返回英國後，也把法國喜愛胭脂的開放作風一併帶至英國。（但他的王后：布拉干薩的凱瑟琳（Catherine of Braganza）就不幸了。在一六六二年一場悶熱的宴會上，被人看到她猛冒汗、化妝品流得滿頭滿臉。）儘管如此，當時仍然認為紅潤的臉頰不夠莊重、甚至覺得難以接受，像是花花公子山繆·佩皮斯仍然比較喜歡追求膚色蒼白的對象，他曾說有位女性密友「人很漂亮，但臉上抹了紅色，這讓我很討厭她。」

一開始，女性使用黑色痘貼是為了蓋住痘子或是天花留下的疤痕。但很快地，痘貼的形狀和位置便發展出一套複雜的意義。在安妮女王統治時期，女輝格黨員將痘貼貼在某一邊臉頰，而托利黨員貼在另一邊。根據一七一一年的《旁觀者》雜誌，「一位知名的輝格黨員朗札琳達」很不幸地天生「在額頭上屬於托利黨那邊有顆美麗的痣，而且十分醒目，因此讓許多人都誤判過她的政治立場。」二十世紀，湯瑪士．哈里斯（Thomas Harris）筆下虛構的連環殺手漢尼拔．萊克特深愛各種深奧的知識，熟知不同痣的位置代表什麼意義；因此，他看到心愛的聯邦調查局探員克雷瑞思．史達琳臉上因為槍傷留下疤

這位女士臉上的痘貼位置代表她是輝格黨員

痕、位置剛好象徵著「勇氣」，他可是樂不可支。

我們很容易忘記，十七世紀大家的臉上一定滿是面皰痘疤，不像今天只有青少年有青春痘的困擾。因為當時沒有抗生素處理面胞感染的問題，傷口很可能久久無法癒合，十分危險。一七五一年，一位牛津大學生詹姆斯．伍德福德（James Woodforde）就因為臀部長了一個瘡而痛苦萬分，還嚴重到讓他發燒，幸好「晚上就好多了。」

至於痲瘋和梅毒患者，一旦皮膚出現症狀，會被認為除了健康不佳、更是道德有損，所以不難想像，他們會竭盡全力掩蓋皮膚的缺陷。各種護膚措施主要是在家裡自製自用，像是據說驢奶可以讓「女性看來心情愉悅、煥然一新，好像只有十五歲」，而黃豆花泡水「可以去掉臉上的斑」。但也不是所有配方都如此無害：喬治王朝時期，伊麗莎．史密斯的除痘霜配方就用了硫磺，而約翰．約伯．瑞克的指甲保養配方則有砷和「狗糞」。

化妝除了能掩蓋缺陷，也能加強陰柔的氣質，而與陽剛氣息相得益彰，所以有些男人開始能接受太太化妝，不會抱怨她看起來像個妓女。一七九八年，有一位特別開明的男性嘆道：「啊呀！比起自信睿智而發出的火光，因為羞怯而泛紅的臉頰實在要有吸引力得多了」。只不過，無論在哪個時代，化妝化得太濃太過，總是暗示著性方面的放蕩。一九五三年，芭芭拉．皮姆（Barbara Pym）的小說《珍和普登絲》(*Jane and Prudence*) 裡有個女性角色，眼皮塗了「叫人訝異又尷尬的綠色，晶瑩還帶些油亮」。書中的敘事者說：「難道現在只要還沒結婚，就得弄成這樣？這也太辛苦了。」

十八世紀，化妝對男性來說也愈形重要。如果當時想當個時尚型男，「連一顆痘子也不能有，否則就像得了癌症一樣」。像這樣一群外表至上的人，打扮時為了要保護肺，會戴上圓錐形的口罩，阻擋從假髮和外套上「大量」落下的粉塵，另外他們的手套會噴上精油、手帕也會噴上香水。等到「午餐時間，他下樓的時候滿身香氣，像是間活動的香水店，也像是一條船張開所有索具揚帆航行，但沒有實在的東西壓艙。」

到了十八世紀，柔弱無男子氣概仍然常常受到批評。雖然雞姦仍然是個死罪，但比起清教徒為上、道德掛帥的維多利亞時代，男人化妝已經慢慢進入社會主流。到了十八世紀晚期，深具影響力的波．布魯梅爾在巴斯主張男性身體應該要保持清潔，但絕對不該化妝、也不該噴香水，這種更「man」的主張從此在接下來的兩世紀間大行其道。

到了二十世紀，女性化妝也終於不再和賣淫的概念密切相關。從當時到現在，紅唇一直深受男女喜愛，但似乎又傳達著獨立、顛覆的概念，而顯得危險。支持婦女參政的人，對於女性新得到的自由陶醉不已，鍾愛能夠到店裡買到的豔紅唇膏，這比起自己在家裡自製的美容產品，實在更是魅力無比。一九一〇年的《每日鏡報美容書》還提供了配方，於是就算是比較害羞、或是比較節儉的人，也能在自家廚房調出口紅：必要成份有硼酸、胭脂紅、石蠟，還有「足以帶來香味的玫瑰油」。隨著婦女參政運動風起雲湧、取得共識，就連過去較古版、走高尚路線的雜誌也開始出現比較低調的化妝品廣告。

一九二〇年開始的新世代，口紅已經變得正大光明，成為不分階級的普及商品。電影和電視對於化妝的風格影響很大；只要妝容出現在大小螢幕，大街上就會有人有樣學樣。像是葛麗泰・嘉寶（Greta Garbo）就引領了一九三〇年代薄眉的風潮，讓每個去看電影的女孩拔眉拔個不停。當時有人過於熱衷化妝，所以一九二〇年代的一本禮儀指南明言「用餐過程中，絕不應取出口紅、鏡子和粉撲」。

兩次大戰期間，醫院的護士曾經因為被禁止塗口紅而怨聲載道，至於伊莉莎白公主（b.1926）和瑪格麗特・羅絲公主（b.1930）的成長過程中，化妝已經變得理所當然，是種正派體面的行為。據說一九五三年新英國女王即位的時候，因為化妝手法夠嫻熟，電視加冕前的化妝還是親力親為，這真是讓人意想不到、也帶了幾分感動。

CHAPTER 21 整個世界，都是我的洗手間

餐具櫃邊有數個便壺，而且不難見到在大家舉杯的時候旁邊就有人在小解；像這樣完全沒有遮蔽，實在令我感到不雅至極。

——弗朗索瓦·德·拉·羅什福科（François de La Rochefoucauld），談英國餐桌禮儀，一七八四

❖ ❖ ❖

我曾有一次造訪高盛投資銀行的女廁，看到那裡免費供應衛生棉條，並不驚訝，真正讓我佩服的，是居然還有三種牌子可以選。一直以來，從上廁所的條件，其實可以看出許多關於社經地位的跡象。

中世紀，很多人乾脆就親近自然。畢竟如《聖經》所說，「在你器械之中當預備一把鍬，你出營外便溺以後，用以鏟土，轉身掩蓋。」

不過，殖民地要用的廁所可不能這樣。在阿佛烈大帝（King Alfred，八一七—八九九

年統治西英格蘭）統治下，盎格魯撒克遜人開始將城鎮組織成「自治市」（burgh），防衛的堡壘呈四方形，街道採網格結構，今天的溫徹斯特和沃林福德都還保留當初的樣子。此時，已經有公共糞坑的設計。我曾有幸親手處理從這樣的糞坑挖出來的人類排泄物。排泄物從溫徹斯特出土之後，就冰在當地博物館的冰櫃裡，偶而會解凍；訪客如果三生有幸，就能親手來摸摸碰碰，甚至還能從裡面挑出櫻桃核來。那可是經考古學家認證、曾經待過撒克遜人的胃裡的。

自羅馬時代以降，英國第一座固定式的室內廁所是由諾曼人所引進。倫敦塔之中的諾曼白塔，興建於諾曼征服後不久。這裡的厚牆就設計有排泄用的豎井，全部位於塔的北面或東面。因為這兩面背向倫敦市，新征服的居民才不會看到征服者糞便留下的污漬。

這種中世紀廁所稱為「garderobe」，原本的語源是要「guard robes」（保衛衣服）；原因就在於廁所飄著氨氣，能夠殺死跳蚤。事實上，就算到了今天，英國教養比較好的人初次造訪他人家中，想借廁所的時候用的字仍然是「cloakroom」（衣帽間）、而不是「toilet」。中世紀的廁所設備齊全，其實頗為舒適：九世紀《聖格雷戈里的生活》（The Life of St Gregory）的作者就提過，在廁所裡讀書，才能不被打擾。

在都鐸宮廷，廁所大致分為三等。第一等是王室成員和貴族使用的便座（close stool），這是一種有墊而中空的椅子，下面再放著白鑞合金或陶瓷製的便壺，而且便座還會有一間專用的「便座室」。亨利八世就有好幾個便座，墊子裡塞了天鵝羽絨，表面是天鵝絨材質，還有鎏金釘子和流蘇作為裝飾。便座室有兩道門，一道通往主人的臥室，另一道則通往外面，供僕人傾倒排泄物之用。（因為便座室進出容易，正是偷情地點的好選擇。像是亨利八世的第五任妻子凱薩琳．霍華德，就曾和傳說中的情人湯瑪士．卡爾佩珀在此幽會。查理一世被囚在懷特島的時候，也曾計劃偷偷將他的女性朋友珍．霍伍德（Jane Whorwood）送到「我臥室內的便座室」，好讓他緊抱她到「窒息」。）

至於第二等的廁所，使用者是位階足以擁有個人房間的大臣，他們也會有自己的便壺。安德魯．博多醫師對於這些「小便壺」的惡臭大為不滿，認為衛生堪慮。今天，在漢普頓宮還看得到從英國御花園（Privy Garden）出土的都鐸王朝時期「小便壺」，而且經過科學證明，壺裡還存有如假包換的微量都鐸王朝時期尿液真跡。

至於漢普頓宮裡面最低階的僕人們，上的就是規模宏大的公共廁所，同時可容納十四人，名稱就叫「公共廁所」或是「解放室」。這整個巨大的衛生設施，會將排泄物帶到一個水槽裡，再由護城河河水沖淨。但即使如此，水槽還是會發出恐怖而噁心的氣味，必須常常

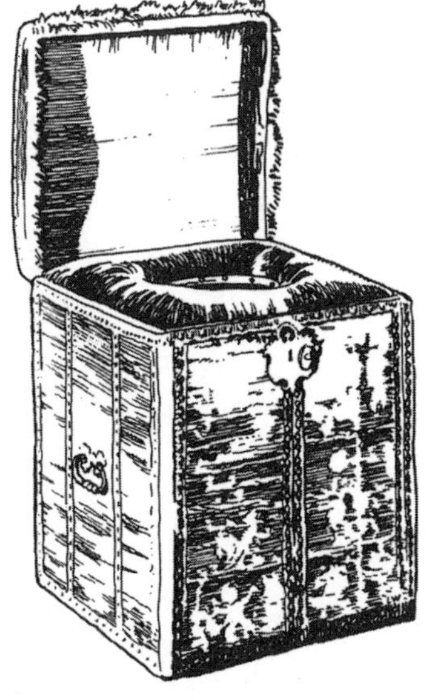

覆有天鵝絨的中空「便座」，
類似威廉三世位於漢普頓宮的款式

刷洗清潔。承擔這項工作的倒楣僕人，就稱為「廁所刷洗員」（〔gong scourer〕「gong」其實就是「toilet」的委婉說法）。

不過，宮廷裡有不少人沒去解放室，就在壁爐或走道上解放了起來。畢竟宮廷裡的男僕數以百計，正式的廁所數量不足。偶而，管理王宮的人痴心妄想，還會用白堊在牆上畫出十字架，希望大家能夠因為不想褻瀆宗教符號而保持衛生清潔。另外，當時還特別明令禁止走進廚房尿在火爐裡，這不正透露了這是常見的習慣。

不管解放室這名稱有多怪，從古代到中世紀，這種廣闊的公共廁所一直都十分普遍。在英國，位於哈德良長城的豪賽斯特堡（Housesteads Fort），就有能供二十名羅馬士兵使用的廁所。而中世紀的倫敦至少有十三座公廁，最有名的是位於格林威治街的「惠廷頓長屋」（Whittington's Longhouse），紀念當時的倫敦市長狄克．惠廷頓（Dick Whittington）。這座公廁建於十五世紀，共有八十四個廁間，當時旁邊就是一條小溪（也就是現在的沃爾布魯克街〔Walbrook，brook就是「小溪」的意思〕），等到泰晤士河漲潮，就能自然把公廁沖乾淨。

可想而知，倫敦居民在家裡上廁所的時候，用的是便壺。至於從自家二樓把便壺倒到街上，就成了「loo」（廁所）這個字的可能語源之一：當時在倒便壺之前，會先向下大喊「Gardez l'eau!」（「小心，水來了！」，而l'eau就和loo音近），提醒路人。但對我來說，另一種說法更為可信，認為「loo」這個字是來自法文的「lieu」（地點），講的是這種「解放的地方」。有些房子門後就是小溪，而廁所就懸空設在溪上。想讓倫敦維持清潔衛生並不容易，大約在一三〇〇年左右，原本因為旁邊小河水質甜美而命名的「甜水巷」，就被當地人改名為「燒屎巷」。

還有許多城鎮居民，乾脆就直接當街排泄。這可不只是中世紀的問題。就算到了十七世紀，山繆・佩皮斯的妻子有一次鬧肚子，他就「被逼著得陪她走到林肯律

「Gardez l'eau!」警告行人要倒便壺了。
這可能是「loo」一字的來源。

師學院的道路旁，好讓她去解決一下」。又過了一個世紀，義大利冒險家卡薩諾瓦（Casanova）到倫敦的時候，就算在聖詹姆士公園，還是會看到「人的臀部，正在自然解放」。

我們對於最高等級的如廁習慣反而知道得最多，因為在一七〇〇年之前，國王身邊永遠都要有人，即使在上廁所的時候也不例外。亨利八世在位期間，曾有一位大臣開會遲到，理由正是「國王陛下要在寢宮裡小解，但除了諾里斯少爺和我，無人得以服侍」，所以實在走不開。據了解，與亨利八世最親密的僕人，如果想向他要求些什麼，會「趁晚上，國王已經舒舒服服喝飽了酒，或是在便座上的時候；因為那正是他心情大好的時刻。」

由此可知，王室成員和許多位高權重的貴族，都很習慣在他人面前解放自我。十七世紀晚期威廉三世的廷規更顯示，當時殫精竭慮，就是要確保國王不會一個人上廁所。根據國王的命令，每次他要去「解放自我的秘密房間」，負責陪伴服侍的人是「侍便郎官（若在場），若不在場則為寢宮侍從，若不在場則為寢宮郎官。」在十八世紀法國的凡爾賽宮，同性戀的梵多姆公爵會直接坐在便座上接見臣民和賓客，而賓客為了奉承，有人曾經在公爵擦屁股的時候大呼「真是天使的臀部啊！」。就算是社會階層遠不及貴族的山繆．佩皮斯，似乎也不認為排便這事是私人限定，他就把自己「非常精緻的便座」放在小客廳裡。（可能也是想炫耀一下。）

與十六世紀相比，十八世紀對於王室廁所的尊重程度大不如前，可能也反映出君權下降的情況。我們絕無法想像哪個人敢如此大膽、僭越使用亨利八世或伊莉莎白一世的便座（她甚至還有專屬的「便座車」，把便座從這座城堡運到下一座城堡）。但到了一七六一年喬治三世加冕的時候，有人發現新堡公爵竟然用了祭壇後方、指定給王后使用的廁所：他被逮到的時候「撅著屁股，正在上了膏的天鵝絨便座上行那事。」

聰慧詼諧的瑪麗．沃特利．孟塔古夫人（Lady Mary Wortley Montagu）有句名言，常被用來證明貴族女性並不介意在他人面前小解。例如法國大使夫人因為「小解的頻率和量」而臭名遠播，她能在「冠蓋雲集的賓客面前，至少每天小解十次。」但請注意，這位女士是從法國來的。十八世紀的英國，幾乎公認所有來自法國的習慣都屬於敗德或骯髒。

不過，十八世紀女性的裙裝層層疊疊，正是完美的掩護，讓她們可以使用像是醬料船形器皿的行動便壺，稱為「bourdaloue」。據說這原本是一位法國傳教士的名字，因為他實在太受歡迎，總讓大批女士提前數小時到場，等待講道開始；也因為如此，漫漫的等待過程可得想辦法解放。

便壺或便座有個絕佳優點：能躲在自家寢室、祕室或接待室裡使用，隨你開心。正是因為這種便利性，才讓它們歷久不衰。至於唯一的缺點，就是得有人來倒。

這個人通常是女性，英語稱呼為「necessary woman」（必要的女性），因為她清除的也是些必不得已的東西。十七世紀的女僕守則規定，必須「負責清空便座和便壺，維持清潔芳香」。至於在王宮裡，有一群這樣的團隊，負責倒便壺、打掃寢宮；除了工資之外，另外還會補貼她們的拖把、掃帚和刷子。

驚人的是，就算後來發明了一樣東西，理論上早就不需要她們服務了，她們卻還是繼續執勤了至少兩個世紀。這項發明就是：沖水馬桶。

CHAPTER 22 污水下水道的奇蹟

某個民族文明與否，可以從家庭及衛生設備判斷。
——喬治．詹寧斯，一八五一年萬國博覽會，沖水馬桶製造商

英國早在伊莉莎白時代晚期就出現了沖水馬桶，但一直要到十九世紀才開始風行。

英國的沖水馬桶先驅是約翰．哈林頓爵士，先裝在他位於巴斯附近的住處，再裝到里奇蒙宮（Palace of Richmond），供伊莉莎白一世使用。（有人認為，美式英語之所以將馬桶稱為「John」，就是要紀念約翰爵士）。哈林頓把自身的成就寫成一部著作：《陳舊主題的新論述：埃阿斯的變形》（*A New Discourse of a Stale Subject: Called the Metamorphosis of Ajax*），在一五九六年出版。

書名其實是個笑話。這裡的「Ajax」講的不是那位古典神話的英雄，而是「a

jakes」，是很常見講「廁所」的委婉語。哈林頓的廁所，是由水箱、便座和下方的便盆組成。打開水箱的一個活栓，就會有水沖洗整個系統；哈林頓聲稱，「就算有二十個人用過」，每天只要沖一次就行。我曾經參與一項計劃，依照哈林頓的描述重建了一套沖水馬桶。那馬桶的水力確實強大，一把小蕃茄也完全難不倒它。

至於要說用二十次只需要沖一次，就比較難以令人信服。哈林頓也承認，「沖得愈勤，打開時的氣味也越芳香。」他還建議，在便盆裡使用瀝青和蠟，有助保持氣味清新。只不過，哈林頓的發明只像是衛生史上的電光一閃，採用者極少。

整個十七和十八世紀，豪宅或宮殿裡偶爾可以看到可沖水的廁所。像是安妮女王的丈夫喬治，就「用大理石製成便座，還有水槽裝水可以清洗」，德比郡查茨沃斯宅第一六九〇年代改建的時候，也至少有十間廁所，配有黃銅配件和當地大理石製成的馬桶桶身。但這些只是特例，見到的人常常覺得是種奇觀、值得大書特書。

十八世紀後期，沖水馬桶的設計經過改良，更受歡迎。一七七五年，亞歷山大・卡明斯（Alexander Cummings）發明了重要的S型彎管，阻擋排泄物的惡臭、不會從下水道飄回房間裡。在過去，馬桶曾經使用D型彎管，但這種設計反而會把發臭的水留在管路中。

一七七八年，喬瑟夫・布拉瑪（Joseph Bramah）發明的馬桶設計取得專利，由黃銅氣缸固定沖水十五秒。（布拉瑪還發明了液壓機和一付複雜到出名的鎖：英國北方到現在還有一些人會將特別棘手的問題稱為「a Bramah」。）布拉瑪一七四八年出生於約克郡的一個農場，但早年的一場意外讓他沒辦法繼續農活，於是改當學徒、製造家具。有一次，他幫顧客裝馬桶的時候，忽然想到了更好的設計，因此引領了馬桶在下個世紀的發展。

布拉瑪善於表演、吸引目光，而且他也很熱衷推廣他所發明的馬桶，於是他的知名度扶搖直上。到了一七九七年，他號稱已經在全英國安裝了大約六千座馬桶。就連維多利亞女王也為懷特島上的奧斯本恩宅第（Osborne House）訂了一座，而且到現在還可以使用。只不過，就算是布拉瑪的馬桶，也還不完美。因為底部有個開關閥，多少還是會漏水。

事實上，喬治王朝時期所有的馬桶都有問題。除了每天都得裝水，沖的時候也不見得都沖得乾淨。水閥可能故障、木頭可能會裂、鐵製的桶座也可能還有味道，或是留著「陳年的屎塊」。馬桶的另一個問題，在於它們得放在走廊底。而在十八世紀，英國人變得比較保守敏感，不僅沒有公開撒尿這種事，甚至還不希望別人聽到自己半夜離開臥室去上廁所（特別是女性）。所以，便壺還是十分流行。至於在鄉間，傳統的乾式馬桶也還是很普遍（就是一個簡單的木椅、放在糞堆上）。

沖水馬桶之所以久久未能普及，還有另一個問題：沒有適當的污水處理系統。在十七和十八世紀，糞便多半就是先放在屋後或屋子下方的糞坑，再等待「堆肥人」

（night-soil men）定期前來清理，運至倫敦北方的果園做為堆肥。到了一八〇〇年，全市人口已達百萬，糞坑數量也約在二十萬之譜，而滲出的糞水也就透過土壤、流進倫敦的河流。

有了沖水馬桶之後，排泄物開始混合大量的水，這下糞坑的設計完全無法應付。一八一五年，家家戶戶得到許可，能將排水管連接到原本用來排放街道雨水的下水道；等到一八四八年，這更成為規定。於是，倫敦不再有糞坑、也不再需要堆肥人，結果就是未經處理的污水長驅直入泰晤士河。一八二七年，有本小冊子描述這條河「滿是五萬個家庭排出的穢物……看來礙眼、想來噁心、更有害健康。」很多人的飲用水是來自於這條河的。

顯然，這種原始的污水處理方式會造成重大的公共健康危機。十九世紀，倫敦曾有四次霍亂大流行（分別在一八三一—二、一八四八—九、一八五三—四，以及一八六六）。但是在很長一段時間裡，都沒有人意識到霍亂和飲用水感染之間的關連。正由於當時對疾病本質的誤解，低估了問題的嚴重程度。

當時的人並未發現霍亂是經水傳播，而相信「瘴氣論」，認為疾病是經由空氣傳播、無法避免。因此，他們先想到的是改善房舍的通風、而不是排水。就算是南丁格爾（Florence Nightingale），在她的《護理記要》（*Notes on Nursing*，1869）也認為房子不該有排水管，因為排水管傳來的異味會帶來猩紅熱和痲疹。這麼想的不只有她，像是林萊・桑伯恩位於肯辛頓斯塔福德排屋的住家，在太太的臥室裡裝了自來水的洗臉台，結果她老是拿塞子把排水口塞住，希望堵住邪惡的臭氣。

約翰・斯諾（John Snow）醫師花了很長的時間，才讓人相信他早在一八五四年就明白的事實：霍亂是經由水傳播，改善下水道和污水管會有助、而非有害健康。斯諾的診所位於蘇活區的博德威街（Broadwick Street），他發現當地許多霍亂病人喝的都是街上某一口井的井水，而這口井十分靠近某個下水道。他很確定正是這口井的井水造成病人死亡，於是說服教區委員會拆掉取水的手把，讓人沒辦法打水，傷亡人數就此下降。然而，他想說服其他醫師接受這項發現，卻遭遇很大的困難，因為就算水裡含有霍亂桿菌，看起來還是十分清透澄澈。

真正讓民眾終於願意投資改善污水處理系統的原因，是一八五八年七月的「泰晤士河大惡臭」事件。該年天氣格外炎熱，讓泰晤士河發出異常可怕的氣味，甚至一路飄進了西敏寺，讓議員終於深刻親身且及時體會到倫敦需要適當的污水下水道。當時的情況，甚至必須在窗口掛上泡了氯水的布條，才能阻擋這股惡臭。

事實上，改善方式已經唾手可得。一八五六年，倫敦工務委員會成立，總工程師為喬瑟夫・巴澤爾傑特（Joseph Bazalgette）。他建立起地下污水管線，讓污水向東流進泰晤士河的下游，才不會影響倫敦的供水。在一八六六年第四次霍亂爆發的時候，污水下水道的成效十分顯著；當時只剩倫敦東區的管線尚未連結完成，而這也是唯一受到霍亂襲捲的地方。

巴澤爾傑特的成就，可說是維多利亞時代真正的奇蹟。他最後總共用了三．一八億塊磚、建起超過一千六百公里的污水下水道，而且他建造排水道、堤壩和橋樑的成本，足足是英國大西部鐵路的兩倍之多。這可說是由磚塊和水形成的地下大教堂，絕大部分至今仍在使用中。

經過巴澤爾傑特的下水道革命，沖水馬桶在絕大多數家庭中已經成為標準配備。一八五一年的萬國博覽會提供沖水的公共廁所，也成為這股流行的推力之一。（但一開始只考量到男性需求，女廁要到後來才加入。）博覽會的六百萬參觀人次中，約有百分之十四的人數使用了沖水馬桶，許多人是第一次使用。當時要上這些廁所可是要錢的，一次一分錢（a penny）。也因此，英文的「spending a penny」也就是上公廁的意思。

沖水馬桶就這樣走進了許多家庭，而「湯馬斯．克拉普」（Thomas Crapper）也成了英國家喻戶曉的名字。他的馬桶從一八六一年開始製作販售，並跟著一句著名的廣告詞「拉繩必沖」（a certain flush with every pull）。講到與衛生相關的創新發明，克拉普可說是最知名的人物，但他只是這項新產業的樣板代表，並沒有什麼真的創新技術突破。他的天才之處其實是在行銷廣告。他白手起家，十一歲就從家鄉唐卡斯特走到倫敦，跟著切爾西的一個水管師傅工作。他曾經到桑德林漢姆宅第（Sandringham

House）為威爾斯親王安裝馬桶，因而取得皇家委任認證，可說是他職業生涯的巔峰。他的公司一直到一九六六年才收起來。

雖然他的公司大打馬桶沖水水箱的廣告，但他所取得的九項接管專利其實都和這項神奇的設計無關。馬桶沖水水箱靠著一根橫臂和平衡錘在軸樞上轉動，可以讓水轟隆隆沖下；真正的發明人是住在里茲的喬瑟夫・亞當森（Joseph Adamson），並在一八五三年取得專利。至於克拉普，就連他賣的馬桶都不是自己公司生產的：那些掛名的產品其實是由許多其他主要位於斯塔福德郡的公司生產，克拉普不過是銷售罷了（當時，衛浴設備生產和掛名不一的情況十分普遍。）特倫特河畔的斯托克（Stoke-on-Trent）因為產煤、能夠供應燒窯，成為當時世界上的馬桶之都。

另一個常見的誤解，是以為英語動詞「to crap」（拉屎）和克拉普的公司有關，但正如《牛津英語詞典》所言，這個動詞早在該公司出名之前就已經存在。「crap」在古英語是「垃圾」，隨著早期清教徒將這個字帶到美洲，在美洲就成了「屎」的俗語。等到美軍在一九一七年一次大戰期間前往英國馳援，士兵看到馬桶水箱上寫著「CRAPPER」（克拉普牌／拉屎者），真是笑得樂不可支。不過，這只是個美麗的

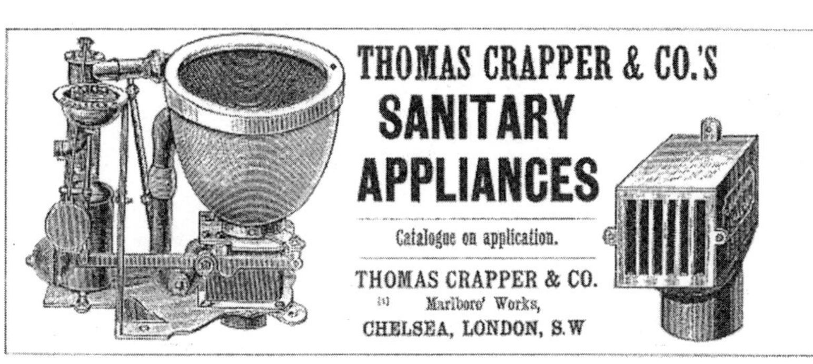

湯馬斯・克拉普產品的廣告……很多人都以為是他發明沖水馬桶，其實不然

誤會罷了。

遺憾的是，不是所有馬桶都採用比較先進的設計。雖然專家早有反對，但很多地方用的還是過時的D型彎管。一八七九年在克羅依登的衛生設備展上，一位名叫威廉・依西（William Eassie）的工程師堅持「必須廢用噁心的D型彎管，別再看到那些排泄物的殘痕」。

最早那些有錢人用的馬桶採用了複雜的閥門系統，最後發現這不是最佳的設計。一八四〇年代開始出現另一種堅固耐用又便宜的設計，簡簡單單的一個粗陶桶身、下面接著S型彎管，於是在英國各地就出現了「布里斯托馬桶」、「利物浦馬桶」、「瑞丁馬桶」等當地品牌。這些簡單的設備，正是現代馬桶的前身。

至於和廁所相關的英文字，背後又有什麼歷史?「lavatory」原本的意思是「梳洗用的地方」，也就是洗臉盆，後來才用以委婉地指稱廁所。至於另一個委婉語「toilet」這個字，有一種說法是和鐵路有關。最初的「toilette」其實和排便無關，而是梳洗打扮的意思。早期的火車上，有兩個房間有水：一個是用來梳洗的「toilet」，另一個則是大小解用的「water closet」（「有水私室」，WC）。等到二十世紀初，洗臉盆和廁所放到了同一個房間裡，門上就剩下比較隱晦的「toilet」一個字。

維多利亞時代的馬桶大師喬治・詹寧斯（George Jennings），用過另一個迷人的委婉語來表達「廁所」的概念：

現在聽來可能難以置信，但我相信總有一天，所有地方都會有完善的「小旅站」（Halting Station）。

他當時真是有先見之明。等到社會觀感和技術問題都已解決，就再也沒什麼能阻止沖水馬桶勝利的步伐。在馬桶發明兩百五十多年後，成為英國家庭不可或缺的一部分。

CHAPTER 23 衛生紙的歷史

注意解放用的廁所應該整潔乾淨；
板子上蓋著乾淨的布……
注意要有毯子、棉布或亞麻布擦拭臀部，
每次他召喚，都要準備好立刻趕到。
——約翰·羅素，《教養之書》，一四五二

❖❖❖

一九九四年一項研究顯示，平均每人每天要沖馬桶三·四八次，用掉一一·五張衛生紙。在過去這幾世紀，用來擦屁股的材料幾經更迭，最後才由衛生紙雀屏中選。

羅馬時代的做法是在樹枝一端插一塊海棉，這很可能是英文片語「to get hold of the wrong end of the stick」（「握到錯的一端」，引申為「完全搞錯了意思」）的來源。等到羅馬人離開英國，人們對衛生不那麼要求，於是中世紀的常見作法就是用一把稻草來解決。但對當時超級有錢的人來說，自然還有比較炫的選擇。一本十五世紀貼身僕人的手冊便提到，必須讓主人的廁所芬芳、乾淨、整潔，而且廁紙供應無虞。不過，當時的「廁紙」是塊布，某本書中便提到「注意要有毛毯、棉布或亞麻布好擦拭臀部」。

如果是王室或貴族的臀部，亞麻布就是首選。可能有人覺得聽來噁心，但這些亞麻布都會在煮沸之後才重新使用。威廉三世就有專屬的洗衣婦，負責洗他的內衣和「便座用布」（另外還包括床單和餐巾）。這些布會放在便座室裡的桌上，看來或許也像是餐巾一樣。王室的便座室其實相當寬敞：像是肯辛頓宮瑪麗二世的便座室，就還掛了她和丈夫的肖像畫。

就算到了二十世紀晚期，在一些比較傳統的英國家庭裡，還是可以見到在便座室桌上準備「廁布」的遺緒。不過就在二十年前，林肯郡德・爾斯比家族的格姆斯托普古堡（Grimsthorpe Castle）還保留這項傳統，會在廁所裡的桌上，將衛生紙排成扇形。想必，在亞麻布被衛生紙取代之前，這就是當初的擺放方式。

曾有一度，紙料實在太珍貴，而衛生紙只能用一次，顯得太過浪費。於是一七五一年，威廉・溫德漢姆便開始採用比較現代的材料；他想給位於諾福克郡費布里格的家裡蓋一間新廁所，條件就是「能多亮就多亮。要有個好地方可以放蠟燭，還要有個地方可以放紙。」

不過，在廁所裡不會有人用「新」的紙。英語「bumf」（衛生紙；難懂／沒用的文件）的語源是「bum-fodder」（屁股的飼料）：讀過的報紙或是已經沒用的告示，就會撕成方形、在角上穿條繩子，掛在廁所裡當衛生紙用。我曾經親自做過這件差事；這在過去，除非是丟給小孩去做，否則想必就落在家庭主婦頭上。雖然說這事做來輕鬆、甚至還帶點療癒效果，但一不小心就會開始看起報紙來。

至於專門的衛生紙始於一八五七年，美國「蓋提藥用紙品公司」成立。這項新產品後來傳到英國，一八八〇年，「British Patent Perforated Paper Company」成立，率先生產Bronco衛生紙。Bronco衛生紙硬而有光澤，一開始放在手推車上、在倫敦四處兜售，等到一九五〇年代，Bronco成為英國衛生紙界主流；另一大競爭對手則是Izal。至於在政府部門，公務人員則有英國皇家文書局（HMSO）特殊版本的衛生紙，上面印有一句警語：「公有財產，現請洗手」。

一九三六年，才終於出現質軟的衛生紙，但一開始主打的市場是讓紳士們擤鼻子之用，而且只在高檔的哈羅德百貨販售。不過民眾很快就發現，軟的衛生紙用起來比Bronco舒服多了，於是浴室裡開始出現圓筒形的軟衛生紙。在一九五七年之前，衛生紙只有白色。有很長一段時間，美國用的衛生紙都比歐洲來得厚，原因是歐洲人用衛生紙會先折疊（或許是以前用布留下的習慣？），而美國人則是用揉的。

衛生紙後來也出現不同顏色、圖案、特厚、不易破等等的版本。有其他文化（特別是東方）並未發展出衛生紙，而是直接用水洗，這樣可以少砍許多樹、少製造許多垃圾。一九九〇年代的一項恐怖發明是所謂的「濕式」衛生紙，它帶著香氣、經過皮膚測試，而且擦起來超乾淨。但這聽起來，實在像是糜爛的羅馬帝國遺留下的產物。

CHAPTER 24 月經

便秘會造成許多困擾，經痛也是其一。

——里歐娜．喬墨斯（Leona W. Chalmers），《女性生活私密面》，一九三七

❖ ❖ ❖

里歐娜．喬墨斯的這段話寫在一九三七年，她對經痛的成因可能不太瞭解，但值得嘉獎的是，她希望能教導婦女一些關於她們生殖器官的事。她寫道：「女性應該要有機會能學習這些器官的構造以及功能。」但她又問：「如果相關知識都沒人提」，女性怎麼可能有望得到可靠的資訊？

聖經〈利未記〉提到，即使在古代，經血也是一大禁忌，大家諱莫如深：

女人行經，必污穢七天；凡摸他的，必不潔淨到晚上。女人在污穢之中，凡他所躺的物件都為不潔淨，所坐的物件也都不潔淨。凡摸他床的，必不潔淨到晚上，

並要洗衣服，用水洗澡。

〈以賽亞書〉也將沾了經血的布說是「污穢之物」，是應該盡快拋棄的東西。在數百年間，月經來時用的都是舊的布，而且講到月經這件事總覺得有些羞恥，所以講得含糊隱晦：像是什麼「大姨媽來了」、「老朋友來了」、「一個月又到了」之類。理查・米德在一七〇四年寫道：「每個人都知道，月亮對於弱勢性別的排泄影響有多大」，而且他還相信，住得愈靠近赤道，女性的月經就來得愈猛。

我們對於維多利亞時代女性對月經的看法所知甚少，因為想叫她們談談月經，可能比死還難。一八五三年的《賢妻須知》講到月經沒來，講得就十分隱晦：「讓女性知道自己可能懷孕的第一個徵兆，就是她不再不舒服了。」

一八九六年，嬌生公司開始生產史上第一款拋棄式衛生棉：「李斯特毛巾」(Lister's Towels)。但當時還不能在公共場合大談月經，所以他們沒辦法打廣告，這項產品也以失敗告結。到了第一次世界大戰期間，護士發現用來幫受傷士兵包紮的纖維棉繃帶吸血效果

「新維多利亞保護裝置」的廣告傳單。
旁邊的說明文字寫著：
「驚人的成功！過人的銷量！
穿上後絕對不會像平常用月經帶或布
一樣招來嘲笑。」

絕佳，比起自己一直在用的棉布或亞麻布好用太多，於是在一九二一年，現存歷史最悠久的衛生用品品牌「靠得住」（Kotex）開始生產拋棄式衛生棉。一開始，衛生棉得要用扣子或勾子固定到特殊的褲子或帶子上，直到一九七〇年代才發明自黏式背膠，解決了這個問題。衛生棉給女性帶來了便利和解放，但不是所有男性都很高興。像是大文豪威廉·福克納，因為嫉妒瑪格麗特·米切爾的浪漫鉅作《飄》（一九三六）獲得巨大成功，就猛發牢騷地說，這部書不過是在一個過度女性化的「靠得住年代」不重要的作品罷了。

衛生棉條發明於一九三三年，但引起了天主教教會的關注，覺得這實在太像是避孕裝置。有種有趣的說法，認為用導管放入棉條在新教國家比較流行，因為他們比較崇尚唯美、純潔，怕讓手沾到血；至於那些比較不嬌滴滴的天主教國家，就習慣不用導管。

要到一九七〇年代，侃侃而談的女權主義興起，月經才成為能夠公開談論的話題。在茱蒂·布魯姆的小說《神，你在嗎？是我，瑪格麗特》（*Are You There God? It's Me, Margaret*，1978）裡，學校放了一部讓人失望的教學影片：「這部片只說卵巢如何如何……沒告訴我們女生究竟該怎麼辦。只是一直說自然有多美好、我們很快就會變成大人了之類。」看完片子，有個女孩問她究竟該不該用衛生棉條，光是這種問題就已經太過大膽，引發一陣驚愕。當時大人回答得躲躲閃閃：「等你們年紀再大很多，我們才會回答這種關於內在保護的問題。」一開始，衛生棉條製造商低估了棉條造成的中毒性休克症候群；一九八〇年代早期開始出現相關問題時，有部分女權主義者相信，如果這些是男性產品，測試就會做得更周全。

衛生棉的廢棄物處理一直是令人頭痛的問題。二十世紀大部分時候，可能是家、學校或辦公室製造出衛生棉廢棄物，而處理方式就是焚化，但會發出難聞的氣味。於是，相關衛生產品處理的立法就很嚴格：在公廁提供的衛生棉垃圾箱必須符合環境法設定的標準，並且由專業醫療廢棄物承包商來處理。另外，為了減少需要清理的頻率、以縮減成本，這些垃圾箱通常大到有些礙事，占了隔間的許多空間，上廁所時很難不碰到它們，也就有感染病菌的風險。相對地，如果是由女性來主導設計的洗手間，往往就會在牆上設計導槽來丟棄使用後的衛生用品。

一九七六年，第一本關於月經的文化史著作《天罰》（*The Curse*）出版，作者之一曾和一群精神科醫生開會：

> 瑪麗・珍在談話中特別提到自己正在經期……會後，許多與會者都認為，像她這樣坦白令他們十分驚訝。其中一位就說：「就連我太太也不會告訴我她正在來月經。」

那位醫師太太害羞的態度，其實幾千年來都是如此。而在近年，比較一下談論尿布、環境和衛生棉的說辭，會發現十分耐人尋味。有些比較關心生態的父母，認為洗尿布所耗費的能源較低，所以不該用紙尿布，免得讓垃圾場堆積如山；他們也常常得到大家的讚美。但講到衛生用品對環境影響這方面，好的選項似乎應該更明顯：像是月經杯（Mooncup）這種橡膠用品，其實完全可以重複使用，完全不產生垃圾。然而，明明是許多婦女都能採取的環保作法，卻很少聽人說起。看來，〈利未記〉的禁忌仍未遠去。

PART 3
客廳的祕密歷史
AN INTIMATE HISTORY OF *The Living Room*

現在讓我們走進房子裡的公共區域，在這裡生活就像一場戲。曾有一度，可以說所有的房間都是客廳。房間就像是舞台的佈景，會因應不同活動而迅速改變裝飾擺設。十八世紀前，房子裡沒人坐的椅子會一律向後推、靠牆擺放。賓客在場的時候，客廳裡可以看到最中規中矩的行為、或說最無聊的舉動，但如果為了求婚、婚宴、喪宴，客廳裡就上演有喜有悲、有笑有淚的場景。會看到客廳的除了家人、更有訪客，等於是一場藝術大秀的表演。

究竟為什麼，客廳（living room）最後會發展出不同類別，形成小客廳（drawing room）、大客廳（parlour）、晨光室（morning room）、吸煙室（smoking room）等等？說法之一，是因為禮儀的改變：時移代進，有些行為漸漸變得不好見人。例如在十七世紀出現了「disgust」（噁心）這個字，講的是食物腐敗或其他惡臭給人帶來的反感。時人漸漸認為用餐應該要有專屬空間，不該使用客廳。另外，大家開始享受孤獨，像是文藝復興時期的紳士喜歡閱讀研究，這時就需要安靜而私人的空間。第三則是消費型社會的出現。謀生的經濟型態從「種植」開始變成「製造」產業，於是出現許多家用產品和設備。而且，屋主的東西愈買愈多，自然也得要有不同的空間來擺放。

中產階級既創造了工業時代，也被工業時代所創，還發展出對居家擺設的狂熱。維多利亞時代，理想的中產階級上層家庭會有數個接待賓客的房間，各有神祕奇特的習慣和禮儀，至於比較貧困的家庭，就只有一個共用的起居空間，於是兩種生活高下立判。此時的客廳發展可說是達到巔峰。在二十世紀，客廳又再次變得不那麼正式拘謹；像是現在如果採開放式設計，客廳就很可能又回到中世紀的大廳一樣，一個靈活、多用途、易調整的空間。或許，你還會有客人就睡在客廳的沙發上呢。至少，我的沙發就是如此。

CHAPTER 25 坐得舒適

客廳讓英國人能得意地展現其財富。
——羅伯．薩則，一八〇七

❖ ❖ ❖

客廳的重點就在椅子，無論是休息、寫字（還沒有電話之前，書寫在日常生活中的角色要重要得多）、閱讀或交談，都要靠它。在中世紀的屋內，能坐的只有領主或屋主，其他人只能眼巴巴地站著。

奧爾良公爵查理一世在一四一五年阿金庫爾戰役後被囚於倫敦塔，寫下一本詩集，將中世紀的客廳描寫得活靈活現。公爵坐在全廳最佳的位置（壁爐前），侍從站在旁邊等候他的指示，紅衣者為牧師。房間地上鋪了精美的瓷磚；牆壁上掛滿了掛毯，而在許多中世紀傳說裡，偷摸進來或想竊聽的人就會躲在後面。

這是貴族人家的中世紀生活：每隔一段時間，就輪流住著那些通風良好的城堡，而且每次的裝潢工作都是迅速但奢華。這幾乎就像露營：只要一晚，就能在某個新的地點重建家園。中世紀的國王會不斷巡視疆土，好讓子民親眼見到自己、實際現身執法，而貴族也會在自己的封地間訪察（封地每年的作物有一定比例需繳給這些貴族）。國王愛德華三世（一三一二－一三七七）和妻子菲莉帕（Philippa）就曾過著這種幾近游牧的生活，因此他們為數眾多的孩子也分別出生在許多不同的地方，包括倫敦塔、溫莎、伍德斯托克、安特衛普、克拉倫登、根特、哈特菲爾德，以及艾塞克斯郡的蘭利和沃漢。

奧爾良公爵查理一世受囚倫敦塔的情景。他當時有一間相當豪華的中世紀客廳，地板貼了瓷磚、牆上掛著掛簾，侍從一旁站立，只有公爵自己坐著。

正因如此，法文至今仍然將家具稱為「mobilier」（可移動的物品）：畢竟，有許多家具確實曾經跟著主人全國奔波，在城堡和莊園之間移動。許多中世紀留下來的家具，都能夠輕鬆移動或拆卸。

在這樣的行動宅第裡，掛毯可說是家具中的經典款。掛毯十分多功能。首先，掛毯輕便靈活，在不同大小或形狀的空間裡，能夠用來阻擋氣流。其次，掛毯上設計的圖像也能傳達訊息，透露出屋主的學識或是抱負。舉例來說，亨利八世鍾愛的一面掛毯講的就是聖經裡亞伯拉罕的故事，講著一位不斷老去的人最後如何成功找到男繼承人；亨利八世也就能由此聊以自慰。第三，掛毯也是炫富的絕佳工具，特別是如果編著金線或銀線，就更理想不過。樞機主教沃爾西就有一間私室掛著黃金的掛毯，而且他收藏的掛毯數目更超過六百張。曾有一位威尼斯大使前來拜訪，就大感驚訝：「訪客得先走過八個房間，才能來到他的接見室，而且每個房間都掛著掛毯。」更誇張的，是這些掛毯「每週更換」。

基本上，中世紀房子的大廳就是僕人生活起居的唯一空間，正如前面所提，這同時也是他們的臥室。所以他們所有的閒暇時光都在這裡度過，可能是丟丟骰子或唱唱歌。中世紀大廳的地板會鋪上燈心草，好讓它舒適一點，也可以說是種拋棄式的地毯。（學者伊拉斯謨斯〔Erasmus〕造訪英國的時候，曾抱怨這些燈心草吸滿了「人和狗的口水、嘔吐物、尿液，翻倒的啤酒、吃剩的魚骨，還有其他種種難以言述的穢物。」）等到這戶人家搬家的時候，就會把髒的燈心草地毯丟掉換新。

時移代進，原先全功能的大廳開始有某些功能外移，像是我們前面提過的，睡眠和性愛就移到了臥室。中世紀晚期的房子除了大廳之外，還會有一間「日光室」（solar）、或稱起居室（sitting room），女士們可以坐在這裡休息、吃吃東西、或是縫縫補補。接著，在薔薇戰爭結束之後，莊園的防禦功能不再那麼重要，於是有空間能夠隔出更多房間、專門接待貴客。

至於在王室宮殿裡，這演變成等級不同、但都優雅華貴的各種接待廳：從會見廳（presence chamber）、樞密室（privy chamber）到退避室（withdrawing chamber），一一相連。會見廳的功能，是讓國王會見重要的陌生賓客；樞密室則是接見好友；至於退避室，則是讓他可以好好靜一靜。（英文的「小客廳」稱為「drawing room」，就是由「withdrawing room」簡化而來。）到了十七世紀，即使是一般家庭，也開始有了舒適的「大客廳」（〔parlour〕源自法語「parlez」〔私人談話〕）。這時，因為還是需要靈活調度空間，所以客廳裡會放著新發明的折疊式桌子。

在比較社會底層的家庭裡，客廳出現的時間要晚於臥室或廚房，畢竟，這些人整天忙於工作，無暇使用休閒空間。而客廳的目的就是裝飾、社交，看來還有些奢侈鋪張，於是「有客廳」還能看出處於較高的社會地位。相較於臥室或浴室，客廳比較沒有明顯的功能，但它其實以一種更巧妙且耐人尋味的方式，透露著當代的社會情境。

都鐸王朝屬於承平時期，財富日益增加，因此貴族也覺得需要有更多不同用途的房間，才能四處坐坐休息、打發時間。像是伊莉莎白時期的豪宅哈德威克莊園，就有三間極寬敞的房間：大廳、陳列室、退避室，都算是廣義客廳的一部分。

首先是大廳，有挑高的空間、華美的裝飾，用來接待賓客、舉行儀式和從事正式社交娛樂。每到節慶假日，屋主士魯茲伯里伯爵夫人哈德威克家的貝絲就會來到大廳，坐在如王座一般有頂蓬的位子上，接受眾人頌讚。至於隔壁巨大的陳列室，除了可以做一些溫和的運動，還展示著整個家族的肖像（哈德威克家族共有三十七人）。陳列室的功能就在於「消遣和健康」，湯瑪士・霍華德（Thomas Howard）在自己的陳列室閒逛，看牆上那些「尊貴的朋友」的肖像，也說他心中充滿「愉悅」。畢竟，這讓他每天都想起自己的人脈有多強。陳列室還有另一種用途：在伊莉莎白時代，每棟大宅都是人丁繁盛，在這才能確保沒有他人在場。在當時，整棟房子只有這個地方，才能確定談話內容不會被其他人偷聽到。

但如果還要更隱密，哈德威克莊園的退避室就會是個好選擇。家族成員可以和他們看得起的客人一起「退避」到這裡來開個秘密派對，也是除了自己的臥室之外、另一個打發時間的地方。到最後，伊莉莎白時期偌大而過於鋪張炫耀的大廳終於遭到淘汰，留下的就是退避室，再演變成維多利亞時代的小客廳。

從哈德威克莊園，可以看到客廳開始衍生成各種不同的房間，這種傾向在十八世紀達到巔峰，當時的人希望自己家裡能有音樂室、圖書室、沙龍，而到十九世紀，男性想有吸煙室或撞球室，女性想有晨光室，而無論男女都希望有庭院室（conservatory）。

到了二十世紀，過去那種功能全包的接待室又復古流行了起來；像是城鎮住宅出現打通的客廳兼餐廳設計，另外還有現代的開放式設計客廳。這種潮流的發端在一九〇〇年左右，紐約藝術圈開始出現「套房」形式的住宅，很快也傳到其他的城市。像是在一九一二年的《砌磚者》雜誌上，有某個「『想找公寓的太太』來到某『藝術家先生』的套房喝茶」。在她看來，這間套房：

> 舉辦他那些「soirée」（晚會）實在太有魅力，而且也太適合拿來展示他的照片和作品了。如果她能在這裡辦個茶會或音樂會之類，會有多美妙啊，太適合了。於是她立刻就開始找類似的住處。

所有這些客廳或接待室都有一個共同特點：它們在客人可能流露不屑的眼神下，可說是毫無掩蔽。所以，這些地方可得打造得完美無瑕才行。

都鐸王朝時期，如果國王、王后或其他重要人物到訪，屋主會深感光榮，整理出最好的房間，交給這些社會等級較高的人使用。因此，隨著一層一層深入這些住處，不同客廳的裝潢也就愈來愈華麗奢美，而隱藏在最深處、裝飾最豪奢的房間，也只有最重要的客人有緣得見。等到民主意識抬頭，住房裡多半只剩下一到兩間接待室，這下子反而要把資源往外集中到比較會被人見著的房間，裡面就馬馬虎虎。正因如此，都鐸王朝時期整棟住宅最昂貴的家具（可能比其他所有家具總和更為昂貴）就是屋主夫妻的床，而現在最貴的可能是沙發或是餐桌。

在都鐸王朝時期，貴族階層（十六世紀大約只有五十五名）以下有縉紳、市民、自由民和勞動者。一五七七年，威廉．哈里森曾寫到這四種社會階層和各自的角色：舉例來說，勞動者和僕人「既沒有發聲權，也沒有權威。」每個人都熟知自己的身分地位，客廳的裝潢也要恰如其分。

十七世紀出現重大改變，市民階層崛起：當時的城鎮居民因為生產、貿易、印刷和金融而日益富庶。不難想像，這些人開始也認為自己值得有更豪華的客廳。

當然，想要透過接待室來炫富並不是什麼新鮮事：在十六、十七世紀類似哈德威克莊園的豪宅裡，重點就是要讓室內空間懾人心弦、奢美炫麗、色彩豐富。而到喬治王朝時期，一方面有愈來愈多人有錢可以砸向他們的客廳，但另一方面也開始因應出現「品味」的概念，希望與眾不同。這種概念認為浪擲千金沒什麼了不起，要是不夠細緻，就只會落得俗麗。但在想要花錢花得值得之前，還得先再掏一大筆錢，接受相關的教育。一七三一年就有人說：「如果男人不抓緊每個機會豐富自己的能力、確立關於品味的要素，就不能真正稱為是紳士。」於是此時建立起一種新的菁英制度，他們的品味是基於知識、而不是基於財富。從十八世紀開始，小客廳就像是空白的畫布，人人都可以在這裡揮灑表達出自己的品味。一七四七年的《全面觀察者》認為：「最近我們所喜愛的字當中，最流行、最為人推崇的，就是『taste』（品味）。」

到了十八世紀，建築師過去是為貴族設計與建遊宮行館，雖然現在的客戶財力較低，但卻更受教，所以他們揮灑的空間也更大。舉例來說，德比郡的凱德爾斯頓莊園就獨樹一格，設計價值極高。當時，納撒尼爾．寇松爵士（Sir Nathaniel Curzon）還特地拆了祖父的房子、自己搬到村子裡，只是為了蓋起一棟全新的豪宅。莊園於一七六五年完工。

他聘請來自蘇格蘭的羅伯特．亞當（Robert Adam）負責室內設計。當時亞當剛從羅馬進修返國，是個相較之下沒沒無名的小設計師。對亞當來說，寇松是個絕佳的客戶，「花錢不手軟，一年預算高達一萬英鎊，脾氣好，而且很有藝術品味。」整棟房子從天花板到門的把手都是亞當負責的範圍，在他設計下，這棟房子簡直就成了（有點不切實際的）古羅馬紀念館。（至於約翰遜博士則認為這棟房子太浮誇、華而不實，「如果當市政廳倒是肯定不錯」）。寇松家族其實只住在一個獨立的側翼，主要的接待室計劃做為重大政治宴會使用。

房子一完工，已經有許多遊客引頸期盼，想一探究竟。當時負責帶導覽的是賈奈特太太，她是一位「衣著考究的老管家」，有著「最清楚的英語咬字」。她甚至還大費周章，自行製作導覽手冊。至於這些遊客，除了是想找找樂子，其實也更是尋找靈感，看看自家的接待室能不能有樣學樣。

凱德爾斯頓莊園的大廳原本打算做為大型政治宴會之用，但同時也推動了這種新形態的導覽旅遊行程。這裡不像哈德威克莊園要叫訪客層層深入、愈見私密，而是把各種功能的客廳連成一環。雖然說，從音樂室到退避室、圖書館、沙龍，依舊是一間比一間奢華，但重點是訪客可以一一全部造訪、全覽無遺，欣賞所有的繪畫和家具。像這樣的喬治王朝時期住宅設計帶有一種「社交」精神，希望讓各種階層互相交流，而不是只能待在屬於自己階層的房間。

在凱德爾斯頓莊園，可以看到一些英國首屈一指的家具。其中最令人讚嘆的，是由倫敦木工約翰·林奈爾（John Linnell）為退避室所製作的沙發。很遺憾，這張沙發運到德比郡的路途坎坷：抵達的時候，甚至還得找位當地的工人「把某些地方黏回去」。）沙發用了天藍色的絲綢，椅腳是形態慵懶的黃金海神，看起來不像是家具，反而更像是扮裝舞會的場景。至於沙發本身就是從阿拉伯傳入的新概念，讓人可以舒適地躺靠著、把裙子攤開，形態優雅而自在；相較之下，十七世紀的椅子都是昂然直豎，坐起來沒那麼舒適。這些沙發可說是有助社交的家具，可以讓兩個人坐在一起，而不像過去的貴族，都是一個人形象莊嚴地獨自坐在自己的寶座上，他們一定沒想過會有沙發這種玩意。

慢慢地，對於這種奢侈品的渴望滲透所有社會階層，而且大家也開始有錢有閒，於是社會上開始定期輪番出現新的流行「風格」。中國風、希臘風、北義的伊特魯里亞風、新龐貝風和都鐸—伊莉莎白風，種種風格接二連三，而且似乎間隔愈來愈短。

或許這些風格其實和它們想重塑的時間地點其實都沒有很大的關係，但這不要緊。像這樣三不五時就復古一次，其實也只不過是瘋狂購物把家具全換掉的好藉口罷了。當時理想的室內環境，是要看來新奇新鮮、充滿異國情調，最好能帶點遠方國度的感覺（像是中國或古羅馬），好增添一抹博學多聞的氣質。像是喜歡四處造訪鄉間大宅的莉比．波伊斯太太就深深為之著迷。有一次在伊斯特伯里，她就寫道「在閣樓那一層的中國式臥室和更衣室真是太有趣也太漂亮了，和在中國的裝潢一模一樣。」

當然，如果是城市中產階級的屋主，小客廳自然不可能會放那種華美異常還鍍上黃金的海神沙發。對於專門生產小客廳家具和配件的製造商來說，一大重點就是要讓作品別那麼前衛，而能迎合更多大眾的胃口。舉例來說，小約書亞．威治伍德

（Josiah Wedgwood）就曾經拒絕一款驚人的黑色花瓶設計。他解釋道：「我們還不夠大膽，沒辦法一下子接受所有新奇而美麗的東西。物品要能經過時尚認可，才能賦予價值。」想要花錢精準得靠功力，而有太多人都是過於自負，最後落得俗麗。

裝飾客廳會是新嫁娘的一項職責（或說快樂）。雷米爾．格列佛一七四五年的《婚姻之喜樂》列出了所謂女性期待婚後會得到的家具：「昂貴的掛簾、威尼斯鏡子、琺瑯瓷器、天鵝絨椅、土耳其地毯、名畫、鍛造餐具櫃、精巧的嵌花櫥櫃。」歷史學家阿曼達．維克里（Amanda Vickery）指出，在珍．奧斯汀的小說中，只要講到單身男子帶著某個女性角色參觀房子，其實就代表求婚之期不遠矣。像是在《理性與感性》中，瑪麗安未來的老公人選帶著她參觀了房子，之後卻並未求婚，就讓詹寧斯太太大感震驚。「沒正式求婚啊！他都已經帶著她參觀整間亞倫漢宅第，挑好以後要一起住哪幾間房間了！」

所以，裝潢小客廳可說是社會責任，接下來，就要在這裡舉辦許多歡樂的宴會。確實，到了喬治王朝時期，客廳的活力與歡騰可是前幾世紀都無緣得見：

揮別過去雪松廳的正式沉悶與無趣冷漠
現在的客廳
成群賓客真正能發揮想像

品嚐美食、思緒脫韁，追求各種夢想

在這個新世界裡，隨性不拘而有品味，大夥可以放開聊天，還有各種可愛的簾幕，比起過去階級森然、輝煌壯麗的哈德威克莊園，彷彿是兩個世界。

但在十九世紀，客廳的歷史就要進入一段黑暗期了。

CHAPTER 26 雜亂時期

凡是你不覺得有用或是美麗，就別放在房子裡。

——威廉·莫里斯（William Morris）

❖ ❖ ❖

維多利亞時代的客廳，和過去主要有三大不同。首先，在宏偉的維多利亞式大宅裡，各式客廳又捲土重來。由於希望房間都有各自專門的用途，所以就出現了晨光室、前客廳、撞球室、圖書室，可說是同一主題的不同變化。其次，這些客廳的色調都偏向昏暗陰鬱。濃豔但深沉的顏色取代了喬治王朝時期明亮淡雅的色調，主因在於暖氣和照明技術的改進，請待下一章再敘。

第三、也是最重要的一點：維多利亞時代的客廳，堆的東西比以往任何時候都多。有些東西是過去也看得到，但以當代形式重現江湖。像是美國小說家伊迪絲·華頓就曾經解讀過十九世紀維多利亞時代倫敦上流社會小客廳裡的擺設語言。牆上

掛滿著地位尊貴的親戚肖像畫，可說是當代版本的陳列室，而且
到處都鋪著天鵝絨的桌子、以及古雅精巧的轉角架，桌上架上放滿沉重的銀製或皮製相框，上面還有各種小冠冕，從男爵、公爵、甚至到王室冠冕都有（也放在地位相稱的地方：壁爐架上）。

這時候，比起過去得請人畫肖像，要取得朋友的照片實在容易太多，也難怪照片擺設紛紛出現。

維多利亞時代小客廳裡的東西，多半比以往豔麗，但有些甚至可以說是庸俗。一則一八七〇年代的客廳家具組廣告就寫得盪氣迴腸：這組家具有「六張雕刻精美的座椅，椅墊採用色彩濃豔的絲綢；主桌桌腳有豐富的雕刻紋飾、桌面鑲嵌精美；壁爐鏡鏡面寬廣、有鎏金鏡框……一對美麗的紅寶石吊燈」。總之在維多利亞時代，濃豔、美麗、巨大的家具絕對是居家必備。前面提到的凱德爾斯頓莊園的海神沙發，十分令人嘆服，但當時的房間非常大，沒有什麼其他家具與之爭鋒。到了維多利亞時代的客廳，多樣才是王道。

這時的屋主一心想展現工業和帝國的榮光。一八五一年的萬國博覽會更是激勵人心，讓他們想把整個世界都放進自己的客廳裡。露西・歐林史密斯（Lucy Orrinsmith）曾著有《小客廳的裝飾和家具》（一八七八），提到人不該只想擁有雕著華威克城堡圖像的煤桶、或是有月光下梅爾羅斯修道院景色的屏風。她認為，屋主為了自己最好的房間，就該去找那些古怪、充滿異國情調的奢華物件：「波斯瓷磚、阿爾及利亞花盆、古老的佛蘭芒杯、中國瓷器、冰島勺子、日本櫥櫃、中國扇子……各有其美麗和有趣之處。」

其實早在十九世紀之前，就已經興起這種「擁有」的熱潮。十七世紀後期「商店」出現，以貿易維生的城市中產階級開始有「購物」行為，反映到家中，就是一種新型的室內空間。這或許可稱為「中產階級式」的客廳：滿是各種多餘的物品，徒作裝飾而無實際用途，偏偏又顯得廉價而非真正的美麗；彷彿是用自己的財產築起路障，希望穩固自己在世界上的地位。

當然，不是人人都像凱德爾斯頓莊園的寇松家族一般富有，這時壁紙就真是了不起的發明，可以快速便宜地讓客廳改頭換面。壁紙首見於十七世紀，最早是在文具店販售，正因為它如此價廉物美，不難想像為何在一六九〇年到一八二〇年，倫敦就出現了超過五百家文具店和紙商。一七一二年，壁紙流行到引起政府眼紅，還特地為此創了壁紙稅。等到一八三六年廢止壁紙稅後，選擇變得更多元多樣：有人在一九〇一年前往桑德森公司的壁紙展示室，就看到「華麗美妙的壁紙，像是就算在我們最瘋狂的夢想裡，也不可能想到可以擁有大理石的大廳。」

然而，壁紙不過是表面榮華，只是把問題都掩蓋了起來。而且，壁紙的生產和銷售也引來居心叵測的不良分子。像是當時就興起一種勾當，偽造壁紙稅員蓋在紙捲背面的日期章。到了一八〇六年，偽造這種日期章的刑罰加重到得以處死刑。此外，因為有些油墨含有砷，所以壁紙可能有害健康。有些人覺得去海邊度假真是身心舒暢，很有可能只是因為不必每天吸到自己小客廳的毒氣罷了。

雖然壁紙生動活潑，但有時候實在太過廉價而顯得俗氣。像是在十九世紀的小說中，如果說到房間貼了壁紙，其實就是暗示著角色膚淺奸詐，重視外表多於實質。湯瑪士·哈代（Thomas Hardy）《遠離塵囂》（一八七四）裡的警長特洛伊為人狡詐，於是看到一棟「誠實」舊農舍的窗戶和黑暗的角落，便覺得不開心：「在我看來，那些框格窗應該好好修一修……牆也該貼貼壁紙。」

文學學者朱莉雅·普魯伊特·布朗（Julia Prewitt Brown）認為，文學上首次出現這種「中產階級的室內情景」（也就是客廳堆滿粗劣物品，住著在社會上沒保障的人），其實地點是設定在一個荒島。在丹尼爾·笛福（Daniel Defoe）一七一九年的小說裡，冒險家魯賓遜的父親就教他要追求社會的「中間狀態」，也教他只要誠實做事、日子就能過得心安理得。而在船難後，魯賓遜受困荒島，為了要做好「中間那種人」，他就全心投入典型中產階級的消遣：不斷清查他的財產和從海裡撈出的工具，列成清單並嚴密保護。他加強了山洞的防禦工事，好免受貪婪野獸的侵擾，而且走到外面的時候，也很少不帶著他的傘和槍。

像魯賓遜這樣的人，後世還有千千萬萬。這種人既不像貴族那麼富有、但也不像真正的窮人那麼不堪，對地位感到焦慮惶恐，客廳也變得堆積如山、沉悶而令人不安；這種情景大家已經再熟悉不過。在亨利．詹姆斯筆下虛構而批評的維多利亞時代客廳，這種現象達到極盛，整個房間塞滿了

> ……各種廉價中看不中用的裝飾品、剪貼簿藝術、奇怪的多餘物品、綁起來的布，還有可能是紀念品的小玩意……完全散落一地，掉在地毯和帷幔上；他們就是有這樣萬無一失造成災難的本能天性。

從十九世紀後期開始，兩項新的設計運動開始為過度裝潢的客廳清出一條道路。藝術工藝運

維多利亞時期的客廳

動（Arts and Crafts Movement）和二十世紀的現代主義運動（Modernist Movement）奠基於工廠和機器的極簡美學，各自回應著這波雜亂的浪潮。

真正讓維多利亞時代的人開始丟掉他們所收集堆積的垃圾的，是奧斯卡・王爾德（Oscar Wilde，一八四四—一九〇〇）。他到處向滿場的群眾演講，講題正是「屋舍之美」。其中有些人後來開始支持藝術工藝運動，這項運動推崇勞動的美和尊嚴，並結合對工藝的熱愛。當時的想法，是要讓維多利亞時代的家庭別再使用機器製、浮華而現代的產品，回到極簡、真實而美的年代。

王爾德有位聽眾還親身打造出藝術和工藝運動的極致代表住宅：在伍弗漢普頓附近的懷特威克莊園（Wightwick Manor）。絕對禁酒的公理教徒西奧多・曼德（Theodore Mander）以顏料事業致富，並在一八八四年參加了王爾德在伍弗漢普頓的「屋舍之美」演講。曼德仔細做了筆記，包含那句名言：「凡是你不覺得有用或美麗的，就別放在房子裡。」（至於這段話，則是王爾德本人從設計師威廉・莫里斯〔William Morris，一八三四—一八九六〕那裡剽竊來的。）

這位顏料巨擘深深為這種新思維所打動，於是開始打造一棟全新的房子，但用的卻是非常舊的風格。懷特威克莊園具備各種現代化的便利設備，但乍看之下還可能會以為是座都鐸王朝時期的莊園。曼德聘請的設計師名叫愛德華・烏爾德（〔Edward Ould〕他的姓剛好和「Old」〔老〕也極類似），他認為房子的木架構應該「很快就會度過看起來很新的時期」，轉變成為前工業時代那種歷久彌新、感人的記憶。曼德為了要找家具，想當然耳會找上威廉．莫里斯；莫里斯的公司有全套靈感來自中世紀色彩和設計的室內家具用品。

威廉莫里斯公司生產的品項都能互相搭配、相輔相成，而且還能夠郵購送達。這也正是曼德為房子挑裝潢的方式：看郵購目錄。諷刺的是，像懷特威克莊園這樣屬於舊世界、手工打造的房子，推動的最初夢想，卻是來自一個將預拌油漆裝在錫罐運向全球的人。

藝術和工藝運動讓有錢人委託工匠製作手工品項，這些品項的價錢會遠超過工人階級所能負擔。挪威籍美國歷史學家桑施泰因．范伯倫（Thorstein Veblen）的研究領域就在炫耀性消費和精準批評美國經濟，他曾點出「不完美」會激起意想不到的渴望：

> 手工產品的優越性……在於會有一定程度的粗糙。這裡的一定程度，不能大到讓人覺得做工笨拙、看來像在省成本；也不能小到讓人覺得完美得只有機器能夠做到，因為這看起來一樣像是在省成本。

手工製作與現代技術之間的矛盾至今仍存，像是桑德森壁紙公司位於拉夫堡的工廠，到現在還會使用威廉・莫里斯當初用過的壁紙印版。有某些設計，需要手動讓紙通過印刷機高達二十二次之多。像這種非常精細而少有瑕疵的作品，就是眾人一心想擁有、而價格高昂的客廳環境。（我也曾經親手用莫里斯原始的印版來試著印出壁紙。原本以為應該輕而易舉，但現在我敢作證，這工作不但需要技術，而且還得有多年經驗才能熟練。）

藝術和工藝運動有許多特色也傳到了二十世紀，當時想蓋房子的屋主得付上天價，才能買到看來輕輕鬆鬆的極簡外表。一九三〇年代的現代房子，原本應該像是一具簡單好用、有助生活的機器：

> 家不再是永久代代相傳；親情也因不符合生活自由而被打破。我們想要寬敞，要拋下各種累贅、塞滿房間的家具和服飾、綁住我們的物品，以及種種過時的工具。

然而，實驗性材料和設計過的房子代價高昂。像是阿米亞斯・康奈（Amyas Connell）在一九二九年於安瑪西亞的作品「高且超越」（High and Over），外形像是船隻航行通過鄉間，光線充足、採光良好，漆著白漆，完美而不帶有一絲雜亂。這些價值觀歷久不衰，到現在還有許多人會付上一大筆錢特別聘請整理專家，幫忙清掉自己堆積的垃圾。

但就算你已經成功做到品味高雅、判斷精準，想要能舒舒服服坐在客廳，你還需要燈光和溫度都控制得宜。

CHAPTER 27 熱和光

在倫敦的冬日……化石燃料的黑煙形成一團，數英里外就看得見，像是一朵又大又圓的雲，直接接觸到地面。

——路易．西蒙，法裔美籍遊客，一八一〇年

❖ ❖ ❖

在所有房間裡，接待客人的房間最應該要舒適又溫暖。這可說是屋主應該提供給無論是僕人或外人的基本招待。也正因如此，建於十六世紀的漢普頓宮，在大廳中央就有著古老的平爐設計。雖然沒有證據證明這個平爐真的使用過，但這種能生火取暖的地方是象徵著整棟宅第的核心。

在十七世紀之前，不管是偉大的領主、還是卑微的農夫，想取暖都得燒木材。木材一直是高價值商品，特別是如果買不起，就只能自己四下收集。然而，就像水管接管這回事，家用科技的發展，其出發點並不只是單純理性地希望減少資源浪

費。暖氣和照明的發展，除了經濟，還涉及情感因素。

英語講到「千方百計」是用「by hook or by crook」（用吊勾或用曲柄杖），常有人認為，這種說法源自於農民可以進入地主的森林，看看有什麼可以收集到的資源。雖然農民不能直接把樹砍了當柴燒（那些是地主的財產），但如果用牧羊的曲柄杖或是收割的鉤鐮，就能多收集到一些枯枝。在當時，樹林是需要細心維護的資源，能為地主帶來許多財富和驕傲。十七世紀英國內戰和社會動盪造成的一大遺憾，就是讓許多受到悉心保護超過數百年的森林因此倒下。

正因為房子需要暖氣，催生了可能是近千年來與建築相關的最偉大發明：煙囪。雖然房子沒有煙囪也能生火取暖，但卻一定會黑煙密布、髒不可耐。煙囪出現於十三到十四世紀之間，能將煙導出房子，也提供氣流讓火燒得更旺。

有了煙囪，才產生了現代的房子、開始能夠蓋起多層樓的建築。位於中央的煙囪是由石頭或磚頭砌成，是整個結構的支撐點，也能為各層樓的房間提供暖氣。樓上的房間就算沒有自己的壁爐，也能從煙囪得到溫暖。於是，煙囪讓房屋能有更多房間、各有特殊用途，例如烹飪、睡覺或休閒。其中一個有特殊功能的房間就是客廳。

像這樣可以供大家一起坐下來的房間，慢慢佔了愈來愈多的家庭預算，於是室內裝飾藝術也就此誕生。在最早的客廳或是退避室裡，都鐸和斯圖亞特王朝時期的毯子是鋪在桌子或櫃子上、而不是鋪在地上。至於地板則鋪有燈心草，提供基本腳部保暖。到了十七世紀後期，牆上的掛毯不再是隨機挑選，而要是同樣顏色的成組配套，每個房間都有專屬的掛毯。至於室內裝飾品也能成組成套的概念，大約出現於一六六〇年，像是我奶奶家小客廳的紅棉絨三件式家具就是這麼來的。

使用各種紡織布料，就可以讓室內空間看來比較柔和、親切，如果再加上燈心草或是蠟燭的搖曳火光，看起來就更是溫馨。對家境較差的人來說，燈心草蠟燭是光源首選。這種蠟燭的製作方式，是將脂肪加熱溶化後，層層塗上於燈心草，直到蠟燭有一定直徑足堪使用為止。這時候，就能夠把這些長長而又微彎的蠟燭穿上燭台形成平衡，有一些古代住宅的牆上，現在還有這種燭台。如果想要讓亮度加倍，就可以兩端同時點燃（也就是「蠟燭兩頭燒」）。像這樣的燈心草蠟燭，每隻可以燒上大約二十分鐘，這也成為一個人人熟悉的時間單位。當時的左鄰右舍常常集中共用資源，晚上輪流集合到不同人家裡，一起就著蠟燭寶貴的微光，做做縫補修理的活。正由於燈心草蠟燭便宜又可靠，即使到了二十世紀，最窮的人家裡用的還是它。

另外值得一提的是，最常見的光源仍然是壁爐的火光，比起現代人，當時的人也比較能適應昏暗

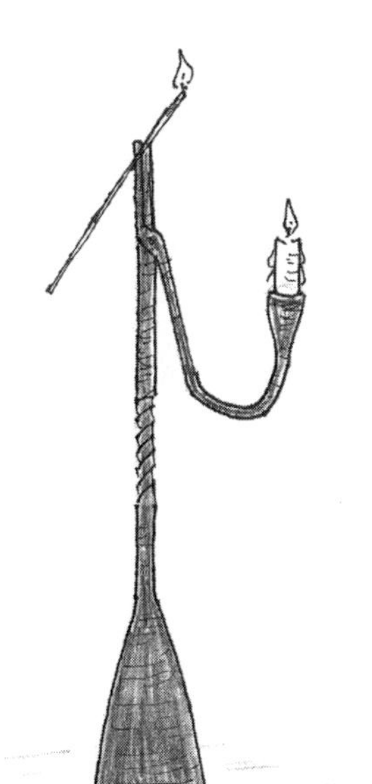

燈芯草與燭台

的照明條件，就算沒有任何光源，他們能做的事還是非常多。伊莉莎白・蓋斯凱爾（Elizabeth Gaskell）的小說《克蘭福德》（一八五一）有一個角色馬蒂・簡金斯，她為了想省蠟燭，在冬天裡還會「在火邊昏暗的光線下編織著」。對於人人都不識字的鄉村社會來說，沒有光線能讀書並不成問題：大家唱唱歌、吟詠歌謠，一樣能打發時間。

只有有錢人能夠買得起昂貴的蠟燭。英語有句慣用語是「the game's not worth the candle」（這場牌局還不值得點蠟燭），清楚點出蠟燭也是個價值判斷的單位，而燒蠟燭的感覺就像直接在燒錢。有時候，點起蠟燭，求的就是種揮霍的感覺：像是教堂節慶的時候，會從威尼斯或安特衛普進口蜂蠟蠟燭，這等於是得意地向大家宣告，這是個特殊的場合。一七三一年，羅伯特・沃波爾爵士就在自己位於諾福克郡的霍頓豪宅招待洛林公爵，大廳的一百三十枝蜂蠟蠟燭讓賓客大為驚嘆，而且在沙龍裡還有五十枝。當時，作為對公爵的一種恭維，大夥眾口爭傳，據說光是接待廳的照明就要花上十五英鎊。由於蜂蠟蠟燭火光明亮、而且不太需要整理，所以像是吊燈這種難搆著的燈具，蜂蠟蠟燭就會是首選。

正如眾人所知，蠟燭非常昂貴，所以在徵人的時候，相關條件也常寫明每天的配額。像是在王室宮殿，人人都會關心蠟燭配額、柴火、食物這些條件。至於燒剩的蠟燭尾去向何處，各方說法不一：如果是豪門大宅，燭尾就會歸給某些僕人，他們可以拿去轉賣、做為工資外的補貼。

至於政府，也決定要靠著家庭照明的需求來撈上一筆。一七〇九年通過了一項非常不得民心的蠟燭稅，每磅蠟燭要收四便士。所以在喬治王朝時期的客廳裡，如果明知要繳稅卻還依舊為客人點起燭光，可以說是對客人給足了面子。

如果不想用昂貴的蜂蠟蠟燭，其實有種比較便宜的替代品，而且比起燈心草蠟燭已經好得多了：用動物性脂肪做出的獸脂蠟燭。理想的獸脂蠟燭，要用的是「一半牛脂、一半羊脂」，不用豬脂得原因在於「豬脂燃燒會發出惡臭和濃濃的黑煙。」獸脂蠟燭顏色是可怕的棕色，而且還會發出噁心的肉臭：「舊的獸脂蠟燭熔化時，會發出恐怖的氣味和有毒的煙霧」。雖然聽來噁心，但到了飢荒，吃隻獸脂蠟燭可是某些人最後活下去的希望。至於該如何取得各種獸脂成份的最佳平衡，可說是無價的藝術，在一三九〇年，獸脂蠟燭製作便列入了倫敦的工藝之一。一四六二年，獸脂蠟燭匠公會獲頒皇家特許狀。

獸脂蠟燭除了氣味難聞，還有一大缺點就是得多一道熄滅蠟燭的程序，每隔幾分鐘也得修剪燭芯，否則蠟燭就會淌蠟，燭芯也會冒煙。在當時，滅燭蓋可說是客廳必備良品，直到一八二〇年，法國人發明了編織的燭芯，能夠燒得乾淨，也就不需要親自動手熄滅蠟燭。

當然，在這種照明得靠蠟燭和壁爐的時代，常常會有意外發生。像是倫敦的木藝師尼西米・沃林頓，他住在倫敦熱鬧的東市場聖利安納教區，這一區時常發生火災，而他倒是多次幸運平安逃出。有一次，他的僕人歐巴迪亞嚴重違反規定，把一根蠟燭帶到了臥室。蠟燭翻倒，燒掉了「半碼的床單，還有毛屑墊子的床」。但歐巴迪亞靈光一現，趕快叫醒另一名同伴，接著「兩人開始撒尿，盡力將火就這麼滅了。」

在倫敦的另一邊有棟豪華得多的大宅，屋主羅素夫人（她的家族也就是倫敦「羅素廣場」的命名來由）有一次坐在私室讀書，忽然有一片「嘶嘶作響的火光」襲捲地面，叫她大驚失色。一開始，她完全想不透究竟為什麼會起火。最後，有個僕人怯生生地前來「祈求赦免」，承認她「被誤給了一支裡面有火藥的蠟燭，那原本是要留到哪天要慶祝的時候，僕人們要拿來作樂使用的。」

在由燭光照明的地方，室內設計就會希望把有限的光源發揮到極限。炫麗的喬治王朝時期小客廳大量使用銀器，讓滿室閃閃發亮。有黃金飾紋的盤子、銀質鑰匙孔，甚至背心上都有金屬纖維的刺繡：這一切都是為了要讓燭光發揮到極致。事實上，女性的宮廷禮服之所以要織上沉重的銀線，也是為了要能在燭光下閃爍生姿。

另一項與照明相關的稅是「窗戶稅」，大家都討厭、但為時甚久，批評者稱之「光線和空氣稅」。在一六九六年之前，每戶繳稅基本上是看壁爐的數量。只不過，因為稅務員得進到房子裡才能知道裡面有幾個壁爐，這種稅也就收得非常辛苦。顯然，他們可不會對稅務員說歡迎光臨。

等到一六九六年，新稅的課徵標準改成以窗戶計算，所以稅務員只要在大街上清點就成。基本上所有房舍都有兩先令的基本費，如果有十到二十扇窗，就要加倍成四先令。從繳稅改由窗戶數計費，就不難想像為什麼在喬治王朝時期的城市裡，可以看到有些窗戶就這樣被磚給封起來了。一七四七年，稅則又有改變，房子只要有十扇以上的窗戶，每多一扇、就得多付六便士。在倫敦史匹特菲爾德長老街的幾棟房子，這時候都把幾個窗口封起來，好讓房子剛好不滿十個窗口。（只不過，有人以為這正是英文片語「daylight robbery」〔敲竹槓〕的來由，很遺憾並非如此。）

雖然窗戶稅有利政府財政，卻讓一般人家裡一片昏暗。哈伯史東在《窗戶稅之荒謬與不公》（一八四二）便大聲疾呼：「住宅良好的通風是公共衛生的必須，現在就像是有個黑暗的惡魔，走過的路上就會散布悲慘和傷風敗德。」由於當時仍然相信瘴氣論，更讓大家認為空氣

窗戶被封起來，以減少「窗戶稅」

沉悶、通風不良的房子有礙健康。

窗戶稅另一件叫人火大的事，就是收稅收得並無章法。有時候，查稅員無故幾年都不出現，等到再次出現、還會遭到攻擊；像在一七五〇年代，威廉・辛克萊就曾在蘇格蘭的鄧比斯和當地窗戶稅查稅員有了一場經典論戰。他坦言：「關於凱斯內斯郡的收稅員安格斯先生，

關於為何我對他有不當行為，我將誠實以報。一七五三年，他前來調查我的窗戶數，並報告共有二十八扇。而等到半年之後，我並未有任何增減，但他調查的數字卻變成三十一。等到一七五四年六月……他只留了一張表，說我有四十七扇窗戶，並把數字向上提報。我提出申訴，最後以三十一扇計稅。等到他上次出現，他表示我有三十四扇窗子，我一時氣憤，向他發誓我會報復。

由於有這種種難處，窗戶稅終於在一八五一年廢除。

十七世紀後期，煤炭開始逐步取代柴火，成為最常見的家用燃料。一開始煤炭可說是種奢侈品，因為它的燃燒溫度比木柴更高、燃燒時間也更長。煤炭很快就大受歡迎，當然也就被政府盯上，決定開始徵稅。等到一六六六年、倫敦被大火燒毀要重建的時候，重建款項就有一部分來自新的煤炭稅，大概也算取之有道。

喬治王朝時期，煤炭灰是存放在地窖裡，等待每年兩次由「dustman」（灰燼工；清潔人員）來收。事實上，一開始這些人主要收的是灰燼和爐渣，後來才開始收其他形式的垃圾，而有了「清潔人員」的意思。就算是現在，比較舊的垃圾桶上還是有可能會寫著「no hot ashes」（勿投入熱灰燼）。

想讓火燒得又順又旺，就需要常常清掃煙囪。原本這種活是由靈活的小男孩直接爬進煙囪清理，但在一八五五年遭到立法禁止，開始要求「人道清掃」，於是開始只能用彎曲的刷子處理。只不過，壁爐的熱度多半會從煙囪散失，所以其實加熱效果並不好。喬治王朝時期晚期的拉姆福德伯爵（Count Rumford，他其實是美國人，爵位由巴伐利亞王室頒給）發明了革命性的爐具，可以裝在壁爐上、徹底改造了家用加熱系統，於是燃料燃燒得更有效率、也更安全。他的靈感是為了節省燃料，他表示：「很多時候，只是為了燒一壺茶，卻沒有好好計劃，結果用掉的燃料要比幫五十個人煮晚餐更多。」

然而，十八世紀最偉大的暖氣發明出自於醫院、監獄和棉紡廠（棉花纖維在較高的溫度下更具彈性）。這時開始出現家用的以熱水驅動的暖氣系統，原本多半是用在溫室、或是豪宅的廚房花園，因為有些嬌貴的植物和鳳梨，需要園丁徹夜不眠燒水為它們保暖。至於英國最早的家用熱水暖氣大約出現在一八三三年，而且今天在漢普郡的斯特拉菲爾德・薩伊宅第（Stratfeld Saye House）還能看到。只不過，這些熱水暖氣只管走廊取暖：這些貴族的生活方式揮霍無度，客廳仍然保留壁爐，雖然浪費，但屋主卻很喜歡。確實，他們就是請得起女僕，能在自己每天早晨醒來之前把壁爐清乾淨，所以又何必去裝新的設備呢？

一位叫做哈莉耶特的十四歲女僕，就曾在一八七〇年代留下一封叫人看了心疼的信，信裡寫著秋天天氣變冷，她的工作會有多繁重：

> 只要火一點燃，我就得全力投入工作，幾乎沒有任何自己的時間。每天早上，我五點半到六點起床，一直得到半夜將近十二點才能睡，有時候真的覺得好累。我真的想好好大哭一場。

一九二〇年代，查茨沃斯宅第舉辦宴會的時候，各間客廳總共要點上十五座壁爐，而且每天每座都得加四次煤：所以，男僕一天就得提六十桶的煤炭。

然而，赫曼．穆特修斯在一九〇四年觀察寫道：「對英國人來說，房間沒了壁爐，就像是身體沒了靈魂。」

> 除了美觀之外，他們認定壁爐有許多優點……讓英國人完全覺得，這比其他任何暖氣系統都優秀，絲毫沒有想過要用更有效率、更節能的加熱爐來取代。

在這樣家裡滿是煙霧的年代，女僕會有各種清潔掛簾、地毯和家具的技巧。講到要清潔掛毯或掛簾，《完美的僕人》（一八三〇）一書建議，應該「用一具手風箱，把所有的灰塵吹下來。把一條已經乾了的麵包切成八等分。從牆的上方開始，拿一塊麵包輕輕向下擦拭。」同樣地，也有食物可以用來清地毯：「將生馬鈴薯磨碎搖勻，用刷子刷上地毯。刷乾淨之後，等到它乾。」一七八二年的家事指南也建議，女僕應該把茶葉撒在地毯上再掃起來。至於除塵也有特殊的一套：「為書籍除塵的時候不需要移動它們，只要看鵝毛能清到哪裡就可以了。」在維多利亞時代的倫敦，這些清潔工作可說是永無止境，而且當時的人甚至會拿布把前門的鑰匙孔堵起來，希望這樣能避免倫敦到處飄滿的毒氣滲進自己的家。

十八世紀後期，油燈取代了蠟燭，但客廳變得更髒了。一個僕人回憶：「我看過許多房子都沾滿油燈冒出的煙，空氣中也飄著燈油的惡臭。」在大型豪宅裡，甚至還需要特別準備一個房間，用來清洗燈具的玻璃燈罩。像是拉特蘭公爵的貝爾沃城堡（Belvoir Castle）也不過就是有四百盞燈，等著勤勞的僕人一一擦亮。這可讓他們討厭死了。一八二五年的《男僕指南》提到：「特別是在僕人會快速換工作的家庭中，燈具常常被忽視，原因就在於人人都覺得這太花時間。」

只不過，油燈很快就被瓦斯取代。其實人類很早就開始用瓦斯，很可能希臘和羅馬神殿裡那些不滅的火焰就是靠它。在現代英國，瓦斯早已用在工廠、收容所和劇院，最後才進入一般家庭。當時用的是煤氣，需要乾餾煤炭取得。而今天我們用的是天然氣，從海底接管取得；比起喬治王朝晚期到一九七〇年代使用的煤氣，天然氣燃燒時更為明亮。

威廉．默多克（William Murdoch）是個在康沃爾採礦業的蘇格蘭工程師，他是煤氣照明最偉大的發明家，於一七九二年發明煤氣照明、照亮他在雷德路斯的辦公室。只不過，更為人所知的是腓德烈克．溫莎（Frederick Windsor），他在一八〇七年向大眾展示這種新式照明、為喬治三世祝壽，並且開設第一間公共瓦斯公司。溫莎深具表演天份，雖然這項新產品對很多人來說神祕又可怕，但他還是不斷循循善誘。民眾對這種「能照明的空氣」驚嘆不已，但還是擔心會爆炸、引發火災。溫莎還推銷保證（雖然沒什麼說服力），煤氣「甚至比不可或缺的空氣對肺部更有益。」

一八一二年，「瓦斯照明及焦炭公司」開設了英國第一座瓦斯站，接管為全城供應瓦斯。當時最適合這項新任務的就是過去的水管工人，也因此，瓦斯業的英語術語有許多都和水管詞彙相同，像是：「mains」（主管道）、「taps」（分接頭）、「flow」（流動）、「pressure」（壓力）和「current」（氣流／水流）。一開始，瓦斯是用於街道而非室內照明。早在一八一三年，西敏寺大橋就用瓦斯照明，最後倫敦共有超過六萬具瓦斯街燈。直到今日還有超過一千六百具，用在西敏寺、聖詹姆士宮和白金漢宮。現在「英國天然氣公司」共僱有六名瓦斯燈服務員來維修這些瓦斯燈，過去這種職業曾經人數眾多，一到黃昏，就帶著長長的點燈火把，在城市中穿梭。

菲爾．班納已經受任職於英國天然氣公司長達四十二年，我有幸在他的陪同下，親身體驗使用這種長長的點燈火把。他先向我示範：只要擠壓在火把底端的橡膠球，就會向上噴出一道氣流，於是在頂端的火焰會形成像是龍吐火的效果，點燃瓦斯燈。（現在多半都是由計時器來點燈，點燈火把也就無用武之地了）。像菲爾這樣的點燈人，曾經是倫敦街頭熟悉的景色。甚至妓女也可能付錢買通他們，別在自己上工的街角點燈；至於需要早起的人，也會拜託點燈人，在黎明來臨要熄燈的時候順便來敲敲門。

到了一八四〇年代，瓦斯供應已經大致穩定，可以嘗試走進一般城市家庭。從這時候開始，只要是人口超過二千五百人的英國小鎮通常就會有瓦斯站，而煤氣照明也成為中產階級客廳的必備良品。《英國婦女居家雜誌》的作家之一甚至建議，宴會「必須使用煤氣照明⋯如果外面還是白天，則應該關上百葉窗、拉上窗簾」，

瓦斯街燈的點燈人，一到黃昏，就帶著長長的點燈火把，在城市中穿梭。

好秀秀你的煤氣燈。

只不過，正由於煤氣價格低廉、似乎也沒什麼文化底蘊，所以上層階級仍然敬謝不敏：他們還是忠於蠟燭原味。與此同時，由於瓦斯計費是季繳制，真正最貧困的人擔心到時候繳不出來，所以不敢使用。要到一八九〇年代，出現電力公司的競爭，瓦斯公司害怕喪失客源，才推出投幣式的煤氣計。曾有一幅維多利亞時代的漫畫，畫的是一位絕望的父親想把頭伸到煤氣爐裡自殺，而他的家人卻求他別這麼做：至少等到晚上的煤氣減價時段再說。

有了煤氣，讓夜間大放光明，於是民眾開始能在晚上找找樂子。不過，煤氣還是有不少缺點。首先，煤氣爆炸和火災的事件層出不窮；當時想找出哪裡瓦斯漏氣，很多人的作法就是點根火柴。此外，瓦斯也會消耗房間裡的氧氣，變成黑煙和有毒氣體。當時葉蘭（aspidistra）成為廣受歡迎的植物，也是因為它是少數能夠在缺氧條件下存活的植物。外界常有維多利亞時代的女士常常昏倒的傳聞，雖然一部分原因是衣服穿得太緊，但也有一部分原因在於小客廳都點著煤氣燈，造成缺氧。一九〇四年，赫曼．穆特修斯發現「煤氣廣遭厭惡」，只用在「大廳和政府辦公室，一方面想避免煤煙造成的髒污，一方面也擔心管道輸送煤氣到房間裡會有害健康。」（顯然，政府公務員的健康倒是不太需要關心）。

一八八〇年代，出現了更乾淨、但也更昂貴的電力，讓民眾住家有了另一個選擇。有些人開始把家裡的煤氣管和煤氣設備轉成電線和電力設備。然而，光是一個燈泡，就得花上一週的工資，住家還得自備發電機。設備製造商威廉．阿姆斯壯爵士（Sir William Armstrong）是電力照明的先驅，他在自己位於諾森伯蘭郡的家：克拉格塞德宅第（Cragside）安裝了一個小型水力發電機。同時，在大西洋另一邊，有幾位住在紐約第五街的百萬富翁也打造出他們的小型發電機。一八八一年，康內留斯．范德比爾特夫人甚至打扮成燈泡的樣子去參加舞會。只不過，先享受也會先碰上危險。像是范德比爾特夫人家裡的電氣系統後來失火，把夫人嚇壞，決定把它拆掉。

電力要到許多年後才能普及，原因之一在於每台發電機的效率不同。換句話說，不同的城鎮、甚至不同人家，電流都不相同。正因如此，相關設備無法賣向全國，廠商也不願意投資開發。一直要到一九三〇年代建立了國家電網系統，才終於讓全英國都接受了電力。

其他二十世紀客廳照明的演進，還包括大量使用玻璃；在此之前，只有哈德威克莊園的大窗子曾大量採用玻璃，出乎意料地非常具有現代原型的風格。二十世紀建築師崇尚自然光，喜歡讓室內和室外儘量融合、不要有明顯的界限。建築師約克（F.R.S Yorke）在一九三四年為最新的建築發展做總結時寫道：「現代的小客廳空間不受牆面限制，而是透過大型的開口（像是窗戶、涼廊或日光室）延伸到花園及遠方的景觀」。雖然他說的是有錢人聘請設計師設計的豪宅，但同樣的價值觀也出現在戰後的平民住宅中。舉例來說，艾瑞克．里昂斯（Eric Lyons）在一九五〇年代為SPAN公司設計的住宅就大為知名，這些住家都有自己的封閉式小花園，與客廳僅有一面玻璃隔開，室內撒滿自然光。約克補充寫道，二十世紀客廳的潮流，在於「便利、簡潔，而且現代室內的大部分魅力就在於開放式的設計。」

奇怪的是，現代的開放式室內設計，似乎又像是回到了中世紀，那時的屋子中央就是一個寬敞而功能靈活的大廳。唯一的區別就在於人少了：今日，有四分之一的美國家庭只有一人，一半的家庭只有夫妻兩人而沒有子女。

這帶我們談到居家生活史上最大的一場變革：二十世紀初，家裡不再有僕人了。

CHAPTER 28 說到僕人

社會中的各種關係，最複雜而普遍的就是主僕關係……自然應該妥善定義及理解。

——山繆．亞當斯和莎拉．亞當斯，《完美的僕人》，一八二五

❖ ❖ ❖

我們回顧客廳的科技，很快就發現在二十世紀前，無論房子看來多風光，如果沒有僕人來搬運煤炭和打掃就絕對無法運作。或許當時和現在最大的不同，就是這種在家庭裡的另類親密關係。在過去，人人都習慣在自家屋頂下會有著不是自己家族的人，一起親近地過著生活。

在都鐸和斯圖亞特王朝時期，大約有四分之一到一半的英國人口，一輩子都有某段時期是受僱在他人家中服務，主僕是重要的社會關係之一。當時，當僕人並不是什麼羞恥的事：從主人那裡，僕人可以得到保護、還能得到榮譽。僕人會很樂

意戴上屬於主人的紋章、甚至穿上主人家族顏色的斗篷，僕人的制服英語稱為「livery」，就是因為它和生活補助（living allowance，還包括食宿）息息相關。此時，主人能滿足僕人的生活需求，僕人也以能服務主人為榮。

等到二十世紀初，顯然這種態度早已不復存在，但在一九〇〇年，家庭幫傭仍然是女性就業的最大單一市場，僕人制服也依然存在。曾在一九二八年於查茨沃斯宅第擔任男僕的亨利・班奈特，就有好幾套制服：每年有一套正式制服，「一套半正式制服和黑色套裝，一套黑色橡膠防水制服，一件白色外套和帽子是修車的時候穿……有超過六人來用晚餐的時候，還得穿上馬褲。」然而，班奈特正是活生生的過時象徵；家庭生活革命已經風雨欲來。這是居家生活史這一千年來最大的一次變革，到了一九五一年，英國只剩下百分之一的家庭還有全職的家庭幫傭。

在過去，主僕都很習慣有對方的存在。像是在中世紀的家中只有一個共用的大廳，對雙方來說根本無處可躲，而且三餐共同進食。在如此擁擠的情況下，僕人總是被囑咐要小心謹慎、保持清醒、少說閒話。像是亨利八世在樞密室的僕人和他最為親近，他們就被命令得「相親相愛」，但別問什麼問題：「他們不得詢問國王的行蹤，不得嫌惡、嘟噥或談論國王的消遣、就寢早晚或其他任何行為。」

這些在高階貴族身邊的人，雖然提供的服務頗為卑微，但其實也是出身名門。有名伊莉莎白時代的人，發現同輩縉紳愈來愈不願意擔任僕人，家族之間的聯繫也開始鬆動，他對於中世紀豪門大宅的沒落深感惋惜。他用悼惋的辭語，悲嘆著「慷慨和良好家務的敗壞；如金般燦爛的世界，現在已經一去不回。」

然而，就算到了三百五十年後，滿屋的僕人還是能因為有彼此的陪伴而有同舟共濟的愉悅。史丹利・艾傑雖然已經當上最高階的僕役長，但還是記得在一九二二年，在伍斯特郡一間鄉村別墅，第一天擔任最低階大廳僕人的情景。雖然他是當時四十名僕人裡最低階的，但「每個人都非常友善」。他慢慢一路向上爬，終於當上了地位崇高的僕役長。他退休時寫道：「我還是懷念所有的僕人，他們彼此勾心鬥角，總是比領主和夫人給我惹來更多麻煩，但我最想念的還是他們。」

宅第幫傭的地位下滑，原因之一在於家庭逐漸希望有更多隱私，於是僕人與主人相處的時間也就少了。在十七世紀，這件事反映在建築設計上，開始出現僕人用的後方樓梯和餐廳，以及召喚僕人的召喚鈴。過去在中世紀，房子裡並不需要有這種鈴：僕人二十四小時都會在聽得到主人說話的範圍內，只要叫一聲就行了。

到了一七六〇年代，漢娜・葛拉絲建議年輕女僕應該要像鬼一樣輕柔無聲：「要學會輕輕地走，不要打擾家人」。從她那個世紀開始，綠色毛呢的門開始象徵著上下方樓梯之間牢不可破的分隔；門上鋪設的綠色羊毛粗面材質，是為了要擋住所有來自僕人住處的噪音。到了一八六四年，維多利亞時代的建築師羅伯特・克爾（Robert Kerr）就寫著「主人一家形成一個群體，而僕人又是另一個群體……兩邊都可以關上通往對方的門、好好靜一靜……雙方的隱私相當受到重視。」

在階級意識嚴明的維多利亞時代，這些態度終於導致了可怕的極端作為，像是第五代波特蘭公爵就堅持，在他經過時所有僕人必須轉身面壁（不過，這與他自己的人格障礙也有關係）。他在威爾貝克修道院的住處可說是極不尋常，到了那時仍然維持著如同中世紀的巨大規模，並且以男性為中心：雖然已經到了一九〇〇年，他仍然有多達三百二十名僕役，其中包括四名「王室」男僕服侍其家人，兩名「管家室」男僕服侍其他僕人，一名「學習室」男僕，一名貼身男僕，一名侍酒管家，一名副僕役長，一名僕人大廳總管，兩名侍童，一名大廳搬運工，兩名大廳侍童，還有六名臨時工。

講到家人和僕人之間的關係，家政專家比頓夫人的意見可能會讓現代人覺得頗為刺耳：她寫道：「主人或女主人在場的時候，僕人不得坐下；除非得到指示提供意見，否則不應開口；除非是做為回應，否則甚至不該說『晚安』或『早安』。」

也難怪，在整個十九世紀，僕人對自己的角色愈來愈提不起勁，也心生不滿。艾瑞克．霍恩是一名退休的男僕，他向我們透露了心中的沮喪，讓我們看到在僕役長看似冷靜的裝扮之下，還是有一顆真心：「我覺得自己似乎逐漸落入一張網，失去了生命中所有的自由：這種拘束變得幾乎難以忍受，但我能怎麼辦？……我唯一的謀生之道，只有為紳士提供服務。」另外，伯克郡克里維登宅第（Cliveden House）

總僕役長愛德恩．李伊也同樣感覺自己過了孤獨的一生：

我身邊有這麼多人，所以這可能聽來很奇怪，但我就像是一艘船的船長，有問題的時候沒人能依靠……就算一切順利，也不會有什麼人稱讚。我記得有次跟夫人講到這些事。

「李伊，你還希望我怎麼樣？難道要拍拍你的背嗎？」

聽到這種答案，我就決定不再敞開心房了。

在較低的社會階層裡，經濟讓主僕之間的關係依然緊密。在夏洛特、愛蜜莉和安妮．布朗特姐妹（Charlotte, Emily, and Anne Brontë）長大的牧師公館裡，她們只有一位僕人：老泰碧。十二歲的夏洛特描述了典型的早晨生活：「僕人泰碧正在洗著早餐要吃的東西，我最小的妹妹安妮……跪在椅子上，看著泰碧正在幫我們烤的蛋糕。愛蜜莉在客廳刷地毯。」這種共同生活、幾乎像中世紀一般主僕交融的生活，讓她們彼此非常親近。像是泰碧在一八三六年腿骨折的時候，三姐妹就堅持她該留在床上休息，輪到她們來照顧她、做她的工作。

在豪門大宅所需要的各種不同僕人工作中，穿著制服的男僕（footman）職位難以界定，也因而特別耐人尋味。基本上，男僕的工作就是要相貌堂堂，讓大宅看來氣派十足。艾瑞克．霍恩也曾擔任這種職位，他回憶道，在二十世紀早期：「住在伊頓廣場的一位貴族夫人手下有兩位高大而相配的男僕。她雇用他們的時候，叫他們在房間裡向前走又向後、從一邊到另一邊，好看看自己喜不喜歡他們的動作，就像是在買馬一樣。」同樣擔任男僕的亨利．班奈特其實本名叫恩尼斯特，之所以被要求改名，是因為雇主覺得這樣叫起來方便罷了。至於在他之前的男僕身高足足有一八八公分，叫人印象深刻，名字被叫做「高個兒亨利」。從這些男僕的工資表來看，如果身高超過一六八公分，常常得到的工資也比較高。

男僕的工作生活，很多時候就只是等著，等得腦子幾近麻木。而所謂的「等著」，指的是得要體面地站著，隨時準備記下口信、端著托盤、或是在有人經過的時候幫忙開門。一九〇五年，戴安娜．庫珀就寫道，貝爾沃城堡曼有一位上了年紀的男僕，他的工作就是要敲鑼示意晚餐開始，而他「有氣無力地揮著包住棍頭的鑼棍。因為每條走道、每座塔都需要敲鑼通知，所以我估計他每天都得敲三次鑼，每次大約需要十分鐘。」

想必，這種事的工作滿意度絕對不比煮飯或把衣服洗乾淨之類來得高。擔任男僕的威廉．泰勒在一八三七年寫道：「做一位縉紳的僕人，生活就像是關在籠子裡的鳥。雖然住得好、吃得好，但沒有自由，而自由正是所有英國人最寶貴且珍愛的。」

但要說男僕的職責完全是卑微而曖昧不明，就低估了他們為雇主生活所帶來的氣派、興奮和排場。強納森．綏夫特就曾在十八世紀寫道並確認了男僕是「家裡的翩翩紳士，所有女僕都愛他們。」在前一世紀，我們則聽說「快腿男僕」（running footman，負責送急信或是跑在主人的馬車旁）總是身型健美，「侍女看到他穿著貼身長褲，心中總是漾起無限期盼。」高登．格里梅特是威爾特郡朗利特宅第（Longleat House）的男僕，

> 服務就像表演，這點吸引了他：穿著帥氣筆挺的制服，做著很有規律的動作和大手勢……宣告來賓身分的揚聲呼喊，迷人的服飾和珠寶配件、風度翩翩、儀態優雅。

這一點常常會出現在男僕的回憶錄裡。即使已經到了二十世紀，還是可以看到對過往磅礡氣勢的思念感懷：

> 穿上全套制服，把一切作到完美，會帶來藝術的滿足感。這讓人想做出優雅的動作和手勢，為全場增添幾分戲劇效果和魅力。雖然現在社會已經轉向平庸和俗氣，但還是應該在生活裡加一點這些成分。

只不過沒過太久，工業和零售業興起，除了工資較高，社會刺激也較多，於是過去會想擔任僕人的青年男女也就琵琶別抱。瑪麗．杭特於一九二〇年開始在諾森伯蘭郡克拉格塞德宅第工作，她就親身見識到家務服務的急遽勢微。她剛到的時候只有十四歲，擔任客廳女僕助手，當時宅第內共有二十四名僕人。等她七年後離開，她已經是最後三名的其中之一。

到了近代，僕人的地位已經不如以往；過去在宅第裡，他們就像是領主家族旁支裡較年輕的成員。維多利亞時代的一位廚子漢娜．庫維克感到憤憤不平，抗議為什麼每次要從家族上鎖的儲藏室拿「任何小東西」都得先報告：「這樣很不方便，而且我覺得這代表對僕人的不信任，好像覺得僕人是小孩一樣。」另一方面，比頓夫人倒是直言不諱，認為女僕就是應該被當作次等人：「淑女絕對不可以允許自己忘了重要的職責，也就是監督自家屋頂下那些人的道德和健康。」

所以，在宅第的客廳裡，主人下令、僕人聽令。然而，晨光室倒是特別用於懲罰或獎賞。僕人的應徵或裁員都是在這裡，在這個房間裡，曾有過許多歡欣或悲傷的淚水，有人從此前途光明，也有人就此夢想破碎。通常，這事交給女性負責。在婚姻裡，女性通常是服從的角色。正如威廉．柯貝特在一八二九年所寫，如果丈夫「被妻子命令」，會是「上帝造物之中最可鄙的一件事」，還不如自殺算了。但負責指揮家中僕人的，卻是妻子。《賢妻指南》裡教那位十五歲家庭主婦：「妳必須是房子裡的女主人，妳是發號施令者、監督者、統治者、僕人至高無上的管理者……妳要教導他們、責罵他們、懲罰他們。」比頓夫人在超過三百五十年後也說，「房子的女主人，就要像是軍隊的指揮官、或企業的領導者。」

有一度，中世紀大宅第裡高位階的僕人還是地位較高的男性。至於少數受雇的女性，地位確實非常卑微。一項關於十四世紀女僕的資料認為，應該叫女僕「戴上奴役的軛，叫她低頭」，而且只能吃「品質差的肉」。但隨著宅第人數的下降，女性也就接管了管理權責。某種意義上來說，十八世紀的家務管理逐漸失去地位，而與重要的公共生活領域分開。《旁觀者》的一位作者便堅持：「女性的美德屬於家庭，家庭才是一般女性該發光發熱的場域。」但與此同時，既然將女性看作是家務的管理者，比起在喬治王朝時期的情形，女性得到了更多權力和尊重。現在她們有權聘用和解僱。像是在一八五〇年一則關於家務管理的文章便寫道：「現在人聘用或解僱僕人，就像是買馬、賣馬一樣。」女性可以決定要買什麼，也可以挑選提供清潔或驅蟲服務的廠商（像是英國有位帝芬先生就號稱是「女王之害蟲驅逐者」）。如果主婦太過馬虎，找了個狡詐的僕人，就可能大傷荷包或大丟面子：「有些僕人會偽稱年齡，大大誇大自己的優點，刻意隱藏自己的缺點。」

現代有些人有錯誤的觀念，認為家庭主婦是種溫順而無用的生物，這想法來自於覺得女性應該隱瞞她們的管理地位和權力。一八四〇年代，美國第一夫人萊蒂西亞・克莉斯丁・泰勒（Letitia Christian Tyler）管理總統家務的時候幾乎就像是隱形人：她會「管理協調所有家務」，但最受讚揚的是「一切安靜為之，你甚至不會發現她究竟是何時完成的。」雖然如此低調，但萊蒂西亞和其他當代女性其實都深深影響著其他家人的行為。有位維多利亞時代的人就寫道：「家庭如果乾淨、清新、秩序井然，對內在道德的影響力絕不亞於對身體健康的影響，而且會直接影響家庭成員，讓他們清醒、平和、體貼。」

到了十九世紀，女性地位已經完全確立，要擔任工作辛苦但又得臨危不亂的「家中天使」，要展現仁慈、關懷、事事兼顧。她的憂慮操煩都得自己吞下，而不該去打擾她忙碌、重要、負責賺錢的丈夫。在她的小客廳裡，維多利亞時代的妻子被建議應該和丈夫說些她在報紙上讀到的事，而不該用僕人的問題或小孩生病的事來煩他。

就這種意義而言，客廳反而成了壓抑情感的地方。到了今天仍然如此，而每家還是得回答這個饒富爭議的問題：家事究竟該誰做？

CHAPTER 29 那麼，誰要來吸客廳？

我年輕的朋友們，你們會發現，想把家具清乾淨、讓它們看起來漂漂亮亮，需要煞費苦心。

——湯瑪士・克斯奈特（Thomas Cosnett），《男僕指南》（一八二五）

❖ ❖ ❖

《女廁》（一九七八）的女主角對自己的房子感到自豪、但又很鬱悶，她對做家事感到很矛盾，既享受、但又憎恨。她的廚房，「有乾淨的瓷器……閃閃發亮、光可鑑人。這種美正是她的成就。」但她得幾乎從不間斷地工作才能辦到：「清潔和秩序就是她的命，讓她精疲力竭。」最後，她向丈夫列出她所有家事服務的帳單，自己逃到哈佛去讀文學去了。

二十世紀晚期開始出現全職工作的婦女，讓許多中產階級家庭在一百多年後又因為打掃清潔而重現主僕關係。只不過，這時的主僕雙方通常都是女性。在都鐸王朝時期的王室宮殿，當時僕人地位還未下降，男性雜役一天打掃庭院兩次、清掉「王宮各種腐臭污穢的事物」，因為這些「會毒害所有貴族，並令他們不悅。」都鐸王朝時期的安德魯．博多醫師也建議：「有任何誠實崇高的人在房屋附近時，就不應打掃房舍或房間，免得灰塵污染空氣。」

讓房屋整潔除了有益健康，也是為了維持形象。十四世紀《賢妻指南》就寫道：「家門口的走道……必須一早就打掃清潔，並保持乾淨。」宅第龐大，打掃也就格外困難，這也是中世紀貴族每隔幾週就要搬到新住處的原因。像是瑪麗一世在位期間，女王罹患精神性假妊娠、不便遠行，於是整個王室也就受困漢普頓宮。當時瑪麗一世得忍受「漲乳和溢乳」，整個王室等著新成員來臨。但垃圾不斷增加，廁所已經滿溢到護城河。漢普頓宮的衛生條件差到無以復加，讓英國朝臣及王夫菲利普的西班牙臣子之間的緊張關係就快要爆炸。菲利普還得威脅恐嚇，宣布第一個拔劍的西班牙人會被砍掉右手。由此可見，清潔在當時是個值得擔憂的重要問題，但在現代家庭裡，打掃幾乎不用花太多的時間精力，便把它看輕了。

由於當時的勞動市場條件，在二十世紀之前，都可以便宜地請到人來幫忙家務。早在一六七七年，約翰．霍斯金斯爵士就已經向王室提出洗衣機的概念（「上好的衣料可以放在一個拉線袋裡，一端綁起，另一端則由輪筒拉緊」），但要等到超過一百年之後，才第一次有人申請這種機器的專利。所以，花得起錢的人乾脆就是把衣服交給洗衣業者來處理。

到了一八六九年，首先由一位女性：梅露西娜・菲・皮爾斯（Melusina Fay Peirce）提出了住屋合作（co-operative housing）的概念，動機是減輕個人自己烹飪、洗衣和縫衣的負擔。採取住屋合作制度，理論上就能減少「因為僕人無知且沒有規範或是婦女自行縫紉所造成的浪費、廚房帶來的灰塵、蒸氣和氣味，以及現代家務上千項細節所帶來的種種操煩和擔心。」但遺憾的是，她在美國麻州劍橋的實驗性共同洗衣計劃因為效率不佳而無以為繼。

住屋合作制度之所以後來開始流行，原因其實是出於便利，而不是出於像皮爾斯的遠大理想。位於百老匯大道的安索尼亞豪宅公寓，是美國最先進的「公寓式旅館」，價格昂貴、但便利過人。這裡的住戶除了能享受自己的公寓，還能共用在地下室的游泳池、土耳其浴、儲藏設施、汽車修理店、雜貨店、理髮店、美甲店、保管箱，還有皮草冷藏儲存室。在十七樓有共用的餐廳，而且整棟公寓配有當時極先進的氣送管系統。

只不過，像這樣住在旅館裡來減少家事工作的作法，除了最大和最富有的城市，其他地方無福消受。事實上，《建築實錄》就曾批評這是「二十世紀大型且厚顏無恥的寄宿公寓」，認為它不利正常的家庭生活，是「對家務不負責任所開出的完美花朵」。《建築實錄》評道：如果女性都不打掃家裡，她還該做什麼呢？而且該刊也認為公寓式旅館是「美國家庭生活所遇到最危險的敵人。」

現在已經很少人會這麼認為，所以一定是有什麼其他原因，才讓整個西方社會在近幾世紀以來家庭規模萎縮。西方的家庭人口數，從一七九〇年平均的五．八名、降到現在只有二．六名。部分原因在於，現在有各種設備可以節省勞力，所以烹飪、洗衣和打掃都不太需要人多好辦事。但還是有別的原因。

哈佛大學法律學者羅伯特．艾利克森（Robert C. Ellickson）就認為，「交易成本」也可以用來解釋為什麼現在家庭單位相對較小。這指的是每次有新成員來到家庭所需要的估計費用，每次加入新成員，都得付出時間和精力來教導，好讓家庭得以重新回到最佳的財務及情感運作模式。如果家庭規模較大，決策成本就會提高，決策過程也更複雜。大家庭只有在時勢動盪危險的時候有防衛的優點，像是中世紀領主就要有大批隨從，而以色列早年也有「基布茲」（kibbutzim）集體農場制度。（雖然現在基布茲仍然存在，但成員不再那麼要求共同供餐，反而希望有更多個人空間；這點對艾利克森的理論來說也很重要。）

也因此，現在每個小家庭都是自己吸吸地毯、洗洗衣服、抓抓老鼠，而男女也不斷爭論究竟誰的負擔比較重。也許，等到整個世界因為缺水、缺石油而又變成彼此對立的情況下，我們又會回到像中世紀一樣要共禦外侮的大家庭生活。屆時，像是洗衣和準備食物這種基本活動的地位就會再次提升。

CHAPTER 30 坐直身體

等我們加入在小客廳的那群淑女之後，王妃拉著我的手臂和手，帶我到角落。氣氛如此溫馨舒適，還有點令人心動。我努力不要回按她的手，免得lèse-majesté（冒犯君主）。

——詹姆士・李斯－米爾恩晉見肯特邁克爾王妃殿下，一九八三年八月二十三日

客廳裡有客人的時候，一方面希望讓客人保有私人空間以示尊重，一方面又希望和客人有適當的親密，兩者總是會互相拉扯。有些時候，表面的奉承親密要比尊重更重要，因為這意味卸下心防、建立信任。所以像是小布希，就曾在大衛營招待來自世界各國的領導人。

同樣地，亨利八世也會用一隻手臂摟著大使或朝臣的肩膀以示善意，但他就像是獅子，如果對方太過逾矩，就會立刻遭到反噬：像是他「說話時，無法容忍有任

何人竟敢盯著他的臉看。」

在尊重和親密之間的微妙界線，也會帶來另一種危險：過於樣板的禮儀。像現在，如果過於彬彬有禮，總覺得缺少男子氣概、顯得弱不禁風。斯圖亞特王朝時期的鼻煙店，店內滿是風流的紈絝子弟，「朋友之間互相展示著最新流行的鞠躬哈腰、卑躬屈膝姿勢，而且還得做得完美精準才成。」這可以說是忸怩作態的代表。不論什麼時期，都會有禮儀書告誡著要在禮貌和粗俗之間取得平衡，但卻沒有人能夠定義究竟怎麼樣叫平衡。真正的紳士是從家教中學習，至於那些只是從書上讀來的假紳士，則永遠無法得其精髓。

諾伯特．埃利亞斯（Norbert Elias）的經典之作《文明的進程》（一九三九）有一項驚人的主張，認為華而不實的儀禮其實和政治專制有關。他追溯歷史，發現社會原本是由個別的戰士或騎士主導，但統治階層會逐漸變成由行禮如儀的文臣接手，最上位由單一領導人物統率。騎士的特質是粗魯和暴力，但也是這樣才能得奪取政權。他們用赤裸裸的蠻力和武力，奪取他們覺得應得的糧食和土地。而在專制國王領導下，朝臣並不是靠著武力贏得權力，因為到了這個時候，上層階級的實際需求靠的是稅收。因此，這時彼此之間的競爭，就在於種種精湛而又細緻入微的文明禮儀。

如果我們追隨埃利亞斯的腳步，從中世紀來到現代時期，就能夠看出像是「恥辱」或「尷尬」的概念是如何產生的，這些情感概念其實在中世紀的重要性都遠遠低於後來。埃利亞斯認為，「恥辱」就是「對於在社會上降級的恐懼……某人害怕一旦落入劣勢，就可能受到實質或其他任何形式的攻擊，恥辱感於焉誕生。」鞠躬、脫帽致意、敬酒祝詞、舞蹈：這一切都是在都鐸和斯圖亞特王朝時期出現的新手段，能讓人用來羞辱敵人、或是贏得朋友的欽佩。

只要到了隆重、正式而莊嚴的哈德威克莊園大廳、或是其他先前十七世紀的正式場合，時人都應該表現出相稱的隆重、正式和莊重的舉止行為。像是僕人到了這些廳堂，絕對必須先鞠躬才能稱呼他的主人，否則就是大逆不道。好的僕人應該要：

> 謹守禮儀，必須先屈膝鞠躬，才能開始主僕之間的對話……在僕人脫帽前，主人也不應轉身。

而且，這種行為也不只有僕人需要遵守。像是《賢妻指南》就明言告知那位只有十五歲的妻子，不可以直視另一個男人、甚至是另一個女人：

> 抬頭挺胸，但眼光要低垂、勿左顧右盼。直視前方約七．五公尺處的地面，不得望向或瞥向左右的男女，亦不得向上看、或是浮躁地四處張望。

在都鐸王朝時期的接待室裡，兩位不同階層的人絕不可能坐在同一種椅子上：想當然耳，愈靠近壁爐、裝飾更為精緻的椅子，坐的人階層也愈高。甚至光是走過長長的陳列室，也有自己的規矩，像是〈與尊貴者共行之規章〉（一六八二）便觀察描述道：

> 如果走在陳列室……務必走在左手邊；而且每次轉彎時要自動走位、維持左手位置，不得對夫人造成困擾。若三人同行，中間最為尊貴、屬於三人當中位階最高者，右手邊次之、左手邊位階最低。

值得一提的是，這些都是在他人面前的表演。等到獨自一人時，當然就可以、也就會表現得自然。在非執勤的時間，你可以「鬆開襪帶或扣子，躺在沙發上、或是上床睡覺，又或是在搖椅上搖一搖……這些都是得在獨處時才能享有的恣意和自由。像是女王伊莉莎白一世，總是非常注重形象，絕不可能容許有人看到她不合女王儀禮的舉動。她曾下令，將漢普頓宮面對御花園的窗戶都封死，於是就算在天冷的早晨她想去花園裡蹦蹦跳跳好「把身體熱一熱」，也不用擔心被人看到。

十七世紀英國的政治革命還引發了另一場革命：肢體語言。查理一世不斷試圖擴張君權，引發第二次英國內戰，最後遭到他的臣子擊敗並處決。在他戰敗後，有段時間是由英格蘭聯邦代替君權政體，於是出現新的問候方式，以反映社會階層已經被摧毀。原本在英國，雙方見面時低位階者應脫帽致意，但現在則換成另一種代表雙方平等的方式：英國新的、民主的統治者決定要昂首、拒絕鞠躬，於是打招呼變成了「握手」。

等到政治上的絕對專制開始走下坡，最極端誇張的宮廷禮儀也成為過往雲煙。即使在查理二世「復辟」之後，還是接二連三出現各種改革，可以看到從斯圖亞特王朝走向漢諾威王朝，君王的權力已經大大受到限縮。同樣地，十八世紀是個嶄新、社交的世紀，各種禮儀比起前一世紀也顯得較為隨性不拘。喬治王朝時期的人希望能有輕鬆自在的氛圍，不要太嚴肅正式：正如切斯特菲爾德勳爵所言：「人應該要知道怎樣合禮地進房間、和人說話、答話，不要失禮或是令人尷尬。」

切斯特菲爾德勳爵也很重視肢體語言，但重點是要優雅，而不是流於形式。他建議：「特別注意手臂動作應優雅，以及戴帽和伸出手的姿勢。」至於在大西洋的另一邊，禮儀就更為寬鬆了。瑪莎・華盛頓（Martha Washington）在一七八九年成為美國第一夫人，但從來就懶得理會「形式上的恭維和缺乏實質的儀式」。她說：「我只喜歡出自真心的事情。」

服裝也會影響肢體語言，像是穿了束腰，女性就比較會站得直挺。而如果衣服有裙圈，手部就會是注意的焦點，這時喬治王朝時期的各種配件正派上用場：「鼻煙或是扇子，都能在聊天空檔的時候撐住場面。」現在的法國人比英國人更盛行親吻禮，但在十八世紀可不是這樣。在當時，有個瑞士遊客從英國寫信回家：「別被這種問候方式嚇到了……這就是這個國家的習俗，而且如果不這樣打招呼，很多女士還會覺得不高興。」

到了十九世紀風俗改變，喬治王朝時期輕鬆自在的招呼方式開始被視為粗俗無禮。諷刺的是，因為啟蒙時期醫學進步，反而讓女性倒退回到較注意儀式的年代。當時發現，女性不只是男性身體的次級版，而且和男性身體有根本上的不同，這導致另種觀念的發展。這觀念認為女性天生脆弱，需要好好保護。於是，當時的作法就是以種種儀禮來保護女性。當時認為女士並沒有開玩笑、甚至是走路的能力；所以才會出現讓女性靠著紳士手臂的這種藝術。這種新的道德觀，也讓喬治王朝時期小客廳裡活力奔放的娛樂畫下句點，不能再有令人難以放心的賭博或跳舞活動。《女教師忠告》（一八二七）就認為：「跳華爾滋實在太過危險，我無法想像有哪位謹慎的母親能容忍這種娛樂。」

到了維多利亞時代後期，伊迪絲・華頓的歷史小說《海盜》（*The Buccaneers*）可說是上演了美歐交鋒的一場好戲。在英國小客廳裡，坐著一群滿心期待、用征服者姿態前來尋找繼承人的美國年輕女性，卻發現這裡沒有「美國紐約那種紳士談著華爾街新聞的友善喧鬧」，只有冰冷的貴族氣息，讓她們因為「無聲的井然秩序而覺得

介紹如何鞠躬。
取自《舞蹈藝術完整實用指南》（*A Complete Practical Guide to the Art of Dancing*，1863）

心寒」。她們除了覺得英國的女僕「冷酷而不親切」，還因為「太害怕廚師，根本不敢踏進廚房一步」。

這樣看來，英國小客廳似乎是個嚴肅而落伍的地方，但至少這成了房子裡女性主導的一個區域。曾有一度，屋子的男屋主除了控制財務和傳宗接代，也同樣掌握家人的社交生活，但慢慢地，男性就把招待客人的責任放了出去。一九〇四年，赫曼·穆特修斯解釋道：

> 在英國，女性掌有屋內的絕對權力，家庭生活是繞著女性而轉……而男性理應整天投身於工作，等到回家的時候，在某種程度上可說是她的客人。因此，小客廳就好比是女主人的王座，是整個居家生活的重心所在。

穆特修斯也提到，女性會「掌握所有與外部世界的交流，像是邀請、接待客人，為他們提供娛樂。」這也是我們下一章的主題。

CHAPTER 31

燦爛、禮貌的微笑

每個人都抱怨有伴帶來壓力，但擠成這樣還是都很開心。
——弗朗索瓦．德．拉．羅什福科談論倫敦的宴會，一七八四

❖ ❖ ❖

每個人都看過宴客時男女主人嘴上那種燦爛、禮貌、但也有點假假的微笑。我們現在要來談談在客廳裡真正上場的表演，從斯圖亞特王朝時期化裝舞會驚人的炫耀性消費，到正經八百的維多利亞時代十五分鐘的紙牌遊戲。

對英國人來說，善於社交一直像是種必要的責任，但就是有人能做到賓主盡歡、有人卻落得沉悶無趣。愛蓮娜．羅斯福曾經計算，光是在一九三九年她就握過一四〇四六次手。她回想著：「我的手臂發痛、我的肩膀發痛、我的背部發痛，而且膝蓋和腳都不像是自己的。」但那些和她握手的人，對這個握手經驗想必都很開心。對社會來說，慷慨、送禮和招待，都是要把大家凝聚起來所不可或缺的。

究竟該如何招待客人？在都鐸和斯圖亞特王朝時期，可能會辦一場正式的化裝舞會來宴客，這是一場結合戲劇和音樂的娛樂，有專業和業餘的表演者同歡。像是亨利八世有次覺得有趣，就出席了紅衣主教沃爾西的一次宴會，和女士跳跳舞。而在另一次王室宴會上，安．波林首次出席化裝舞會，在那場名為「綠色城堡」的劇中扮演「毅力」這個角色（想想她後來花了多久才讓國王拜倒石榴裙下，這角色真是再合適不過）。唱歌或是音樂娛樂總是不退流行，亨利八世甚至還從紅衣主教沃爾西的男聲合唱團挖走了一些頂尖的團員。化裝舞會一直流行到下一個世紀，愈來愈闊氣奢華，但變得有些放蕩：像是在一場為了有些下流的詹姆士一世所舉辦的表演上，飾演席巴女王的女演員，就把奶油和果凍抹上了醉醺醺的丹麥國王克里斯汀。至於應該在劇中扮演「信心」和「希望」的兩位女士，則是喝得太多，被人發現在幕後吐得一場糊塗。

法蘭西斯．威洛比在十七世紀的著作《遊戲集》記載了各種便宜好用的遊戲點子，像是列出雙陸棋和井字棋的規則，講到玩牌，除了規則之外，還從牌的製作開始教起：拿「三到四張紙黏在一起，整理到可以順利抽牌，就可以發牌開始玩。如果牌濕了，就得把牌弄乾、逐一擦拭，等到再次能夠順利抽牌為止。」

壁爐除了讓僕人累得死去活來，也讓生活少了某種樂趣：在光線昏暗的情況下，既能開開心、又能讓自己暖和的「那種」活動。事實上，特別有一種諷刺漫畫，畫的就是「在壁爐爐火前，逮到有人用一種不體面的姿勢、背部全裸在烤火」的情況。也正是這樣的時空背景，「說故事」這種親密的活動蓬勃發展，但同時也有一些遊戲可說是無聊至極，像是《年輕女子寶書》（一八八〇）就提到一種「大笑合唱團」的遊戲。這個遊戲適合「在冬天的漫漫長夜，圍著爐火來玩」，玩法則是「最靠近火的那個角落的人先說『哈！』接著他旁邊的人跟著說『哈！』，依此類推……沒玩過的人，不會知道這個遊戲會有多好笑。」

法蘭西斯・威洛比也提到了一些十七世紀比較簡單、適合在昏暗火光下的遊戲，像是押韻遊戲。像他就提到一位腦筋動得快的布克先生，他輪到得用「porringer」押韻，而他竟然就能想出「The King had a Daughter & he gave the Prince of Orange her.」。現在我們可能會在車裡玩這種遊戲，但不會在家裡。畢竟，現代的客廳裡已經有了更不需要動腦筋的娛樂方式。

在伊莉莎白時期的哈德威克之類的莊園裡，大廳莊嚴高貴，宴會多半正式但也僵化，眾人各依階級行事。但正如我們已經提到，直到十八世紀中葉，像是貴族在倫敦的諾福克宅第（Norfolk House），各個展示用的客廳會排成環狀而非直線，並歡迎其他階層的人參觀。在十八世紀，各種不同階層的人輕鬆互相來往的情形愈來愈常見。像是原本在巴洛克時代，小客廳基本上都會將椅子排成完美的橢圓形，方便正式討論，但此時這種擺法就已經不再流行。在一八一七年的一本小說裡，書中角色便說：「叫所有女士坐成一個正式的圓形，真是全世界最不利對話的形式了。我坐在這，就像是一隻鳥困在一個粉筆圈裡，眼睛和頭都不敢動一動。」

隨著社交逐漸成為小客廳強調的重點，到了十九世紀，有些訪客已經不再能忍受每次宴會只是冗長而無意義的閒聊。一八一九年，瑪麗亞．埃奇沃思寫道：「今天我們都坐在小客廳裡，各自找著不同的樂子。」她們的樂子包括做娃娃、模仿圖畫、整理緞帶，但也有位悶悶不樂的「芬妮在圖書室，一個人躲著當隱士過了一段時間，然後才回來小客廳和我們這群俗人在一起。」同樣，曾在一八二六年和一八二八年之間造訪英國的普克勒爾—姆斯考侯爵，也發現自己連想回房都不行，因為回房「太不尋常，會讓他們感到驚訝甚或惱怒。」在好客的鄉間宅第裡，就這樣到了二十世紀。這次，是詹姆士．李斯－米爾恩拜訪沃林頓位於諾森伯蘭郡的住處：

> 我在晚餐後已經精疲力竭，希望能盡快上床。但不行。我們就是得要來點常識問答。T夫人用閃電般的速度提出一個又一個的問題……對於已經累壞的陌生人來說真是令人驚恐。

談話的藝術在二十世紀受到重重一擊。一九三七年，約克寫道：「近年來，由於有了像是電影之類的創新發明、旅遊變得便宜、大家會打球賽和看球賽、女性進入職場、有了托兒所之類，讓民眾待在家裡的時間大大減少了。」對於那些晚上偶爾還是會待在家裡的人來說，真空管收音機就成了客廳的新焦點。這個時候，夜間娛樂的主導者很可能根本不在房間裡，而是在其他地方事先錄音。

一九二二年，英國最大的六家無線設備製造商合作建立了英國廣播公司，其中包括馬可尼（Marconi）和通用電氣（General Electric）。當時ＢＢＣ節目在夜間播放，英國人會呼朋引伴和家人一起收聽，所以算是個社交體驗、而非獨自從事的活動。到了一九二五年，英國一共發出了一百五十萬張收聽執照。ＢＢＣ也會出版各式主題小冊，像是如何組織無線電收聽俱樂部、「如何主持無線討論群組」、甚至還有「怎麼聽收音機」。像是作者就會告訴可能的聽眾，「在家的時候，也要像是在劇院或音樂廳一樣仔細聆聽。就算在家，也要像是在劇院一樣享受。」

一九三二年，英國有了第一次的固定電視節目播送，該年一共播放了七十六個為時半小時的節目。然而，沒有人知道究竟有多少人家收看了這些節目。一九三三年，他們還問觀眾：「ＢＢＣ很想知道，究竟有多少人真正看到本電視節目。可否請觀眾立刻拿一張明信片寫個『Z』，然後寄到電視台來？」

電視在英國流行起來的速度，比起收音機要慢了許多。很多家庭是到了一九五三年女王加冕的時候，才特別為了看轉播而買電視，還有不少人特別跑到鄰居家裡去看（但也有些人，原來只是為了面子問題而在屋頂架天線、假裝有電視，這下就露餡了)。在加冕日的時候,《廣播時報》的節目表只留了很小一塊給電視節目,其他空間幾乎全由電台節目占滿。但從一九五二年開始,無線電收聽執照的發放數終於開始下降,而在同年,電視的收視執照則已發出一百五十萬張。一九五五年,商業電視台ITV成立,英國民眾的客廳裡也開始出現廣告,而到了一九六〇年代,電視劇「加冕街」(Coronation Street)開播,則帶入了工人階級的文化。

電視也改變了民眾的飲食習慣,讓用餐地點從餐廳移轉到了客廳。從一九五〇年代開始,沙發的扶手常常會附有塑膠托盤,方便放食物或飲料;餅乾製造商也推出「電視組合」罐,民眾開始吃「電視餐」,手裡只有叉子,而餐刀就遺落在廚房抽屜。

電視看起來似乎是個極度現代化的設備,但其實它扮演的角色卻像是說書人或吟遊詩人。我們在工作一整天之後,坐下來看看新聞、聽人唱唱歌或說說故事,其實這和中世紀房屋大廳裡的事沒什麼兩樣。另外,也常有人指控電腦遊戲讓人變得孤僻而離群索居,但多人線上遊戲其實也就像是維多利亞時代客廳裡的「大笑合唱團」、或是想讓人動動腦訓練思維的押韻遊戲。

招待客人,目的不一定是要找樂子。但要是沒有這些準備、擔心、緊張,我們就無法建立起除了家人之外最基本的社會關係:由好客帶來的關係。而最重要的是,這就是客廳的功能。

CHAPTER 32

親吻和求愛

「你親過男生嗎？」
「你是說真的親嗎？親在嘴唇上那種？」我問道。
「對啦，」南西不耐煩地說，「親過嗎？」
「沒真的親過，」我承認。南西鬆了一口氣。「我也沒有。」
——茱蒂．布魯姆，《神，你在嗎？是我，瑪格麗特》，一九七八

❖❖❖

親吻不見得是件浪漫的事。在中世紀，男人互相親吻可是嚴肅得很，可能代表和平、效忠、或是一種儀式。一直到二十世紀，君主還是會讓臣子或接受表彰的人親吻他或她的手。但如眾人所知，就算是在中世紀，如果男人被逮到親吻不是妻子的女性，他想的就是另一回事了。

無論是中世紀宏偉的屋頂房、或是愛德華時期寄宿公寓的簡陋客廳，都像是舞

台背景，準備著那些人生中緊張而又半公開的戲碼。在一次大戰前，許多年輕女性還沒辦法主動追求愛情，只能不斷緊張期待著，希望意中人趕快取得父親首肯、向她求婚。在正式求婚之前，客廳常常就像是她們的舞台，要展現她們怎樣是個好女人、能怎樣做個好太太：唱歌、演奏、縫縫補補。

文學作品總會提到一些運氣不好的戀人，想要因愛而結合，卻又因為命運或社會因素而分開。就算是結婚經驗豐富到一個地步的亨利八世，也還是不斷追求心中完美的女人，希望從此過著幸福快樂的日子（但也還是不斷失望）。他曾經一心追求安・波林達七年之久，才讓她點頭；他也不吝於告訴旁人，「婚約之締結，真愛之所在」。

話雖如此，畢竟國王還有得選，其他大多數人則不是這樣。應該要因為愛才結婚，其實是個相當現代的概念，還幾乎是西方限定。從歷史上看，歐洲和美國（甚至今天在許多文化還是如此）的婚姻通常都是以財產佈局做為出發點，再以撫養後代做為延續，最後一個因素才是愛。但研究同性戀史的歷史學家約翰・博斯韋爾(John Boswell)指出，西方今日的婚姻則正好相反。現在的婚姻出發點是愛，接著是孩子，最後則以財產所有權糾紛劃下句點。

在啟蒙運動之前，民眾還會覺得宗教上的職責比婚姻中的責任更重要。一六八三年在新英格蘭地區的塞林，梅希特波・帕克曼就告訴丈夫，有個鄰居正憂心忡忡，因為「她怕我愛你比愛上帝更多。」對十七和十八世紀的名門淑女來說，談感情是種奢侈。她們只能像木偶一樣，靜靜等著父母幫她們安排門當戶對的貴族婚姻。但另一方面，像是伊莉莎白・斯賓塞，就曾在一五九四年清楚列出未婚夫的必備條件，這種不尋常的作法看來主動積極，但可能有唯利是圖的嫌疑：

我一定要有兩個制服男僕……二十套服飾……我的皮包裡要有二千二百英鎊，我的帳你要付。還有，要給我六千英鎊買珠寶。

曼徹斯特那位愛寫日記的假髮師埃德蒙・哈羅德，第一任妻子過世才九個月就娶了第二任，第二任妻子才走了三個月，他又已經開始追求第三任。他一直覺得自己有趕快結婚的責任，除了醫生這麼建議他、教堂佈道這麼講，加上他也深知自己的弱點：「每個基督徒都該設法壓抑那種狂放不羈、難以克制的邪情私慾。我現在已經開始覺得心神不寧，重新開始想到女人了。」照這種道理，結婚就是每個人的責任，但老年人除外：希爾博士在《老年人健康長壽指南》（一七六四）寫道：「在老年人的各種情感當中，最要避免的就是對女性的愚蠢熱情。」

有些時候，有些女繼承人會決定私自行動，拋棄家族祕密結婚。聰慧詼諧但又醜聞纏身的瑪麗・沃特利・孟塔古夫人，就曾經這麼試過：「我們在做的事讓我發抖。你確信會永遠愛我嗎？我們是不是一定不會後悔？我害怕，但也抱著希望。」其實這個時候，他們只不過是晚上在後門和花園門口見見面而已。這位追求者還因為在房子外面探頭探腦，被人誤會是攔路搶匪。但看到瑪麗夫人對生命有如此滿溢又可歌可泣的熱情，再說到這樁祕密婚姻最後沒成，實在叫人不勝唏噓。

也不是說上層階級的小客廳就一定沒情沒愛沒感動。就算是雄糾糾氣昂昂的詹姆士·博斯韋爾，也認為喬治王朝時期的男性在某種特殊情況下，可以嘆氣、哭泣、嗚咽，而不用感覺丟臉：「唯有談到愛的時候，才無須感到羞恥；除此之外，男人在任何情況顯露這些弱點，都極度可鄙。」只不過，等到一結婚，男人又不能再嘆氣或哭泣了。對英國人來說，雖然可以英雄柔情、跪下乞求愛人嫁給他，但「在那之後，就絕不可以再讓膝蓋的肌肉有任何退讓。」

到了十九世紀，就算是社會的最高階級，也愈來愈常看到愛成為婚姻的因素之一。例如維多利亞女王的舅父早就提出讓她與自己的兒子艾伯特親王成婚的提議，但她可是讓舅父等了好一會，直到她準備好，才由她向艾伯特親王求婚，傳為美談。他們兩人的結合，當時就是因愛成婚的形象；等到艾伯特去世，維多利亞女王終生為他悼念。

至於社會下層，結婚的時候就能自由選擇真正想做伴的對象。在十七世紀之前，其實婚禮都不那麼正式；唯一需要的，就是雙方當著眾人的面、大致上有個口頭約定，然後性的方面圓滿成功就行。到了十七世紀，英格蘭聯邦（English Commonwealth）推出種種創新的革命性政策，世俗婚禮便是其中之一（在此之前，婚姻遵循的是教會法而非普通法）。至於在新英格蘭的清教徒也所見略同，覺得婚姻是兩個人之間的約定，不用管他什麼聖禮。法庭紀錄顯示，其實女性（而非男性）更常訴請離婚，原因包括了通姦、受到忽視或虐待。看起來，說到要保障女性權益，國家其實比教會更為可靠。

到了一六九四年，英國政府決定要從結婚這事上賺點錢，於是開徵婚姻稅。逐漸地，祕密結婚（免得有人跑出來反對）銷聲匿跡。一七五三年的〈婚姻法〉又進一步規定，婚禮只能是週日禮拜的一部分，且只能在上午八點到中午之間舉行。正因如此，到現在婚宴的英語仍然可以稱為「breakfast」（早餐）：畢竟有好幾個世紀，婚宴都是在上午。

雖然查爾斯·達爾文（Charles Darwin）所處的時代應該已經可以談情說愛，但他對於婚姻卻抱持著相當科學而務實的看法：雖然會失去「愛去哪就去哪的自由」，也沒辦法「和聰明的男性在俱樂部聊天」，「比較少錢能買書」，他想想還是覺得「能有個溫香軟玉的妻子坐在沙發，還有溫暖的壁爐」實在太有益健康，所以他下的結論就是「故得證！結婚吧！」

CHAPTER 33 死亡（以及參加自己的葬禮）

我最親愛的塵土，你那些匆忙的日子
為何不能有些耐心停下腳步
就算只多留一小時：讓我們可以
坐在彼此身旁，或者一起入睡？
——凱瑟琳．戴爾（Catherine Dyer）為其夫威廉所寫的墓誌銘，一六四一

❖　❖　❖

在前幾章，我們討論了家庭如何與世界交流。而這種在公共和私人生活之間的互動，就算成員過世，也不會馬上停止。

自從諾曼王朝時期以來，英國人的平均年齡就逐漸上升，現在英國國民年齡的中位數是三十八，在十四世紀只有二十一。在十四世紀，只有百分之五能活到六十五歲高齡。因此，過去對「成年」的定義較早。像是男孩只要到了七歲，就得開始

工作，而且開始受法律制裁，如果偷東西，就可能被處絞刑。社會整體如果比較年輕，往往就更暴力、更殘酷，但或許會更有活力、更具創造力。

然而，今昔之間也有些令人意想不到的共通之處。像是在都鐸或斯圖亞特王朝時期，雖然當時認定成年得早，但對老年的定義大約是五十或六十歲，可能比很多人想像得大。由於受到平均年齡的誤導，我們可能以為當時的人都只活到四十歲左右，其實不然。雖然當時英年早逝屢見不鮮，但仍然算是倒楣而非常態。當時覺得「自然」應有的年齡，是七十歲左右。就算在那個時候，老年人也是重要的消費族群，會購買各種老年用品。像是亨利八世就買了當時的眼鏡（gazings），鏡片用威尼斯的水晶製作，另外還有兩台輪椅（「叫作車的椅子」）。

幾世紀以來，老年人受的苦聽起來似乎都差不多，而抱怨老人的聲音也沒停過。詹姆士一世時期，湯瑪士．歐弗伯里就抱怨老人「呼吸帶著惡臭」、每講完一個句子就咳，還得「擦擦他們流滿口水鼻涕的鬍子」。《英國佬》雜誌在一八二一年也認為「年長的淑女可以沏沏茶、吸吸鼻煙、打打牌」，但其他就沒什麼用了。

顯然，老年不只是身體問題，還是社會問題。十八世紀初，莎拉．考珀夫人的抱怨聽起來就非常現代，她說：「談話的時候，我才五十七歲，就已經受盡各種想像得到的輕視，好像我已經老到退休一樣。」只不過，她也一直（斷斷續續地）嘲笑著和她同齡的人老是希望看起來更年輕，說到有一位友人就是喜歡年輕的那種愚蠢和氣息，愛露出她的胸部和耳朵，佩戴閃閃發光的寶石，但她的眼睛已經看來死氣沉沉，皮膚乾枯皺縮，臉頰陷落、雙手顫抖，一切都像是要關門大吉。

老年對婦女的影響一直比較大。一輩子辛苦操勞又飲食不良，會讓更年期的影響（骨質密度下降、大量掉髮落齒）更為劇烈，因此在都鐸王朝時期，女性很快就會從青春無敵的美女變成形態駭人的巫婆樣。當時基於四種體液的醫學理論也對女性不利：等到她們不再泌乳或來月經，就被認定身體已經「比較乾枯」，更像是男性。依據當時的概念，「停止了每個月的黑膽汁」，她們就變成了次等的男人，缺乏真正男人的力量或理性。

就算你已經過世，跟你相關的事情也還沒完：接下來還有葬禮。舉例來說，埋在倫敦史匹特菲爾德區十八世紀基督教教堂的人，從死亡到下葬平均要七天。最後這一周遺體就是留在自己的客廳，讓家人和朋友前來弔唁。斯圖亞特王朝時期的假髮師埃德蒙．哈羅德，曾描述過妻子「在我懷中、枕上」不幸過世之後的情景。在家人朋友協助下，他除了做一些像是關於衣物之類令人心碎的小決定（「她平常的衣服，我全部給了波德曼修女院長和我們的僕人貝蒂．庫克」），還得做一項大決定，就是身體該如何處置：「現在親朋好友覺得，最好把她葬在普郎吉小教堂的聚會所，我也決定就這麼做。」

如果在中世紀有爵爺過世，所有的朋友、僕人、追隨者、農民和跟班隨扈都需要出席列隊。即使到現在，二〇〇四年第十一世德文郡公爵安德魯．卡文迪許（Andrew Cavendish）過世時，還可以看到有數十名僕人在查茨沃斯宅第的車道列隊，向他的靈車致意。如果你沒有朋友，繼承人還能幫你租「人」來參加。一三〇三年，倫敦主教的葬禮竟然有三一九六八人出席；但很多其實是走路工。而在偏遠的赫特福德郡，到了一六八〇年代仍然維持著古老的「食罪」習俗。亡者的家庭會雇用窮人來參加葬禮，「從死者那裡承擔所有罪惡。」

從一六六〇年開始，英國法律規定亡者必須穿上羊毛呢壽衣。之所以會有這條法令，是為了支持英國的羊毛業，對抗使用奴工、積極侵略擴張的棉花業。十七世紀晚期也出現專業的殯葬業者，負責協調棺材師、靈車出租公司和家具飾品業者；在這之前，家屬得一一分別委託。之所以需要家具飾品業者，是因為在服喪期間，客廳要掛上黑色布幕；繼承人還可能會從英國紋章院（College of Arms）訂製死者的菱形紋章匾，掛在前門。像是在一六六六年，諾丁漢郡克里夫頓大宅（Clifton Hall）的傑維斯．克里夫頓爵士過世，從他的葬禮指示就能大致了解客廳為此的擺設：

大廳掛起一幅寬黑色毛呢

通往夫人臥室的走道掛起一幅寬黑色毛呢

招待身份較高弔唁者的大用餐室，也掛起一幅寬黑色毛呢

這也是停靈的地方。

不難想像，殯葬業者會積極鼓勵大家把喪禮辦得盛大隆重，它們在維多利亞時代逐漸發展得無比興盛；正因如此，他們浮誇和霸道的態度不免成了眾人嘲笑譏諷的對象。

瞻仰遺容是非常重要的儀式。但有時候，想要儀式隆重，就得花上好幾週來安排。然而，遺體到時候早就腐爛，所以需要有蠟像或木像來代打上場。西敏寺現在還存有查理二世、威廉三世、瑪麗二世和安妮女王的蠟像，可以說是這種習俗的遺緒。正是這種為過世者製作蠟像的業務，啟發了現在的杜莎夫人蠟像館。

早期的防腐機制很不精確，一旦出錯，腐敗產生的天然氣就可能在棺材裡累積、最後爆炸，這場面令人驚心動魄，但也令人覺得倒楣。神聖羅馬帝國的皇帝禿頭查理（Charles the Bald），八七七年去世時和家鄉相距甚遙。他的侍從「把他打開」、「倒進他們所有的酒和香料」，趕緊帶著他的遺體踏上前往聖丹尼斯的歸途。然而腐爛的屍體發出惡臭，讓侍從不得不「把他放進桶子裡，外面抹上瀝青」。等到臭不可當，他們就不再前進，而將他葬在里昂。

想防止腐敗，把內臟取出是個明智的方法。正因如此，亨利八世第三任妻子珍・西摩（Jane Seymour）的內臟葬在漢普頓宮（她去世的地方），但正式遺體下葬則是在溫莎堡。傳說中，亨利八世過世後，遺體要運回溫莎堡、卻在西昂修道院停靈過夜時炸開，落到教堂地板上的血肉還讓狗給舔了。（或許值得一提的是，聖經中曾提到以色列王亞哈聽信了異教徒妻子耶洗別的話，為了懲罰他，他的血被狗舔食。所以，或許有關亨利八世的這個傳聞，其實是阿拉貢的凱薩琳的支持者所放出的消息，好報復亨利八世對他第一任妻子的所作所為。）

眾所周知，伊莉莎白一世終生都是處女；但她過世後還是沒能保護自己不被男人侵犯。雖然她的樞密院委員很清楚她希望遺體不要解剖，但當時太忙著宣布繼任者為詹姆士一世，一時不察，讓國務大臣賽西爾（William Cecil）違反她的命令，「給了外科醫師祕密許可」，讓他們進入她的寢宮，在那裡「他們將她打開。樞密院其他人雖然不願意，之後也都避而不談。」

這些外科醫生取出了她的內臟，但當時防腐的技術仍有不足。伊莉莎白的屍體被塞滿草藥，用裹屍布包裹起來、釘在棺材裡，留在白廳宮（Palace of Whitehall）由她的侍女看守。輪到南威爾夫人（Lady Southwell）守靈的那個晚上，她可給嚇壞了：「遺體和頭發出巨響，連木頭都炸開了。」

等到一個世紀後、瑪麗二世於一六九四年因天花而過世，這時的防腐技術更有效果。用了「大量樹脂和香料塞入遺體」，好讓她的身體在葬禮之前都能免遭腐爛。查理一世在一六四九年遭到處刑之後，遺體的保存也相當良好。一八一三年開棺時，發現他的遺體

> 精心包裹在裹屍布中，交疊處有大量的油脂物質與樹脂混合，盡可能有效隔絕外界的空氣。

這種作法十分有效，等到將布打開的時候，「在接觸到空氣的那一刻，左眼還張著，但很快就消失了。」

約翰．杭特醫師在十八世紀帶來的外科技術發展，就包括了一種新的遺體保存技術，於是做蠟像這件事也因而過時。杭特醫師有一位夥伴：馬丁．范．布契爾醫師，他將自己過世妻子的血管注射了胭脂紅，並為她裝上玻璃眼睛，接著就把她一直放在起居室，有客人來訪就介紹一下。一直到他娶了第二任太太；第二任老婆堅持這位前妻真的該走了。

與此同時，社會下層民眾的葬禮方式五花八門，有的講究實際（像是將瘟疫過世者投入生石灰坑），也有的令人感到羞愧（像是在戰爭過後，沒有標示，就直接將遺體集體大量埋葬）。但不論如何，只要還想做做樣子，死後通常會先停靈在自

家的客廳，讓教區教堂敲響喪鐘，召集眾人帶著迷迭香或芸香樹枝前往致哀。

確實，到了維多利亞時代，喪服的種種細節日益複雜，在時間掌控上也開始出現繁文縟節，於是一切開始顯得太過而缺乏真誠。然而，像過去那樣要弄得人盡皆知的大型葬禮，優點就在於有種淨化宣洩、安撫群眾的效果。至於現在，我們是將遺體靜靜推進火化室，再讓失落和悲傷纏繞著我們。但如果這本書真能告訴我們什麼，大概就是這一切很可能又要再次改變。

PART 4
廚房的祕密歷史
AN INTIMATE HISTORY OF
The Kitchen

英國早期的普查，數的不是人頭或是房子，而是數你家有幾個壁爐。而在中世紀，整間房屋最重要的核心地點，就是做飯用的火堆。但在接下來的幾個世紀，廚房卻被逐出家門或是趕到地下室，煮飯成了僕人的活，家族成員不屑一顧。直到最近，這件事才又回到家庭的核心。

至於另一個關於廚房的改變，則是從生食走到熟食。我們現在提倡要多多認識自己的食物，想知道每樣食材是從哪裡來，盡量減少運送的路程。我們知道原始未加工、多纖維的食物有益健康。但其實在不久之前，人類喜歡的還是易消化、精緻加工過的食品。有好幾個世紀，當時的人費盡心力，只為了別吃到生的蔬菜水果。與其他國家的交流也對英國飲食有所影響，像是亨利八世就吃過椰子，喬治王朝時期的人也已經嚐過了芒果和義大利波隆那腸。

科技改變了廚房的樣貌：原本的壁爐，被烤爐和爐台漸次取代；柴火先換成煤炭，後來再轉變為天然氣和電力。

但最重要的一點在於，廚房其實非常保守。烹飪這件事很講規矩，廚師可說是傳統的守護者，彷彿用食譜來統治世界。像是一八一七年〈關於麵糰的學術論文〉便寫道：

「無論是帝國、王國、國家或是共和國，其實就像是布丁，成分都是人、只是方法不同。」

由此看來，食物也是政治，而廚房也就成了各種階層和性別的戰場。

CHAPTER 34 為什麼曾經是男人當廚子？

就廚子而言，這廚子是個好廚子；但也像所有的廚子一樣，她不幹了。

——薩基（Saki），一九〇四

從以前到現在，能好好吃頓大餐，代表著某個家庭、大宅或工作場所一切平安順利。這種具有重要意義的大餐，現在已經主要移到了飯店餐館，但曾有一度是在家裡圍桌。

正因如此，英國的宮內大臣（Lord Steward，「steward」原義為「膳務員」）在過去會是如此重要。他要確保國王和所有僕人吃飯不愁。就算不是王室宮殿，只要是一棟大宅，膳務員手下還有許多僕人，處理各種不同的重要事務，包括生活用品、餐飲和清潔；總之，就是所有「實際的」（相對於「儀式的」）事務。顯然，這個職位責任重大，總是由男性擔任，而且非常得人尊敬。

宮內大臣手下的第一人為大主廚，同樣由男性擔任，他的手下多半也都是男性。在亨利八世的宮廷裡，康沃利斯夫人是極少數的女性，「負責製作國王的布丁」（光是這個工作，就讓國王賞了她一棟在倫敦的房子。）

當時這個僅限男性的御膳房必須負責準備出足供所有大廳僕人的膳食，在整個中世紀都是強大而令人羨慕的形象。因為當時整座王室宮殿有種同志情誼，御膳房又結合了溫暖、安全和食物等元素，因此更得人心。一位盎格魯撒克遜的戰士就回憶道：「我們那時總會在餐席上誇口吹噓，勇士們在大廳裡，預告著自己在戰鬥中如何英勇殺敵。」

這種高階御膳房由男性統治的情形，要到十七世紀才有所改變。到了這個時候，有雄心壯志的年輕男子開始想當個醫生或律師，而不是僕人，各種家務服務的地位開始下滑。這時的社會基本單位不再是家庭，而是城鎮。於是，家中煮飯的事情交給婦女，但如果是高檔美食烹飪藝術，則來到了公共領域、交給專業的餐廳廚師。

在貴族宮廷和教堂，廚房人手充足、素質佳、多半為男性，但在社會下層不可能有這種理想的狀況。中世紀英國的鄉間農舍裡，一直都由婦女負責做飯。八七八年，阿佛烈大帝正在躲避維京人追擊，「生活困頓不安，住在叢林密布、沼澤遍地之處」。傳說他曾躲在某位養豬人家的小屋避難，女主人請他幫忙照顧一下烤到一半的蛋糕，而阿佛烈竟然疏忽了，於是就這樣被她呼了個巴掌。這個故事的意涵有幾種可能，第一種：這位親手烹飪的國王展現了謙卑美德，值得稱道；第二種則認為他疏忽了自己的王國（蛋糕），才會被維京人攻下；甚至還有第三種解讀：這是在告誡家庭主婦，千萬別讓男人進了她們的廚房。

在王室及貴族家庭裡，烹飪的工作在十七世紀左右逐漸由男性交棒給女性；但講到大家不再一起用餐，其實早從十四世紀就出現。（或者是說已經開始出現相關說法。有趣的是這種抱怨似乎古今皆然：這種六百多年前的抱怨來到現代，便是覺得全家一邊看電視一邊用餐，而不是好好一起吃頓飯。）十四世紀的《皮爾斯農夫》就曾提到領主和夫人自己離開到「私人客廳」去「自己吃飯」，好「遠離本來就該是讓人用餐的大廳」。由於一家之主離開了共同的大餐廳，便開始出現了較私人的餐廳。

在英國的中世紀大廳裡，雖然領主和夫人已經不再像過去出來用餐，但懷舊的理想還是讓建築循相同的路發展。大廳出現了雕花鑲板、挑高窗戶，大廳的上座也開始有墊高的平台，如果領主難得出來一次，就可以坐在這個位子。（像是到現在，有古老傳統的牛津大學仍有這種設計，在大廳裡，教職員用餐的地方有個平台，高於學生用餐處。）在平台後面則有凸窗，好讓上座這裡有多一些光線。大廳裡上座所在的位置屬於前方，常

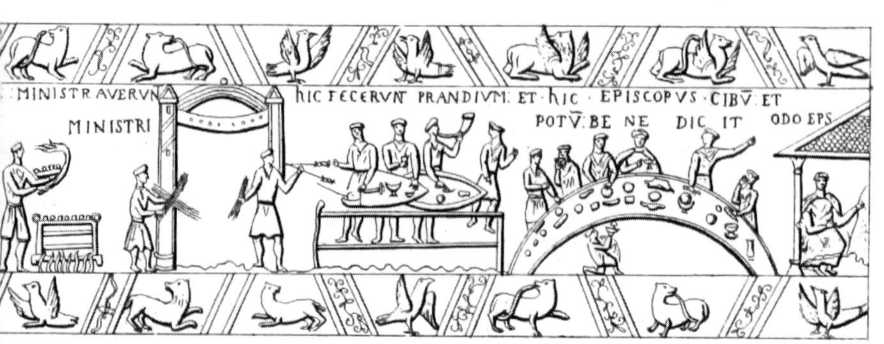

Planche 5.

常會是一面白色粉刷的牆壁。光線透過凸窗，在明亮的牆壁上反射，就會照亮領主和他的家人，好像這些人在舞台上粉墨登場，莊園裡的其他僕人則是下面露出崇拜的眼光。

在一般人家裡，中世紀的桌子稱為「board」（板子），旁邊可以放上凳子供客人使用，但只會有一把是有扶手的椅子（chair）、專供一家之主。所以，英文現在講到董事會主席是「chairman of the board」（板子旁坐了椅子的那個人），其實就來源於此，其他人都只能坐著凳子，主人看顧著他的下屬、他的餐桌。這種「負責人可以坐到最好的座位」的想法深具影響力，所以像是法院的法官席叫「bench」、教授的教授職稱為「chair」，而公司董事職位也以「seat」稱之。

說到主桌，可得事事小心謹慎。一本中世紀侍者指南就提到「抹布必須芳香清潔，餐刀必須磨光發亮，湯匙必須清洗乾淨。不得挖鼻孔、或讓鼻孔滴下明亮的珍珠，也不得過分用力吸鼻涕或擤鼻涕，以免主人聽到。」伊莉莎白時代，蒙塔古伯爵甚至建議侍者，在桌上擺設每套餐巾、餐刀、湯匙的時候，都該鞠躬哈腰。

至於在大廳底端、通往廚房的門口，則會用精心雕刻的屏風來阻擋目光。這些擋住的門，有的通往貯酒室，有的通往食品室（存放麵包）。食

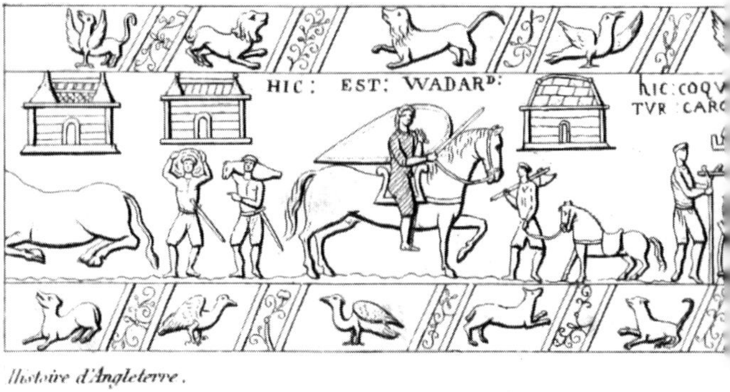

十一世紀以男性為主的御膳房。重繪自貝葉掛毯（Bayeux Tapestry）

Histoire d'Angleterre.

品室是膳食員的工作場所，要負責為所有人供應麵包。約翰・羅素曾在十五世紀寫過一本給年輕僕人的建議，提到食品室裡應該有三種餐刀：一種切麵包、一種削麵包皮，還有第三種「刀快且鋒利」，是要拿來「將麵包盤整理平順方正」。這裡所謂的「麵包盤」其實就是把比較差的麵包當做拋棄式的盤子使用，通常就是那些烤焦或是黑掉的麵包底。至於比較酥脆可口的頂部麵包殼（crust），則立刻交給領主及賓客享用。也因此，直到現在我們講到上流高檔的事物，還是稱為「upper crust」。

雖然大廳建築的發展此時達到史上巔峰，卻也開始無以為繼。不論是領主或是僕人，都開始躲到其他地方用餐。現在只有在非常偏僻的鄉間，才看得到一起在大廳用餐的情景。一八九八年，一位德比郡的老農民回憶過往，讓我們能夠一瞥歷史的痕跡。在他年輕時，

> 領主和他的家人坐在最靠近火的桌子，僕人則坐在房間另一邊的長桌。領主首先為家人和自己切肉，接著，有骨的大塊肉再傳到僕人桌……座位安排需依照年資順序、與主位由近到遠，非常講究。

從這位農夫口中，我們又重溫了那種失落已久、階級井然但和諧的世界。

到了維多利亞時代，現代性、血汗產業和空氣污染讓民眾苦不堪言，大廳就在

時勢的塑造下，成為過去美好舊英格蘭的代表象徵。只是，這時的大廳用途是展示古董、喝喝下午茶，而不是讓僕人用餐作樂。

在烹飪成為婦女的工作之後，廚房及廚房人員的地位緩慢地走下坡。十七世紀晚期，由於男性開始走出家門從事各種專業工作，女性在家中的角色日漸重要。一六七七年的《女僕工作大全》為女性列出十種不同的工作，包括侍者、管家、內侍、廚子、廚子助手、保姆、擠乳女工、女傭、洗衣婦，以及雜役。

接下來的發展大致如此：女僕人數增加，分工也更細微，在十九世紀達到頂點。但到了二十世紀，心理和經濟條件轉變對中產階級雇主造成了嚴重的「僕人問題」。由於勞力日益短缺，維多利亞時代幾近荒謬的極端分工也無以為繼。當時的廚師變成總廚師、管家變成執行管家、男僕變成女性司機兼陪同者。

這時的社會不再基於階級的服從，這是很自然的。但此時在廚房裡的僕人做的是最髒的活，得到的卻是最差的待遇，因此也愈來愈常感到羞恥與挫折。有位可憐的廚房女傭就曾抱怨，「他們會用姓來稱呼其他僕人，但我只要一出了廚房，就好像沒人看見我、沒人跟我說話，我根本就像是沒有名字一樣。」最後，受到這種對待的女性乾脆一走了之，不再從事家務服務。隨著相關人力短缺，家務服務的地位才逐漸提升，到了現代，用不帶有貶抑意味的「staff」（員工）來稱呼。

莫妮卡．狄更斯是個來自上層階級的社會新鮮人，在一九三〇年代，純粹為了玩票，就跑去當了不怎麼有效率的總廚師。到了一九三九年，她把自己在其他人家廚房裡的玩樂冒險寫成了一本書。當時的情形，是中產階級都覺得自己該有僕人，但就是想不透為什麼留不住僕人。雇主通常都已經是無法可想，才會決定雇用狄更斯，但不管他們的標準有多低，狄更斯還是能惹出意想不到的麻煩、造成意料之外的破壞。她在一開始其實還滿享受扮演這種她不熟悉的角色，但拒絕打扮成一般廚師該有的樣子，她主張「就現代的概念，女僕應該要反抗戴帽子」。狄更斯讓烹飪成了一場喜劇，但那些要僱用廚師的人，想必覺得這是場黑色喜劇。

到了二十世紀後半，廚房有兩種發展。第一種路線，家庭裡的女性又回到像是中世紀的情況，為小家庭親手烹調簡單的一餐。而另一種路線，則是完全放棄了廚房而改採外食，食物甚至可能在國外生產。現在的外帶餐點每天生意興隆，英國還推出送餐服務，每天幫你把控制熱量的餐點送到家門，就像是過去領主膳房的供餐服務一樣。

接下來，我們要看看是什麼真正主宰了二十一世紀的生活。

CHAPTER

35 不再發配邊疆的廚房

房子裡最重要的地點就在廚房和毗鄰的食品室，其他房間的配置都得依此考量。

——羅伯特·布里格斯（Robert Briggs），《鄉間宅第之要素》（一九一一）

在中世紀農民的小屋裡，唯一的房間既是廚房、同時也作客廳和臥室使用。廚房在家中的地位，在二十世紀終於重新受到重視，但在這之間的幾世紀中，廚房其實是被逐出家門，要離客廳愈遠愈好。

在中世紀英格蘭，廚房可能是農舍小屋的中心，但豪門宅第則會讓廚房完全位於另一個區塊。盎格魯撒克遜的「大鄉紳」領地廣闊，至少廣達五個海德那麼大（hide，舊時能夠生產足供一家人食物的土地大小，約六〇——一二〇英畝。）一般來說，大鄉紳自己住的主屋為長方形，而他會希望不遠處就要分別有一棟麵包房和一棟廚房。出於對火的恐懼，當時的廚房都得有壯烈成仁的準備；畢竟，這比任何其他房間都更可能遭到火神侵襲。

在漢普頓宮，廚房一開始也是與主宮殿分開。慢慢地，在主廚房周遭出現其他規模較小的廚房和相關房舍，變得像是小城鎮；對王宮來說，就像是宏偉的宮殿庭院旁長了一個醜惡雜亂的瘤。

這一區共有超過五十個獨立的房間，每天要供應一千五百份餐食。「煮沸屋」有個大銅鍋，負責準備高湯和各式湯品。「麵糊屋」做的是餡餅皮。至於「香料屋」除了供應香料，水果也是業務範圍。甜品室則是在樓上的房間，緩慢加熱做出精緻的各式糖果及糖漬物。另外還有「濕貯藏室」放魚、「乾貯藏室」放穀類，以及「肉品貯藏室」放肉品。

正由於主屋是領主土地的經濟中心，這些廚房就像是食品加工廠，需要很多不同的小工作間配合。於是，雖然廚房已經本身就是附屬建物，但另外還會再有貯藏屋、冰屋、乳品屋、釀酒屋、烘焙屋等等。一六六七年有一項關於薩默塞特郡蒙塔丘特宅第（Montacute House）的調查，其中提到「宅第南側有一個大鋸木場，以及提供乳品、洗衣、釀酒及烘焙等等生活必需品及功能的房舍」，另外還有「鴿舍」。這些附屬建物提供的產品，常常能讓家族感到得意自豪，而不管是要屠宰動物、釀造啤酒，或是清洗餐巾，都是在這些地方處理。

一直到十八世紀，人們還是覺得廚房應該是一棟半獨立的建物，而且因為上層階級愈來愈喜歡強調文雅和教養，他們對做菜造成的髒污、氣味和噪音也就愈來愈難忍受。設計凱德爾斯頓莊園的時候，廚房離主要賓客餐廳超過三十公尺遠，而且還用一條彎曲的長廊隔開。至於該家族自己私人用的餐廳，更與廚房足足有六十公尺的距離。

這樣一來讓人不禁懷疑，上菜的時候菜不會都涼了嗎？乍看之下似乎如此，因為一方面這段路途遙遠，二方面要吃飯還得有冗長的儀式。但其實是有很多小訣竅，可以讓菜餚從廚房到餐桌這段路上別冷得那麼快。菜不是一開始就分好，而是先放在一個保溫的大焙盤裡，等到送達餐廳才分菜。此外，在走過這條長廊的路上，還會另外用布巾為焙盤保溫。

另外，上菜僕人要有一定的技術和體態。在真正的名門大宅裡，上菜一定由男性負責。在以中世紀莊園的許多繪畫當中，可以看到上菜的人從廚房這端，端起上菜的焙盤，送向餐桌。這些人多是年輕力壯的小夥子，腳步快、力氣大，把能快速上菜當作榮耀。至於在喬治王朝時期的凱德爾斯頓莊園，還會看到飛毛腿端著餐點在長長的迴廊裡奔跑。在教養良好的豪門大宅裡，烹飪和上菜就像是鐘錶的發條裝置一樣準確，人人都能吃到熱騰騰的大餐。

到了十九世紀，庖廚應該要遠君子仍是主要想法。像是買菜賣菜的叫聲、要清理的廚餘或是其他會鬧哄哄的事，都必須盡量別打擾到領主和他的家人。只不過，一到了繁忙的城市裡，空間極為有限，廚房最多就是塞到地下室，沒法像在大宅院一樣，晾在一邊。

於是，十八世紀鄉間宅第那些挑高、寬敞、通風、甚至還能有回音的大廚房，現在變成悶不透風、陰暗無光的地下碉堡。維吉尼亞・伍爾芙（Virginia Woolf）童年住在海德公園口（Hyde Park Gate）二十二號，那是一棟城鎮住宅，但六、七位女僕卻被禁止進到主要樓層。她們只有兩個地方能去，第一是在地下室的廚房，那裡充滿「難以置信的陰鬱」，第二則是熱得要命的閣樓，那是睡覺的地方。其中一位年輕女僕曾經透露她的真實感受，年輕的伍爾芙就這麼恰巧地偷聽到她的描述：「這就像地獄一樣」。

原本，英國由三分之一的人口來擔任僕人，服務另外三分之一的人口，在一次世界大戰之後，這種經濟已經崩潰，情況不得不有所改變。家庭中的女主人終於得要自己下廚，被迫學習如何做飯，於是廚房的環境必然得有所改善。

對於底層的勞工階級來說，廚房和客廳其實沒有那麼大的區分，它們為同一空間。曾經有一度，英格蘭的中部和北部到處都看得到英國國民信託（National Trust）在伯明罕那種「背靠背式」建築的連棟住宅。背靠背式建築讓這些住宅可以省下一面牆的磚材，住宅內每一單位共有兩間臥室，一間是全家共用，另一間可以租給另一對夫妻。樓下的房間由差不多九人共用，大夥可以共度休閒和用餐時間，甚至也可以一起工作。這些現在用於展示的屋子裡，有一間的前室／廚房在過去還兼作工作室，工作室做的是玻璃眼珠的生意。

然而隨著二十世紀過去，即使是富有的家庭，也愈來愈能接受開放式設計的概念。此時，不再需要壓縮廚房讓它變得愈來愈小、擠在某個角落像是次等房間，而是能把它帶回整個社交場域，所有家人（不再是僕人了）都能在這裡待上很長的時間。

二十世紀後半，家具型態又有了一次重大轉變，泰倫斯・康藍再次證明他的眼光精準無誤（就像上次的羽絨被），從中大撈一票。這時，年輕的夫妻開始敲掉洗碗室、廚房和餐廳之間的牆壁，將傳統的維多利亞式城鎮住宅改頭換面，康藍的連鎖居家用品店「Habitat」開始提供廉價但有型的各種產品，符合「搖擺六〇年代」的需求。他在一九七四年寫道：「你可能會發現，可以結合客廳和餐廳，或是廚房與餐廳。這樣一來，原本僅限用餐的空間就可以全天使用。」

此外，對於那些整天上班、回家還得做飯的職業婦女來說，她們想用的廚具、餐具就是Habitat的義大利麵罐、木頭沙拉缽和矮胖的馬克杯（而不是傳統的杯子和碟子）。一九七〇年代的廚房走的是雖然比較粗魯、但也比較歡樂的路線，「對於家庭的娛樂、家庭作業之類的任務都很重要，而且開始興起一些樸素手製的風氣，像是會自己種香草，以及使用一些像是磚頭、石材和木材的『誠實』建材。」

一九七〇年代這種鄉間小屋風格的廚房引起一波反動，時尚雜誌上開始出現光滑流線的廚房室內設計，有高級石材的工作台面，以及無把手設計的櫥櫃門片。不過，我們很難想像，這些在像是由保時捷設計的廚房煮飯，擁有時尚廚房的屋主，其實常常都是在外面用餐的。

時至今日，對許多人來說，一講到家和安全感，想到的就是溫暖或許有些凌亂的廚房，空氣中飄著晚餐的香味，冰箱上還貼著孩子的照片。只不過，到了非常現代，「煮飯」這件事才讓人聯想到誘人的香氣，在過去這麼多世紀裡，前人之所以要讓廚房離主屋遠一點，除了擔心水火無情，也是因為當時的廚房氣味實在噁心。

CHAPTER 36 臭味的力量

廚房，嚐起來比聞起來香。

——湯瑪士・富勒（Thomas Fuller），《格言集》（*Gnomologia*），一七三二

❖ ❖ ❖

我們今天活在一個感官麻木的時代。過去的人可能因為某種氣味而感到震驚或因而有全新感受；現在整個世界處處消毒，對氣味的感受也大不如前。

香水的重要性，在過去遠高於現在，掩飾沒洗澡的體味還不是主要的原因。過去認為好聞的氣味是難得而寶貴的，由於認為疾病是由「瘴氣」傳播，所以難聞的氣味被認為對身體造成傷害。正由於當時深信氣味有強大的力量，所以如果小嬰兒出生時沒有呼吸，第一個想到的是把洋蔥放在他鼻子底下，等到這也行不通的時候，產婆才會為他做人工呼吸（雖然這才是更有效的方式）。

現在的孕婦會被告誡不能抽煙、喝酒、或是生食雞蛋，但在現代早期，則是叮

嚀她們如果想保護胎兒，就該避開各種令人不悅的氣味、聲音、甚至是景象。一七一六年，奧爾良公爵夫人利絲特就曾經認為，自己常聞到濃郁的氣味卻還是能順利懷胎產子，實在值得得意：「要不是我忍受香水的能力過人，早就應該死了。待產時，每次先生來探望，都戴著噴了香水的西班牙手套。」

過去，抱怨氣味難聞或畫面可怕的人多，但抱怨味道噁心的人就少了；而且就連英語裡面要講到「disgust」（味道噁心），這個字還是到了十七世紀才出現。「噁心」是現代才有的概念：要先等到食物夠吃、能吸收到足夠的營養，才能因為不好吃而向食物說不。在那些飢迫的年代，大概再怎樣難吃的食物，都沒人會抱怨噁心。

然而，等到「噁心」的概念出現之後，大家就開始注意到有某些種類的食物特別令人不悅，認為應該盡量排除烹調時產生的氣味。所以設計新房子的時候，這也成了另一個把廚房獨立出去的原因。

十七世紀的建築作家羅傑．諾斯（Roger North）曾大力鼓吹民眾不要在當時的小型住宅（compact house）裡面設計廚房。他認為小型住宅有廚房實在大錯特錯，原因就在於「各種令人不悅的氣味會影響所有房間，而且無路可逃。」在此之後，房屋設計史上一大重要主題就在於要如何消除排水管或烹飪的氣味。一七七三年，羅伯特．亞當也曾寫道，餐廳「不該掛錦緞或掛毯等等」，而該「永遠採用粉刷處理……才不會留住食物的氣味。」

十九世紀初，壁爐被封閉式的廚房爐台取代，結果烹調產生氣味的問題反而更嚴重。過去，開放的煙囪產生上升氣流，等於是個通風系統，但此時，爐台的問題就連王室也無法倖免。一位名叫約書雅．貝茲的僕人，曾負責服侍來訪她主人的維多利亞女王，聽到他們之間的談話，轉述說：「女王提到，你的房子裡沒有晚餐味，已經該感到萬幸了。」她的主人回答：「這是因為我總是把門關上。」艾伯特親王則說：「我也是，但總有人要開門。」

整個十九世紀，都堅信房子裡不應該要有烹飪的氣味，要到二十世紀才開始打破這種概念。一九八〇年代，一項新的次文化誕生：「美食家」（foodie）。雖然過去也曾經出現這種抱著享樂主義的業餘廚師，但真正讓這個詞開始流行的，是保羅．利維（Paul Levy）和安．巴爾（Ann Barr）一九八四年出版的《美食家官方手冊》。「美食家」想知道食物的來源與真實的味道；對他們來說，烤雞或烤蛋糕的氣味，是「家」這個概念的核心。

然而，沒有人會希望自己的房子一早還飄著前一晚煮魚的臭味，於是真正讓二十世紀開放式設計的廚房和客廳能夠成功的，就是抽油煙機的發明。有了排油煙機，就能將烹調時的油煙排出去。這是個一九三〇年代的設計，一直要到一九六〇年代，廚房、餐廳和客廳的界線開始模糊，排油煙機才真正成為家庭廚房的必備用品。

終於，人們開始享受菜餚的美味，一方面又用抽油煙機解決了烹調的臭味，廚房的意義不再只是烹飪，也是生活的一部分。

CHAPTER 37 攪拌、刷洗、累個半死

「羅林斯夫人，妳會不會太時髦了！」
「太太，或許是這樣，但他們知道什麼效果最好！」
——管家羅林斯夫人堅持要用《好管家》廣告過的澱粉漿，一九二八

❖ ❖ ❖

雖然這聽起像是個無趣的話題，但廚房的工作效率確實對生活影響重大，特別是女性的生活。如果廚房產品設計不良，甚至會造成生命危險，像是白鑞合金的容器，如果拿來裝醋就會滲出鉛；銅壺一旦外面鍍錫的保護層磨光了，也有類似的危險。

說到烹調，最重要的就是火。如果想要產生梅納反應（Maillard reaction），讓醣類食物出現焦香的脆殼和其他豐富的風味，就非得拉高熱度才行，像是麵包殼、巧克力、黑啤酒和烤肉。除了梅納反應之外，褐變反應還有另一種「焦糖化效應」，

就是把糖煮成焦糖。無論何者，都需要很高的溫度，都是高等的烹調方式。

至於燉煮，雖然需要的熱度較低，但無法帶出兩種褐變反應風味強烈的苦味或甜味。比頓夫人就曾說燉煮「燃料用量最省，是最便宜的烹調法。而且能用最便宜、最下等的肉來做，一點都不浪費。」了解這兩種烹飪方式的經濟效益之後，不難想見為何從都鐸王朝時期到現在，需要大火高熱度的食物常常出現在富貴人家的餐盤上，像是亨利八世的廚房就會做旋轉串烤的烤雞，而現在那些億萬富翁就算已經多次心臟病發，也還是抵擋不了煎鮪魚排的美味。

中世紀農舍全家就是一個大房間，房中間會有一個爐台，下面鋪著一片平坦的承煤石，火堆就在上面雄雄燃燒。有時候，爐火會連續燒個好幾年、甚至幾十年，都不會熄滅。之所以爐火會受到妥善照料，原因就在於光是要點火都絕非易事。至於在火上，會掛著圓底的鐵鍋。雖然圓底鍋不能放在桌子上，但卻有很多其他優點：它製作方便，能輕鬆放在沙土地上，也能放在鐵三腳架上。至於想要輕鬆攪拌不燙傷，你需要的就是一把長柄木頭湯匙。

這種設計非常簡單，但又十分實用。任何食材都可以全部丟進鍋裡變成所謂的「濃湯」(pottage)，煮上一整天、也不用有人一直照料。濃湯可說是中世紀英格蘭共同的食物，只要有一個鍋，什麼食材都能煮，有的包在布裡一起煮，也可以拿木板把食材分隔開。從芙羅拉．湯普遜（Flora Thompson）的《雀起鄉到燭鎮》（一九三九），我們可以看到在二十世紀早期的牛津郡，農村家庭的整頓晚餐就是一鍋滿足：一小塊培根、水煮蔬菜、用細布包著的布丁。正因如此，火爐才會歷時數百年而不衰。

接下來的烤爐，就得投入大筆金錢，而且多半位於戶外。現在的烤箱會在整個烹調過程持續加熱維持溫度，但過去的烤爐則完全不同：烤爐為石砌或磚砌，要先把柴綑放在爐裡燃燒加熱，接著把灰鏟出來、把麵包送進去、關上門，讓麵包在這個溫度慢慢下降的烤爐裡烤著。

我曾經用過「地貌與曠野博物館」的麵包烤爐，爐門為木製，使用前還得先泡在水裡，以免燒起來。至於爐門旁邊的縫隙，則是用生麵團捏成長條將其封死。等到連這條麵團都烤熟，我們就知道裡面的麵包必然烤好了。裡面的餘熱還剛好再烤一輪蛋糕或餅乾（biscuit）。「bis-cuit」的字根意義正是「第二次—烘烤過」。

廚師的必備技能，其中一項就要是判斷烤爐的溫度。技巧之一是在爐裡放一顆白色的大石頭，當溫度升高，石頭的顏色也會改變。在白金漢郡，廚房裡把這種簡單的溫度計稱為「wise men」（智者）。一本一八八二年的食譜透露，廚師想知道烤爐溫度得半看半猜：

> 把一張紙丟進烤爐，如果紙燒起來、那就太熱了；
> 如果紙變成深棕色，就能烤油酥麵團；

淺棕色，能做餡餅；深黃色，做蛋糕；淺黃色，做布丁、餅乾和小點心。

顯然，如果要為大烤爐加熱得費這麼多工夫，當然就該一次把所有街坊鄰居需要的量都搞定，而且烘烤也是在戶外最方便、有效率。在農村地區，許多領主會要求農民必須付費，就能使用領主的磨坊和烤麵包房。到了城市，共用這些設施也十分合理。

事實上，城市居民一直很依賴外食，許多食物由提供外食的店家大量準備確實比較方便。《倫敦記述》（一一八三）就曾提過泰晤士河畔有一間早期的餡餅店，「將較差的肉賣給窮人，而像鹿肉這種比較精緻的，就賣給有錢人。」除了餡餅，甚至是家裡準備的燉肉，也可以送到附近的烘烤店負責加熱。

至於豪門大宅，就能拿新鮮的肉在壁爐上做旋轉串烤，這是一項極費力的活，需要不斷轉動烤肉的肉叉（spit）。都鐸王朝時期，曾叫那些負責烤肉、滿身汗又髒兮兮的小男生打扮整齊點，不要再「打赤膊或是像現在穿得那麼露……也不要整天躺在廚房或是火爐旁邊的地上。」然而，這些負責轉動肉叉烤肉的人至少有個溫暖的地方睡覺，還能吃些肉當點心。約翰．奧布里（John Aubrey）就寫道：他們「先舔了一下滴油盤，接著變成貪得無厭的無賴。」

這種人稱為「spit-jack」(「jack」講的就是做些奇怪工作的人，現在的旋轉串烤器也稱為jack)，等到發明了旋轉串烤器，離他們被淘汰的日子也不遠了。有些旋轉串烤器靠的是發條；也有的是設計讓上升的熱風旋動一個風扇。歷史上還有過一項有趣但終告失敗的構想：讓狗來轉肉叉。當時在彭布羅克郡就特別養出一種身長腿短的「轉叉狗」(turnspit)，和臘腸狗有些神似。達爾文就曾說這種狗的身型是基因工程的例子。轉叉狗兩隻一組，輪流在一個轉輪裡面奔跑，轉輪就以鏈條連接輪軸來轉動肉叉。只不過，這些狗其實沒那麼可靠。一七二三年，蓋茨黑德的大亨威廉・考特斯沃斯就決定放棄，「叫狗離火遠一點，不要再讓我看到那個輪子，也不要再看到那條狗到處亂拉。」詩人約翰・蓋伊(John Gay)也抱怨過另一件常見的事：懶狗工作到一半，就溜之大吉！

注意後方牆上的「轉叉狗」，代替人力，轉動肉叉。

午餐一點就該上
但那條找麻煩的轉叉狗去了哪？
沒把那條躲起來的狗找出來，
沙朗就要烤壞，我也要遭殃

但是有位博物學家在一八五三年提到，「自動旋轉串烤機發明之後，轉叉狗這一行再也無用武之地」，而且「幾乎從此徹底消失。」慢慢地，轉叉狗絕種，只剩下在威爾斯的亞伯格芬尼博物館還有一隻填充標本。

除了轉叉需求，中世紀最豪華的廚房也有一種類似烤盤的設計：在一個火盆上面，用淺鍋處理溫火慢烤的烹調。在十八世紀，這個裝置稱為「燉爐」（stewing stove）。燉爐用磚塊做基底、上面有鐵網，而煤炭就放在鐵網下方。攝政時期的名廚安東尼．卡瑞蒙（Antonin Carême），一輩子調著美味無比的招牌醬汁，但也一直吸進有毒的煤煙，讓他的肺飽受摧殘。同時代的美食家為他寫墓誌銘，說他「被自己天才的烈火以及烤肉的煤炭燃燒殆盡」。

工業革命之後，出現另一種新的「科學」：家務經濟。發明完各種更具效率的工廠和工業流程之後，英國發明家開始注意到廚房裡幾百年來都沒變過的烹調習慣和設備。查爾斯．希維斯特（Charles Sylvester）在一八一九年就提出逆耳忠言：「看看現在紳士們廚房的建造和管理，真是沒有比這更荒謬的了。」

到了一八六四年，建築師羅伯特・克爾已經提到「效率」成了地下室廚房的首要考量。他寫道：「設計家庭住宅的時候，應該考慮家人的職業；但作為工作場所的時候，則應該考量實際工作狀況……每個僕人、每項作業、每個器具，應該都會有唯一正確的位置。」

作家威爾斯（H.G. Wells）就曾經有家庭幫傭的經驗；他的母親曾在薩塞克斯的阿帕克當管家，威爾斯就這樣「在地下室裡」長大。他的小說《奇普斯》（*Kipps*，一九〇五）寫到，在那些歷史久遠、諸多不便的老房子裡，僕人會遇到些什麼問題：「他們蓋這些房子的時候……好像不把女生當人看……這種房子會把女生累死。我相信正是因為這些房子都是男人蓋的，才會搞出這麼多工作和麻煩。」同樣令人氣結的是，如果看看所有家用電器或清潔劑的廣告，裡面的女傭都還穿著危險又不切實際的高跟鞋。即使是男僕也不好受：有個男僕就算過，自己在倫敦工作的那個家庭，「全家從上到下共有八十階樓梯，要應門得走十六階，要把茶端到客廳有三十二階」；另一位男僕也算過，在忙碌的時候，他每天在那個家裡得走上將近二十九公里。

勞拉・萊曼（Laura E. Lyman）在《家務哲學》（一八六九）提到，「設計廚房的時候，第一項重點就是要減少所需步數。」美國在維多利亞時代的廚房大師凱瑟琳・畢奇爾（Catherine Beecher）也極具先見之明，已經想到廚房裡的各種元素該如何互動才更便利。她建議廚房和餐廳之間應該做個滑門，可見已經想到工作效率的問題。凱瑟琳和她的妹妹哈蕾特・畢奇爾・史托（Harriet Beecher Stowe）提出許多超前時代的設計，像是移動式的隔板、以及裝了輪子的櫥櫃。她們在《美國女性的家》（一八六九）提出她們心中的理想，不僅要如同中世紀一般靈活的空間，也能看到二十世紀開放式設計的現代運動精神。

工業時代另一項驚天動地的改變，就是將廚房裡開放的火爐變成了封閉的爐台。過程中的一項重大發明是美國人拉姆福德伯爵著名的「拉姆福德爐」：過去的壁爐太過寬敞而浪費熱源，裝上鐵製的封閉式拉姆福德爐就可解決。這種爐台同時可以使用數個烤盆，雖然對很多家庭來說還太大，但已經為未來的

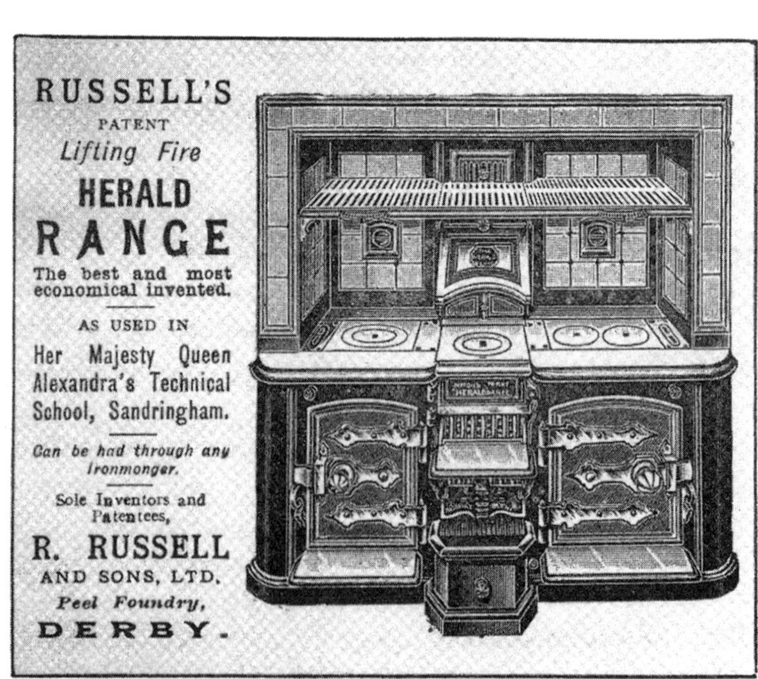

廚房爐台讓烹飪有了革命性的轉變：
大大減少燃料消耗、有了標準化的食譜、平底鍋也日漸普及。

廚房爐台定下基礎。這種廣受歡迎的鐵製廚房設備逐漸演變，最後成果包括一個很節省燃料的爐灶、一個烤爐、一個烤盤，還能有一個鍋爐持續供應熱水，一項設備全部搞定。但同時，每個爐台也都像是各具個性，需要小心對待，才不會耗掉超出每月半噸煤的建議用量。一八九七年的《家庭婦女期刊》就建議：「每位家庭主婦都該研究爐灶氣流的問題……才能指導廚子怎樣節省用煤，以達到最佳效果。」使用爐台的時候，就像是在動手術：「一定要交給內行的來」。

爐台其實是種昂貴而且需要細微調整的設備，得要仔細清理維護。每週需要兩次一大早為它「抹黑」(blacking)，每次大約需要九十分鐘。過程是用黑色石墨的磨光劑抹到爐台的鐵製表面上，再為它磨光打亮。至於這種有毒的磨光劑配方，在一八二五年的《男僕指南》就有記載：「二夸脫淡啤酒，八盎司象牙墨，三盎司糖漿，一盎司冰糖，半盎司阿拉伯膠」，加上「濃硫酸」。我曾經親手「抹黑」過舒巴勒莊園(Shugborough Hall)的爐台，知道指甲下方可得黑上一整個禮拜。

隨著爐台的發明，更有效率的廚房設計也隨之而來。然而進展卻也是忽快忽慢：一來，爐台是一筆大開銷；二來，壁爐那種溫暖宜人、火苗跳躍的情景，讓人在情感上實在難以割捨。美國南北戰爭期間，哈蕾特．畢奇爾．史托就問道：「我們的革命前輩們，難道會赤著腳、冒著血踩過雪地，一心捍衛氣密爐和廚房爐台嗎？」她認為這絕不可能，他們的動機是「明亮的壁爐爐火」；是那些記憶「讓他們鼓起勇氣，並回憶起其他種種，讓他們心中溫暖而感到光明」。確實，就算到了一九三〇年代，美國總統還是把自己的廣播節目稱為「爐邊談話」(Fireside Chats)。

只不過在保守主義影響下，廚房仍然是站個不停、刷個不停、攪個不停的地方，很少能談到什麼舒不舒適的問題。維多利亞時代家務專家潘頓夫人建議，如果發發慈悲，倒是可以讓廚房的僕人在地上鋪一條「小地毯，或是正方形的地毯」，但前提是他們工作做完了，而且做得非常仔細。同樣地，建築師勞頓(J.C. Loudon)說得頗為隱晦：「一塊小鏡子或許能夠促進人的整潔，一小塊普通地毯也能讓房間更為舒適。」

然而，過去那些得不停為爐台加燃料、燒火、照料、清洗的工作終有結束的一天，瓦斯爐在一八五一年的萬國博覽會隆重登場，當時的廣告詞就是「不用工資的僕人」，

貝竇公司(Belling)1919年推出的「現代牌」(Modernette)電爐。瓦斯和電力公司為了爭奪客戶而全面開戰。

到了一八九八年，已經有四分之一的家庭擁有瓦斯和瓦斯爐。只是，很多人的爐子並不是買，而是向當地的瓦斯公司租。

一九二三年出現了一項了不起的發明：瓦斯爐自動調節器（Regulo），可以調整瓦斯爐的熱度，於是有史以來，終於首次可以用已知的溫度、固定的時間來煮出一餐。這下子，烹飪從藝術變成了科學。廣告將瓦斯爐自動調節器奉為「對妻女無上的福音，讓她們能用最少的心力、自動化的準確程度，為我們準備餐食。」

雖然瓦斯有價格優勢，但在十九世紀末，電力強勢挑戰英國最受歡迎廚房燃料的寶座。供電初期，不同城鎮不同電廠供電的電壓不同，形成電力系統的一大缺點，代表著製造出來的電器無法全國通用。到了一九二六年，英國鋪設了國家電網系統，情況終於開始改變。一九三〇年，一群電器製造商總算同意採用同一套爐具標準。這下，電力公司可以大力宣傳電力優於瓦斯之處：簡單易用、更安全、也更清潔。儘管如此，到了一九三九年，用電爐的英國家庭仍然只有百分之八，但用瓦斯爐的卻高達百分之七十五。

一九〇八年，艾倫·理查茲曾經計算，一棟有八個房間的房子，每週光是清灰塵，就得用上十八個小時打掃。加上洗窗戶和牆壁，就來到二十七小時，這還沒算進洗衣服、鋪床、烹飪的時間呢！等到兩次大戰後，過去能夠完成這些工作的僕人結構已經打破，於是這種模式必然無以為繼。這下廚房真的一定得要更有效率、也更省力。於是書市出現相關書籍來拯救沒了僕人的中產階級，書名取得巧妙，像是《沒了廚子之後：讓烹飪變輕鬆的簡單規則、提示及食譜》（一九四三）。這本書裡還會告訴新手該怎麼打蛋，警告他們別赤手切洋蔥，以免味道揮之不去，待會抽雪茄就後悔莫及。

貝弗里奇夫人在一九四五年寫道：「這是我國有史以來第一次，所有人都這麼專注在該如何處理家務上。」她提出的解釋也十分中肯，「不只是因為許多房屋遭到戰爭摧毀，也因為就算是倖存的房屋，我們也太常發現它們的設計都是為了迎合一個已是明日黃花的社會系統。」

二次戰後，英國人口壓力開始變大，住房也因而愈來愈組件化、標準化，要擠出所有可用空間。現代化標準廚房其實是德國人的發明，首先出現於一九二六年在

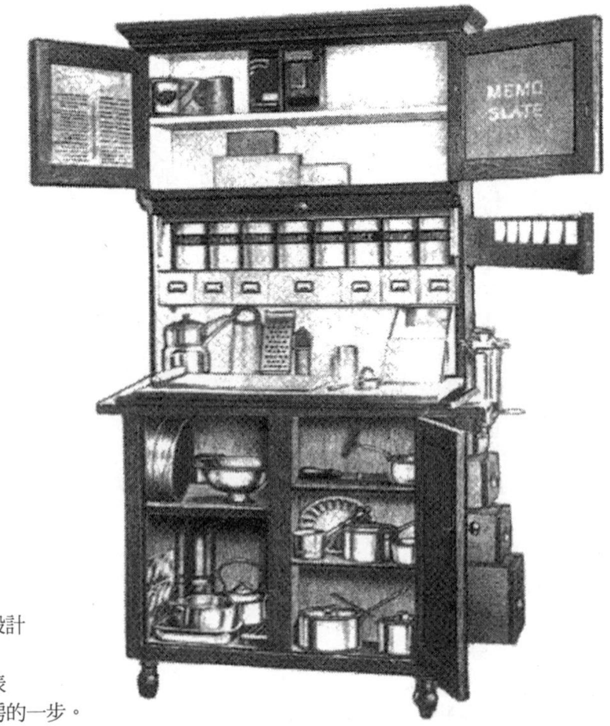

工業革命後，廚房設計成為一種科學研究。這種多用途櫥櫃代表邁向現代化標準廚房的一步。

法蘭克福的國民住宅計劃，安裝了上萬組這種所謂的「法蘭克福現代化標準廚房」（Frankfurt Kitchens）。這靈感來自於火車上狹窄的餐車廚房，空間侷促、但設計精良。這些設計對當時的人來說極為現代，工作檯像抽屜一樣拉出來使用，滴水板也採用鉸鍊設計，可以折疊收納。在這種廚房裡，家庭主婦就像是工程師，做飯要快速而且有效；事實上，最初的設計正是要讓德國主婦儘快做完飯，好空出時間到工廠做工。只不過，這種設計的缺點也在於尺寸太小，婦女只能一個人待在廚房，不僅沒辦法同時看著孩子，其他家人也沒辦法幫得上忙。

如果沒有第二次世界大戰，法蘭克福廚房在英國可能會更受歡迎。但在戰後，英國人對德國實在興趣缺缺，因此寧可從美國這位盟友這裡尋找廚房設計的靈感。美國地廣人稀、少受戰爭蹂躪，於是有大型豪華的冰箱和廚房設備，這成為戰後英國所追求的目標。

最早期由英國自家設計的標準化廚房是一九四八年的「英國玫瑰」（The English Rose），當時原本為了生產噴火式戰機而儲存了大量具工業強度的鋁材，這時正好派上用場。只要選擇各種標準化規格的物件和櫥櫃，就能很快打造出一間廚房。這時的工作檯表面有新發明的三聚氰胺塗層，所以不用再磨磨刷刷，只要一擦就乾淨。只不過這仍屬高檔產品，如果買不起的話，也可以選擇色彩豐富的塑膠貼皮，像是Fablon或Stix-on，就能讓架子或台面閃亮如新。

說到排氣扇(後來演進成排油煙機),這也許是二十世紀最偉大的機械發展,讓廚房和起居空間得以結合。但說到近來的轉變,則是各種線上服務盛行,想點任何食物,無論生熟、產地、是否送餐,都能一次解決。

一九七〇年代,德州炸雞有一句很厚臉皮的廣告口號:「女性的解放」,食物製備從個人家中轉向公共領域。過去在都鐸王朝時期稱為「為食物打扮」,而現在這門藝術分工精細,交給全世界各地的專業生產者處理。許多現代人的烤箱已經成了儲藏櫃,廚房最常聽到的是微波爐的聲音。這時候回顧廚房的歷史,就像是在量測一段失去的國境,其意義逐漸遠去。

但或許,全球金融混亂也讓情勢有所改變。不過幾年前,所謂「美食家」似乎就剩下那極少數還在意自家廚房的人,紐約的公寓設計已經沒有廚房,人人每餐都靠外送餵飽自己。但這幾年的飲食習慣又稍有反璞歸真的傾向,原因之一是由廚師轉而投身公共健康領域的傑米.奧利佛(Jamie Oliver)。在二〇〇三年,只有百分之二十四的英國人表示自己會「從食材開始準備一餐」,但今天已經上升到百分之四十一。

也許最近英國經濟不振,可以讓人更仔細思考自己究竟吃了什麼,讓廚房似乎又展現了一絲生機。現在,在廚房做飯不再是攪拌、刷洗、累個半死,而是要為自己的食物投注時間和精力,不僅美好有尊嚴,而且還顯得從容、風度翩翩。

CHAPTER 38 冰冰涼涼

要做冰淇淋的話，先準備幾個馬口鐵的冰壺，在裡面放上你喜歡的任何一種鮮奶油，加不加糖均可……再準備一個水桶，底下鋪一些稻草；接著，在水桶裡加入冰和一磅海鹽；放進裝了鮮奶油的錫壺，每個壺之間都要有冰和鹽……放在不會照到太陽或光線的地窖。

——《瑪麗．伊萊斯夫人的食譜》（*Mrs Mary Eales's Receipts*），一七一八

❖ ❖ ❖

過去的廚房肯定氣味難聞。在冷藏技術發明前，吃當季食品並不是為了健康所做的選擇，而是客觀條件下的必須。甚至就連幾個小時都得斤斤計較：在維多利亞時代，曾有一位主婦就堅持「今天得早點吃午飯」，因為天氣炎熱，她訂的鮭魚、豌豆湯、雞肉、肉凍很快就會壞掉。所有的廚師也都知道，如果肉類開始有點腐敗，放煤炭可以吸收一些腐爛的氣味；把辣根（horseradish）磨碎放到牛奶裡，也能讓它

多幾個小時不變酸。

我們總不禁會懷疑，沒有冰箱之前，究竟要怎麼保存新鮮食品？其實答案很簡單：光是一個簡單的石櫃就能發揮驚人的保鮮效果。就算是個大熱天，厚厚的大理石板仍然冰冰涼涼，魚肉生鮮直接擺上就行。接著則是冰屋，這種美妙的發明在英國首見於一六六六年的聖詹姆士宮，當時稱為「雪井」，位於地面以下，上面還鋪著稻草屋頂。如果附近有湖，想蓋個自己的冰屋更方便不過。先在冬天把結冰的湖水放到冰屋裡，再蓋上稻草，就能等待夏季來臨。這種地下房間溫度恆定而且黑暗，所以冰塊很容易能撐上整整一年不融化。

就如同本章最前面那份一七一八年的食譜所顯示，英國到了喬治王朝時期已經能享用美味的冰淇淋，至於人工製冷則首見於一七四八年，由威廉．卡倫（William Cullen）在格拉斯哥大學展示一具由人工轉動手柄作業的製冷機。只不過如同歷史上許多發明，因為他的發明遠遠超前時代，所以沒人看出其中的商機。一直要到一八三四年，雅各．柏金斯（Jacob Perkins）才做出第一個功能完整的冰箱。然而，當時的人多半還是冰屋的忠實愛用者，冰塊由巡迴的送冰貨車供應，而廚房裡也會有簡單的冰櫃維持食物新鮮。這時的冰櫃為木製，用軟木來加強絕熱效果，內部襯有錫或鋅，再裝滿食品和冰塊。一八八〇年的《女性週刊》認為冰塊是野餐的必備良品：「拿毯子把冰包住，放在馬車的座位下。」

維多利亞時代要做冰淇淋，比起喬治王朝時期要快得多，因為他們已經有了祕密武器：冰淇淋專用攪拌器。把一桶鮮奶油放進裝了鹽和冰的外桶裡，轉動手把來攪動鮮奶油，外桶的鹽和冰使它強力降溫，於是就開始冷凍結晶。

一八八〇年代後期，冰箱商業化的時機終於成熟，成為先進廚房的電器設備之一。一開始，擁有冰箱可是值得得意的事，屋主會邀請朋友來參加「冰箱餐會」，每道菜都是事先準備好、放在冰箱裡，再從架上一一拿出來。從當時的食譜書可以看到：客人穿著晚禮服，一起站在廚房裡，享受著整頓餐都是冰冰涼涼的這種新鮮感。

但也不是每個人都對冰箱的運作方式感到滿意。像是那位在一九三〇年代初出茅廬擔任新手廚師的莫妮卡・狄更斯，就曾經回憶自己當時一直不懂「為什麼冰箱裡的冰總是會化掉呢？」直到最後瓦斯公司的人才找出解答，「等他發現我沒有把冰箱的門關上時，他真是笑得有夠粗魯。」

當時的人也不知道，在一九二九年以前，冰箱冷媒用的是氨和氯甲烷，但這是種有毒氣體。要等到發生不幸的洩漏事故，造成數人死亡之後，他們才試著尋找更安全的替代品。就連愛因斯坦也試過，不過連他也沒找出在商業上最可行的解決辦法。最後，等到由許多冰箱製造商組成的財團多方研究，才終於在一九三〇年找到氟氯烷來取代，這是一種氟氯碳化物。可惜的是慘劇重演，當時沒人發現氟氯烷也有問題，而這次遭殃的則是地球環境。因為氟氯烷和其他氟氯碳化物都會對臭氧層造成危害，現在均已禁用。

在二十世紀，冰箱（或是所有的新電器產品）都是以女性作為廣告的訴求對象，讓她們夢想著只要掏出錢來，就可以出去打打高爾夫球，而不是像奴隸一般在廚房工作。麥吉那家用電器公司（Magnet Household Appliances）便創造了一個「麥吉那小姐」的角色，一九二七年推出「麥吉那小姐理想的家」廣告活動。在廣告裡，可以看到麥吉那小姐擁有全套電器用品，包括吸塵器、電爐、電熨斗、電風扇、洗衣機，甚至還有乳油分離機！至於最早的電熱水壺出現在大約一九〇〇年，除了要插在照明配件上，還得足足花上十二分鐘才能把水燒開。

英國的電力供應在一九四七年收歸國營，分期付款的規定在戰後也放寬，於是想買昂貴的玩意就更容易了。一九五九年，英國已經從戰時的緊縮逐漸復甦。《女王》雜誌的報導就寫著：「現在的錢不是叮叮噹噹響，而是嗶嗶啵啵地比森林大火還大聲。」這些手頭上多出來的可用之財，多半就投到了廚房裡，等到一九六〇年代中期，倫敦已經有百分之六十一的家庭擁有冰箱。

有了冷凍食品和冰箱之後，大家終於不用再每日奔波到商店買新鮮的食物。瑪麗林・弗倫區一九七八年的女性主義小說就提到：「並不是有了新洗衣機和洗衣精，就自然能有La dolce vita（甜蜜的生活），但特別對女性來說，新的洗衣機、烘乾機或冰箱，真的是從奴隸生活的小小解放。如果沒有這些設備、沒有避孕藥，現在就不會有女性的革命了。」

只不過，英國在戰後時期真正人人夢寐以求的玩意，其實是KENWOOD的食物處理器。品牌創始人肯尼斯・伍德（Kenneth Wood）用自己的名字為品牌取名，他本來是英國皇家空軍工程師，負責研發雷達。一九四七年，他新創立的電器公司推出一款烤麵包機，一九五〇年則在「理想家居展」推出「Chef」食物處理器。這項產品在哈羅德百貨一週內就銷售一空，到了一九六八年，已經賣出超過百萬台。

只不過，很多人雖然愛買、卻不愛用：今天，有四成的英國人承認他們家裡有些廚房設備從來就沒人用過。但冰箱可不一樣；到頭來，冰箱甚至已經打敗了爐子，成為廚房裡最不可或缺的一項。

CHAPTER 39 飢餓

如果沒吃飽，就很難想得清楚、愛得甜蜜、睡得舒服。

——維吉尼亞．伍爾芙，《自己的房間》，倫敦，一九二九

❖ ❖ ❖

你在什麼時候，會覺得肚子咕嚕咕嚕叫，一定得吃塊餅乾喝點茶才舒服？我們會「覺得餓」的時間，在這幾百年來其實有所轉變。一天的主餐逐漸從上午移到下午，而早餐和下午茶其實都是相對新出現的概念。

都鐸王朝時期度過一天的時間節奏與現在非常不同，而且在不同季節還有所調整，因為冬季的白天要比夏季短得多。當時還沒有確立「早餐」的概念：現在所謂偉大的英國早餐（培根加蛋），其實要到二十世紀才開始（只不過這項組合本身倒是歷史久遠，雞和豬本來就是中世紀小農民最常飼養的動物。）

根據伊莉莎白時代威廉．哈里森的說法，早上起來吃麵包並不常見。對都鐸王

朝時期的人來說，不吃早餐根本沒什麼大不了，因為午餐很快就要上場了。當時，宅裡的廚子會在破曉起床，等他生了火、把肉煮熟，午餐就算準備好。這時的午餐是全天最豐盛的一餐，用餐時間大概是早上到中午之間。都鐸王朝時期晚上還會再吃一餐，但就簡單得多。

在亨利八世的宮廷裡，規定寫著「第一輪午餐」的開始時間是「十點之前，而第一輪晚餐則在四點」。（這裡之所以要說「第一輪」，是因為在大廳裡每一頓餐要輪兩回。這就像是宮裡幾百位人員的員工食堂一樣。）對於豪門世家來說，這一頓早午餐可能要吃上兩三個小時。根據威廉・哈里森的說法，貴族「常常會坐在桌邊一直到下午兩三點，所以對很多人來說，要從桌邊站起來去參加晚禱實在是件難事。」

照明在十七世紀晚期日漸普及，於是晚餐時間也逐漸延後到天黑之後，但要到十八世紀工業革命，才讓用餐時間有了顯著改變。當時英國人開始離家到工廠、辦公室或商店上班，所以要吃頓豐盛的午餐不再那麼方便。對當時大部分人來說，最豐盛的一餐移到下午接近晚上、一天工作結束的時候。至於那些夠有錢、能夠悠閒度日的人也同樣把午餐和晚餐的用餐時間往後移，不過只是為了證明他們不用早起罷了。理查・斯蒂爾在十八世紀初回憶著「在我記憶裡，午餐的時間慢慢從十二點挪到了三點。」

整個十八世紀，餐點愈來愈豐盛，時間也愈來愈晚，最後延到了天黑之後。最後到了一八四〇年代，這時的中餐吃得簡單，而豐盛的晚餐大約習慣在晚上八點左右，兩者相隔時間實在太長，需要在中間再吃點東西。這新的一餐就是下午茶，而且很快就成了固定習慣。

就連下午茶本身，也可以分成截然不同的兩種。第一種是勞動階級吃的茶餐（high tea），有鮭魚、烤豆和其他熱食，直接代替晚餐。第二種則是貴族吃的精緻下午茶點，還得小心別壞了晚餐的胃口。詹姆士．李斯—米爾恩就曾在一九四三年做過比較：一邊是中產階級紮紮實實的一頓：「各種不同顏色的麵包、果醬、罐頭肉、餅乾、奶油酥餅和蛋糕，令人愉快，但有趣的是這屬於中產階級」；另一邊則是丘納德夫人上層階級那種彷彿要成仙的一頓：「淡淡的中國茶，還有很小的一片巧克力蛋糕。」

對於有錢人家來說，下一步就是把下午茶變成美式晚餐前的雞尾酒時間：一九三八年，我們聽說「不過兩年前，女主人光是聽到高腳杯碰杯的聲音都會不高興」，但現在卻「一直送上醉人的飲料，賓客也覺得這種時髦的下午茶令人想起學校的歡樂時光。」

工業革命的另一項影響，是工人一早起來就得吃飽才行。從喬治王朝時期開始，吃早餐就成了英國人共同的習慣，內容則為喝茶和吃烤土司。到了一八一〇年，可以說「除了水之外，茶也是英國人的重要元素。」烤土司這件事，對其他國家的人來說也很新鮮：一位普魯士遊客就在一七八二年覺得：「你拿著一片又一片土司，用叉子叉住去用火烤，直到奶油融化……這稱為烤土司（toast）……真是美味無雙。」除了奶油之外，土司也可以塗上詹姆士．博斯韋爾所說的「值得讚佩的食物：果醬」。

十八世紀貴族的早餐輕食有茶、烤土司、咖啡、麵包卷，但到了維多利亞時代，男士們得整天上班，食物內容就得換得豐盛一些（當時覺得，如果不準備好體力就去上班，很可能會出現「難以治癒的疾病」）。一名叫做喬治．奧古斯都．薩拉的記者，把他平常吃的早餐列成一張叫人望而讚嘆的列表：「一根羊肋條、或牛腿排、或一整盤帶骨的大塊肉、或烤培根和兩顆蛋、或黑線鱈、或鯖魚、或一些醃鮭魚，或一些冷牛肉和火腿餡餅，或是半隻野鴨。」

然而，愈往社會高層走，保留著過去認為貴族不需要吃早餐的傳統。早餐被認為屬於中產階級、只有工資奴隸才需要，男性為了表達不屑，甚至吃的時候還不願意坐下。像是背景設定在維多利亞時代末期的小說《送信人》（*The Go-Between*），就提到「男人吃粥的時候都走來走去。馬庫斯告訴我，這是一種 de rigueur（社會禮節）；只有無賴才會坐下來吃粥。」

現在，三餐時間愛怎樣都行。可以一天吃個三餐、不吃點心，也可以一天吃五頓簡單的食物，或是下午五點之後就不吃澱粉：你會發現，各種可能的飲食方式都會有人推薦。但眾人有個明確的共識，在一天之中，食物早點吃比較有幫助。中世紀的人似乎已經知道早上吃飽對身體好，能讓身體準備好一整天活動所需的能量。

中世紀還有另一點也是對的。現在的長壽飲食要求不用糖、飽和脂肪和化學物質，想想，這和中世紀的食物不也沒兩樣？

CHAPTER 40 嘗試新的食物（還有飲料以及藥）

這種邪惡要什麼時候才會停止？光是你的內侍就已經失去了青春美貌；我猜是因為喝茶吧。琴酒和茶造成了多大的傷害啊！

——喬納斯・漢威（Jonas Hanway），一七五七

❖ ❖ ❖

中世紀住宅全家就是一整個房間，後來才發展成許多不同空間、應付不同目的。同樣地，中世紀的味覺也隨著時間發展，開始喜歡變化紛呈的口味。每次有了新食材，新的廚具也應運而生。像是英國廚房裡會有茶壺和炒鍋，是和東方交流的結果；會有糖罐和雪克杯，則是和西方交流的成績。

都鐸王朝時期，不論甜鹹辣，所有菜都是一次上桌，有時候甚至甜鹹辣還會在同一道菜裡。像是理想的鹹布丁（meat pudding），就會有半熟的肝、奶油、雞蛋、麵包屑、牛脂、棗椰、紅醋栗、香料、鹽和糖。其中最重要的調味料或許就是鹽，

當時的鹽是裝在一個公用容器，每一位用餐者都用自己的刀來取用。因此，中世紀餐桌上總有一個昂貴且具裝飾用途的鹽罐，英文稱為「salt」。通常，這個鹽罐會是全桌上最重要也最有價值的物品。因為鹽是放在長桌的中間，所有人按地位輩份入座，所以那些「above the salt」（在鹽罐的上方／位於上席）的人就能知道自己受到尊敬。

鹽也是一種主要的防腐劑。一六七七年的廚師女助理守則就寫道：「鹽漬得好很難，要小心別讓肉臭掉。」過去的奶油和乳酪比現在鹹，目的也是在防腐。一三〇五年，伍斯特主教的領地每十磅奶油就得加一磅的鹽。

鹹魚也很常見，特別是教會禁止星期五吃肉，就常常得靠它。在中世紀常見的鹹魚用魚種裡，鱈魚（尤其指軟鰭鱈）現在還很常見，但藍鱈、海鱈和牙鱈就已經少了。接著是鰻魚，艾文河（River Avon）有一段不到三公里的河道屬於伊夫舍姆修道院所有，光從這裡就能夠每年抓上二千條（這還記載在末日審判書裡）。至於在魚塘裡，當時則養著鯛魚、狗魚、擬鯉、鱸魚或鱒魚。中世紀的英格蘭食品運輸網路已經很有效率：像是魚會從冰島進口，連位於英格蘭內陸的考文垂市，十五世紀的市場規則也已經提到新鮮的海魚。如果真的討厭吃魚，在齋戒或是封齋期的時候，也可以吃海鸚或白額黑雁。這些海鳥算是魚，而不算是肉。

各種香料的重要性僅次於鹽，非常昂貴、罕有，甚至為此不惜一戰。你可能沒想到，都鐸王朝時期的英國已經和一些非常遙遠的國家往來密切。亨利八世就有一個用椰子做的杯子，而且他的御膳房裡什麼都有：生薑、肉荳蔻衣、丁香、蒔蘿、小荳蔻、肉荳蔻、藏紅花、肉桂和胡椒，甚至還有一些現在已經被人遺忘的異國香料，像是高莎草、華澄茄和「天堂的穀粒」（指西非荳蔻）。另外，中世紀英國烹飪的代表：杏仁，有大量進口。香料在當時十分稀有、價值極高，還得上鎖保管：一五九七年，諾森伯蘭伯爵在薩塞克斯的佩特沃斯宅第（Petworth House）買了「一個小箱子，免得香料被帶出廚房。」雖然常有人認為香料是為了「掩蓋」食物腐敗的味道，但其實並沒有相關證據。看起來，大家就是特別喜歡那些味道罷了。都鐸王朝有一道特別受歡迎的「牛奶麥粥」（frumenty），名字來自拉丁文frumentum（玉米）。這是將小麥放在牛奶裡煮沸、加入香料，煮出來一碗糊糊的玩意，配鹿肉吃正好。

十六世紀的一項重要發展，是開始讓甜點和正餐分離。這讓過去整棟宅第共食的作法進一步消失，因為到了伊莉莎白時期，主餐後是到另一個房間裡去用甜點。

在大廳裡，通常在吃完大餐後會有個音樂會或戲劇表演，所以得要收桌子。這種把髒盤子從桌上收走的動作，法文稱為「desert」，指的是讓某處變空（撒哈拉沙漠用的也是同一個字）。正是因為「desert」桌子的這個動作，讓甜點稱為「dessert」。這時大家在別的地方用甜點，而表演者也在做上場前的準備。

如此一來，用甜點的地方會是大客廳，或甚至會有專用的小房間，稱為「宴會室」（Banqueting House）。這個可愛的小房間有時設在屋頂上，也可能是單獨在花園裡的一間小屋，這樣大夥吃完飯還能散散步、有助消化。

宴會室裡提供各式甜品，像是精緻的糖雕，或是糖漬的鮮花或水果。當然，英國的甜品製作早在蔗糖進口英國前便已開始，當時用的是蜂蜜，後來也發展出蜂蜜酒或是香料蜂蜜酒。中世紀的購物清單會出現「科林斯的葡萄乾」、無花果和椰棗等食材，好滿足大家的甜點胃。與此同時，英國最富有的人已經開始能夠取得蔗糖。一二八八年，王室宮殿就用了六二五八磅（約二八三八公斤）的糖，而在一四二一年，倫敦也能買到來自義大利的糖果。

十六世紀，西班牙在西印度群島大量種植甘蔗，於是蔗糖逐漸普及。像是伊莉莎白一世就極度嗜糖，一位德國訪客看到她變黑的牙齒並不特別吃驚：「英國人似乎常有這種缺陷，應該是因為太愛吃糖。」一直以來，新奇而昂貴的食物總被傳說有壯陽的功效，糖也不例外。但也確實如此，吃下精緻的甜品和糖果，在感官及情感上都能有些奇特的享受。每個人第一次體會到吃糖後的興奮感（在現在這很可能就是小孩的生日派對上），就像是酒醉，同樣會讓行為有些失控。

到了十七世紀，糖仍然是一種奢侈品，商船為了維持販奴和糖業貿易，採用一種「三角模式」：帶著槍從英國到非洲，把非洲人抓到西印度殖民地去種甘蔗，再將糖帶回起點英國。在要求國會禁止販奴的多年抗爭之中，廢奴主義者會在糖罐上提醒著，只能從不蓄奴的部分西印度群島產地進口蔗糖。倫敦博物館就有一個例子，寫的是：「東印度群島的糖不是由奴隸製造。只要有六個家庭由西印度群島改用東印度群島的糖，就能減少一個奴隸的需求。」

另一項改變了社會習慣的新奇事物，是由沃爾特．雷利爵士（Sir Walter Raleigh）所帶來、交雜著快樂和危險的兩面刃：他從維吉尼亞將煙草（當然也有煙斗）帶回英格蘭。（有一次，雷利有位新僕人看到了抽煙的煙霧，以為主人不小心把自己燒起來了，立刻在主人頭上潑了一桶水，還滿心以為拯救了他。）至於詹姆士一世則可說很早就和禁酒主義理念相近，他的著作《嚴正反對煙草》（一六〇四）便以健康為由大加撻伐煙草。

只不過，當時英格蘭到處充滿薰人且有毒的氣味，抽煙也是一種實際的選擇。像山繆．佩皮斯得走在鼠疫為患的朱瑞巷，誰又能怪他不得不抽根煙？他說「我不得不買幾隻捲煙來抽，這樣我才能聞得到、嚐得到味道。」同樣地，在危險的鍍金或製帽業，很有機會聞到「直衝上大腦」的化學物質，於是很容易受到「帝國黃金鼻煙」（Imperial Golden Snuff）製造商的誘惑。據當時的噱頭表示，鼻煙能夠「把所有占據腦子的水銀都趕出來。」

十八世紀的春風少年兄就像任何時代的酷哥酷姐一樣，喜歡「夾根煙斗叼在嘴裡，好讓鑽石戒指更為醒目」，這樣一來，同時可以炫耀兩件玩意。至於各種方便的器具，不論是陶土煙斗、木質煙斗、煙嘴，或鑲嵌寶石或雕刻精美的煙盒，吸煙者對它們都有殷切的渴望。最後，愛德華七世在還是威爾斯親王的時候讓吸煙（幾乎）成了值得尊敬的事，於是如果是規模較大的維多利亞時代豪宅，便出現了「吸煙室」的設計。這些吸煙室裝潢細緻、色調昏暗，常常採用阿拉伯摩爾人式的風格，還衍生出一種新的服裝：使用鈕扣和綁繩的吸煙夾克（smoking jacket）。

英國在十六世紀還引進了多種新的蔬果，像是來自葡萄牙的杏子、來自法國的西瓜，另外還有蕃茄。蕃茄來自墨西哥，英語又稱為「apple of love」（愛的蘋果），原本作為裝飾植物，直到一八〇〇年左右，終於有人鼓起勇氣嚐嚐看，從此一試成主顧。

至於便宜又不起眼的馬鈴薯，在歐洲流傳得十分緩慢。農業專家花了好大一番心血推廣，才讓大家都接受了這種便宜又營養的作物。至於我們讀到英國在伊莉莎白時代所吃的塊莖，有可能是地瓜。奴隸販子約翰・霍金斯（John Hawkins）在一五六四年從「幾內亞海岸和新伊比利半島印度（今墨西哥一帶）」帶回了「秘魯的澤芹」，或許這正是地瓜。（澤芹是一種歷時已久的根莖類蔬菜，很像是歐洲蘿蔔，「味甜、色白、十分鮮美。」）偉大的旅行家理查・哈克盧特（Richard Hakluyt）曾在《英國航海、旅行和地理發現全書》（一五八九）提到過地瓜。他稱地瓜是「最鮮美的根莖類……裡面吃起來像蘋果，比起任何加了糖的甜蘋果都還要更美味。」

西班牙人帶來了可做鹹食的馬鈴薯，最後比地瓜更為普遍，但英國人顯然還是喜歡甜甜的地瓜。在出現美式的地瓜餡餅之前，一五九六年有一份食譜介紹了一種號稱可以「讓男人有勇氣」的塔，作法是將地瓜搗碎，再加入榲桲、椰棗、雞蛋、酒、糖、香料，還有「三到四個公麻雀腦」。

十六世紀尼古丁和馬鈴薯傳入英國，對社會產生了長遠的影響。十七世紀能與之相提並論的，就是含咖啡因飲料的傳入了。雖然英國人在都鐸王朝時期就已經開始喝熱的牛奶甜酒（posset）和酒湯，但飲用者還是以病人為主。雖然十字軍東征已經在中東喝到過咖啡，但似乎並沒有愛到想將其帶回英格蘭的渴望。咖啡首次出現在英國的記載，是一六三〇年代一位希臘學者在牛津所做的研究，而在一六五二年，牛津也開了第一間對外營業的「咖啡館」。

現在英國人可能很難想像，茶在過去也曾經是新鮮而有點危險的飲料，價格十分昂貴，得好好鎖起來保護才成。山繆．佩皮斯在一六六〇年喝了第一杯「茶（一種中國飲料），我以前從來沒喝過。」英國人一開始還不知道怎麼泡茶：迪格比爵士覺得有必要告訴讀者，正確的泡茶時間就是「讓你可以氣定神閒唸完詩篇第五十一篇，不該更長」。這種茶通常是不加奶、不加糖。在冷藏技術發明前，牛奶很容易腐敗，所以多半會趕快做成奶油或乳酪，或是留給生病的人補充營養。

等到茶的地位穩固之後，就出現了一類全新的廚房用品：茶具。當時的茶葉會鎖在一個茶葉盒或茶葉罐裡，像是十七世紀羅德戴公爵夫人就有一個「日本盒子，拿來裝甜食和茶」，收在她漢姆宅第的個人私室裡。當然杯子也是必需品。一開始，英語古語把這些細緻、無手把的中國瓷杯稱為「dish」，之所以會從遠東進口，只是為了運茶而成的小插曲：這些瓷器的板條箱，正是運茶帆船的壓艙物。十七世紀買來的茶杯很少能湊成一套，一直要到英國在十八世紀自己開始生產陶瓷，才開始覺得茶杯應該要是整組的。

接著，還得有燒水的爐，以及煮茶的茶壺。一開始，英國會用一種有孔的小匙撈起散在茶杯裡的茶葉，但後來改用了濾茶網。最後，只要再有張茶几，淑女就能在自家小客廳辦起茶會了。

出現這種新飲料之後，跟隨出現了全新的社交娛樂。「來喝茶」是個請人來家裡客廳坐坐的絕佳藉口，這樣一來不只能秀出你的財力（因為你買得起好茶具），還能展現良好的教養（因為你知道怎麼泡茶、上茶）。等到僕人把一切器具送上準備好，重頭戲就由女主人親自接手上場。

然而，眾人此時仍然對茶半信半疑，畢竟這是種外國玩意，既不熟悉、還貴

威廉·霍加斯的畫作「琴酒徑」(Gin Lane)。一七三〇年代，倫敦街頭到處都有人醉得不省人事。

得要命。像是在一七三一年，有個人生病了卻還在喝茶，他焦急的父親便寫道：「你一定得下定決心，戒掉那種令人作嘔、奪人性命的致命飲料，否則在那之前，我心中的痛苦怎麼可能平息。」到了二十世紀之交的紐約，伊迪絲・華頓在《歡樂之家》（*The House of Mirth*）裡面那位墮落的莉莉・巴特，每次說到她想喝濃茶，其實也就表示她悲慘的狀態。「『莉莉小姐，常常看到妳都像是累壞了。那茶就喝濃一點吧。』莉莉聽了這個要她喝濃茶的勸告，淡淡一笑。其實，這正是她總在竭力抗拒的誘惑啊。」

熱巧克力（加入蛋和香料做成的一種濃稠飲品）從十七世紀後期開始出現在英國早餐桌上。山繆・佩皮斯發現這有治療宿醉的神效，特別當他整個頭「因為昨晚喝酒而處在一個悲慘的狀態」，熱巧克力就更得他喜愛。威廉三世在漢普頓宮的新住處，就有一個稱為「巧克力宮廷」的私人廚房，供國王的專屬熱巧克力師使用，而且這個人的姓還剛好就叫「美好」（Nice）。另外，我實在很羨慕奇克城堡新婚的密道頓夫人，她在一六八六年得到「獻給夫人一箱重三十七磅的巧克力」（約十七公斤）。只不過，巧克力要到了十九世紀才是像現在的塊狀，密道頓夫人當時那一箱大概是巧克力粉，可以拿來泡飲料，或是給蛋糕增味。

在十七世紀的英國，如果朋友想聊天拉近彼此的距離，可以吸吸煙，或是喝喝咖啡、茶和巧克力。到了十八世紀，新的一種陪伴聊天助興的飲料就是琴酒。只不過，這裡的效果可就不見得那麼溫和。

因為琴酒的熱潮幾乎是倏乎即來，喝琴酒的人一時不察，沒發現喝琴酒不能像以前喝淡啤酒（ale）一樣，一灌就是一品脫（約半公升）。由於琴酒簡直是讓整個倫敦都醉醺醺，當時講到琴酒，就像現在講到安非他命或其他高成癮性的毒品一樣。亨利・菲爾丁（Henry Fielding）在《近來搶匪增加之原因探查》（一七五一）便認為是琴酒帶來這波犯罪潮：「這裡有太多惡棍，在二十四小時內狂飲數品脫這種毒物；至於造成的可怕後果，我每天不只見著、還能聞得。」

一七三〇年代，倫敦街頭到處都有人醉得不省人事，最令人印象深刻的大概是威廉・霍加斯的畫作「琴酒徑」，媽媽醉到連小孩都顧不了，醜態百出。政府當時想盡辦法降低琴酒銷量，試過賄賂線人、要他們供出無照的琴酒賣家，也試過訴諸道德的力量。不過，一切努力似乎都是徒勞。琴酒「問題」最後能得到解決，是因為大環境改變、原料價格增加，這下窮人無法負擔，只能望酒興嘆。

每次英國人桌上出現新的食物和飲料，常常反映出船運技術又有了革新；柑橘類水果也是因此而來。十六世紀的水手約翰・霍金斯要手下吃檸檬，因而躲過了敗血病；都鐸王朝時期的人對柳橙也早已熟悉。樞機主教沃爾西造訪早期都鐸王朝時期的倫敦，身上就帶著一個柳橙，裡面挖掉了果肉，換成一塊海綿；這塊海綿泡過醋和「其他能夠抵擋瘟氣的調劑」。約翰・傑拉德神父是一位在一五九〇年代被囚於倫敦塔的耶穌會教士，他就曾經使用柳橙汁當隱形墨水寫信給朋友，協助他成功越獄（用柳橙汁當墨水寫出來的字跡很不明顯，要用火烤過才會清楚。）

萊姆和葡萄柚在一六八〇年代開始從西印度群島飄洋過海來到英國。香蕉在一六三三年首次見於倫敦，但因為容易腐爛，所以無法定期供應，要到十九世紀出現了高速汽船，才來得及從印度運來。到了喬治王朝晚期，發現只要有了水質新鮮的水槽裡，就能把綠海龜從西印度群島活著運回英國，於是那些時髦的餐桌上也開始出現「西印度群島風」的甲魚湯。德文郡薩爾特倫宅第（Saltram House）的廚師豪斯先生，就曾獲稱「當代成就最高的海龜廚師」。

說到貴族最愛吃的爬行動物，海龜是首選。一九三七年的一本小說裡，虛構的大偵探彼特・溫西爵爺就在新婚之夜說過「給我們熱一點的海龜湯，另外來點鵝肝醬、鶴鶉肉凍，還有一塊蹄膀。」詹姆士・龐德一九五三年首次出場的時候，除了鵝肝醬，另外還點了一種異國水果：他想要「半個酪梨，加一點法式沙拉醬」，這可讓總管稱讚他品味過人。

然而，就算在這個時候，英國已經有了琴酒、香蕉、鵝肝醬、酪梨等等新鮮事物，英國人喜歡的口味還是很食古不化。部分原因在於宗教。宗教改革之後，無論是衣服、房屋或是食物，新教牧師一直覺得太過豪奢。理查・華納（Richard Warner）曾在一七九一年寫道：「廚藝的出發點不在奢華，而在必要」。他和許多其他英國食物作家，都認為廚師必須謹守限度，「讓食物維持最自然、簡單的狀態，只是比較好消化。」於是，英國人死守古板板的傳統：一八四五年，在華威克附近的夏勒寇宅第（Charlecote House）舉行了一場婚宴，我們還是看到「領地上的每戶人家……吃著牛肉、葡萄乾布丁，喝著啤酒，不亦樂乎。」

雖然英國的主流口味仍顯保守，但隨著食品技術改進，還是慢慢有所進步。就算現在的「傳統英式烤牛肉」其實也曾經是個新玩意。等到玫瑰戰爭結束，都鐸王朝時期一片和平，終於可以餵養牛群，讓牠們活過整個冬天。都鐸王朝時期發展出一套系統：牛隻在威爾斯和英格蘭北部的高地草原出生，接著趕到倫敦周圍各郡養肥，再趕到倫敦的中央市場（Smithfield）屠宰銷售。一五三九年，湯瑪士．艾列特爵士寫道：「英國牛肉為英國人帶來健康、滋養、強壯」，至於在海峽對岸的法國人，用「les rosbifs」（烤牛肉）來代表英國人。

十七世紀酪農業日益發達，乳酪取代了過去的凝乳，成為最常見的牛奶保存方式。斯圖亞特王朝時期大量使用奶油，多到讓來訪的法國人覺得英國的食物都在奶油裡「游泳」，幾乎每道菜都「用奶油增加濕潤」。雖然每個人都想吃到新鮮的肉，對社會下層民眾而言，要到十八世紀夢想才終於成真。當時農技大有進展，引進蕪菁、蕪菁甘藍、苜蓿作為飼料，於是有更多牛隻能夠活過寒冬。而且，牛多、牛糞就多，這下土壤也跟著肥了。一七一〇年，倫敦中央市場拍賣的牛隻平均約一六八公斤，到一七九五年，要重到大約三六三公斤，才算標準。等到喬治王朝，說英國人是肉食主義者才算名副其實。一位瑞士旅客寫道，他「總是聽說英國人愛大塊吃肉，還真是如此！我就認識一個英國人從來沒吃過麵包。」確實，傳說格拉夫頓公爵（Duke of Grafton）「一天能吃一頭牛」，而且還想來趟巴斯溫泉之旅，「讓自己能吃個兩頭。」

在十九世紀之前，每次做菜口味總是稍有出入。直到一八〇〇年，終於出現了現代的標準化食譜概念。在那之前，食譜講到食材數量、烹調時間長短和溫度，總是模模糊糊、不清不楚。開頭通常都像是「抓四隻鴿子」或是「抓一隻天鵝」；這時候提供食材的是老天，而不是商店。至於講到食材的量，常常用的詞是「適合的」或是「足夠的」，講到該煮多久則是「直到煮透」。

一般公認，發明現代食譜的人是艾麗莎．愛克頓（Eliza Acton）。她的創舉就是在每則食譜一開始明確列出食材的量，再告訴讀者煮法為何。這麼一來，生活變得更有秩序、時間有其單位，人人都能測能量。於是，做菜不再只憑本能，而能學習他人的經驗，口味也變得更為固定。但也或許，食物就一成不變。

在二十世紀，天涯若比鄰，各地美食在英國人的廚房裡都看得到：法國、義大利、印度、中國、泰國、墨西哥、日本、加州食物，不一而足。然而諷刺的是，食品生產從家裡移向工廠之後，同樣也抹去了各地區特有的廚藝特色。有一種說法，認為自從一九五〇年代美國出現全國性的電視雜誌廣告之後，過去全美各地活躍興盛的地方美食因此大受打擊。

鹽和糖，雖然是最便宜的調味品，但仍然是最重要的調味品。從表面上看，現在我們似乎擁有史上最多的口味，但想想它們似乎都相去無幾。現在運輸發達，幾乎在任何季節、任何地點都能吃到任何食物，但一些有錢的西方人已經開始拒絕使用空運，而忠於當地食材。對於都鐸和喬治王朝時期那些一心追求新奇的貴族來說，這種概念簡直難以想像，但當時在他們土地上的勞動者，應該就完全能夠理解。

CHAPTER 41 嚼一嚼、吞一吞，打打嗝、放放屁

> 我們把化學帶進了廚房，但它沒幫上忙、反而還下了毒……我們讓真正的啤酒消失，也該對現在的烤牛肉感到慚愧。
>
> ——瑪麗・艾倫・梅瑞迪斯（Mary Ellen Meredith），一八五一

咀嚼和消化的歷史，能告訴我們關於加工食品興起的故事。我們到最近才湧起後工業化的渴望，想要回歸到更「自然」的方式，否則在以前，生食、粗糧和蔬菜可不是太受歡迎。

中世紀的人特別喜歡不用咀嚼的食物，像羔羊、乳鴿之類都是盤中珍饈。吃鴿子特別是莊園主人的專利，也讓小型鳥類地位儼然提升。至於都鐸王朝時期最珍愛的一道則是煮到化開的小山羊肉，「比其他任何肉都受到稱讚」，在把人折磨個半死的四旬齋過後，就要來這麼一道慶祝一下。

不過，其實絕大多數人根本吃不到肉，就算吃得到，也幾乎是咬不動、燻製或醃製的肉類。根據法律規定，中世紀農民不得獵鹿或是其他好吃的動物，因為那些動物是上層階級的專利。一〇六六年，諾曼人採行「森林法」，要在一些區域保育野鹿以供狩獵。這下子，某片樹林的重點不是樹種，而是有沒有法令規定保育。森林法規定只有地主能夠獵鹿，否則處罰非常重：「凡殺鹿，奪其視力。」《盎格魯─撒克遜編年史》記載，「征服者威廉」甚至曾經親自關心過這件事。他

禁止人民殺鹿或野豬；他喜歡高大的鹿，彷彿自己是牠們的父親。同樣地，他也宣布應尊重野兔，讓牠們自由。這讓富人哀聲嘆氣，窮人驚異莫名。

像綠林大盜羅賓漢之所以這麼受到歡迎，是因為他對眾人怨聲載道的「森林法」不屑一顧。但一般人不會像羅賓漢一樣大膽到想要什麼就拿什麼，農民除非是想冒著被逮到盜獵的高風險，否則永遠不會知道鹿肉的滋味。至於如果某個農民夠幸運能有一頭牛、羊或一隻雞，愛牠保護牠都來不及，絕不會把牠吃掉。農場上的動物，是用來運貨、產奶、產羊毛或生蛋，不是拿來吃的。所以，農民要吃到肉，通常只能吃些體形小、討人厭的小動物，像是松鼠、野鳥和刺猬（hedgehog，字面意義就是「樹叢裡的豬」）。至於刺猬的煮法，是用土把它包起來，然後把整個土團放到火裡

烤；幾個小時後，把土團敲碎，再把刺拔掉。至於如果是宰豬殺羊，整隻上下都會吃得乾乾淨淨，豬鼻、豬蹄和內臟也絕不放過。至於腿臀肉則用粗麻布裝起來，再掛到爐火上方煙霧繚繞的椽上，自然燻製保存。

對於在王宮裡工作的幸運兒來說，吃肉就是種現實。王宮裡吃的都是品質最佳、鮮美多汁的肉，料理時用肉叉慢慢旋轉、慢火烤上好幾小時；王宮裡的臣子僕人大可慢慢品嚐，至於農民就只能靠想像。像這種小火旋轉慢烤（roast），烤出來的肉質軟嫩，叫人心醉不已，所以就算以乾熱來烤的（bake）烤箱已經取代了過去的肉叉，但說到烤大塊肉時，用的卻還是「roast」這個字。

十四世紀的《皮爾斯農夫》，裡面那位皮爾斯不敢妄想吃到紅肉。相反地，他的夢想只是雞、鵝、醃培根和雞蛋。但即使如此也仍不可得，最後他能吃的只有大塊未發酵的乳酪、用豆類和麥麩做的麵包，還有「香菜、水韭，以及大量的白菜。」事實上，中世紀農夫有百分之七十六的飲食熱量是來自麵包和濃湯。十四世紀《聖經神秘連環劇》裡面的牧羊人，吃的同樣也是麵包、培根、洋蔥、大蒜、水韭、奶油、未發酵的乳酪、燕麥餅，還有一道聽來有點恐怖：用淡啤酒和酸奶醃的羊頭。

日子難過的時候，皮爾斯或那些牧羊人也會吃那些其實要當飼料用的作物，十分難以消化，像是所謂的「berevechicorn」就是混合了大麥、燕麥和野豌豆，「bollymong」則是有燕麥、豌豆、野豌豆和蕎麥。當時播種常常是在同一塊地同時播下不同的種子（例如混合黑麥和小麥），如此一來就算某一種作物歉收，至少還有另一種可以盼望。這些作物只能做出非常粗糙的「棕麵包……有很多麩」，讓「肚子裡很快就有滿滿的廢物，但胃一下又覺得空了」。根莖類蔬菜也能讓人感覺飽足，湯瑪斯·柯根（Thomas Cogan）在一五八四年就寫道：「在整個秋天，平民的肉就是胡蘿蔔和歐洲蘿蔔。」

以上是牧羊人和農民的飲食，但就算是城鎮居民，在市場上買到的也是差不多的食物。當時城鎮當局得花上很大的心力，才能維持代表性主食（麵包和淡啤酒）的價格平穩合理。然而，政府長期以來一直面對著不肖業者壟斷的問題。這些人在半途把食物攔截買下，不讓食物真正進到市場，而是私下再轉給自己的客戶，於是形成壟斷。

有一件事，在英國自古至今都是如此：穀類食用量非常大，形式可能是濃湯、淡啤酒、或是麵包。像是十五世紀諾森伯蘭伯爵和伯爵夫人的早餐，就會有一份重約一公斤的「白麵包」（manchet，用精白麵粉作原料，品質最佳），而且是**每人一條**；另外還有事先切好、用來當盤子的麵包盤（trencher）。

中世紀麵包種類繁多，從最精緻、人人想吃的白麵包，到粗糙刮口的棕麵包不一而足。甚至「白麵包師」和「棕麵包師」也各有各的工。根據一四四〇年的規定，棕麵包師還不能擁有篩子這種器具。為什麼白麵包叫做「manchet」呢？可能的原因很多，首先可能是來自「mayne」，指的是品質最佳的麵粉；也可能是來自於「manger」，這是法語「吃」的意思；又或者是來自「main」，這是法語的「手」，因為當時的白麵包都做成大約一個拳頭大小。

都鐸王朝時期的主食，是濃湯和羹之類湯湯糊糊的菜餚。安德魯．博多醫師對濃湯的定義是「煮了肉的湯汁，加入切碎的香草、燕麥片和鹽」。另外，用乾豌豆也能做出「豌豆濃湯」。濃湯可以每天加進新的東西繼續煮，連吃好幾個月，所以英國才會有這首童謠：

熱的豌豆濃湯，
冷的豌豆濃湯，
鍋子裡的豌豆濃湯，
九天的豌豆濃湯

當時他們很擔心蔬菜造成消化不良，所以就算主食放了蔬菜，常常也是切碎和肉混在一起，或是直接煮成醬汁。在中世紀的幽默裡，時機不對的屁可說是一大亮點，有些時候這些屁笑話如此受到重視，還寫進了法律文書。十三世紀有一位「放屁者羅蘭」，他要支付薩福克郡漢明斯頓教區的土地使用金時，就被逼著用表演來繳：「每年領主生日時，要在他的主人，也就是國王，面前表演跳一下、吹一下口哨、還有放一個屁。」

就算只是個馬鈴薯，從美洲傳到英國後也被認為會造成腹虛氣盛、屁風習習，所以得來點形象營造，才能得到歡迎。像是要推廣馬鈴薯的約翰・福斯特（John Forster）便在一六六四年寫道：「如果有人提出反對、認為這種麵包會造成漲氣，我的回答是這不可能。因為這些根莖已經先煮熟……再烤過，所以不可能造成脹氣。」

貴族之所以希望他們的食物都要煮到全熟，一部分原因是想避免脹氣放屁，一部分擔心蔬菜清洗不完全，帶來危險的疾病。一五〇〇年的一本食譜就警告：「謹防綠色沙拉和生的水果，它們會讓你的君主生病。」現存可見的中世紀食譜常常提到該把食物煮個兩次。就微生物學來說，這樣多次、長時間加熱，確實能讓食物吃起來更安全，這的確十分要緊。斯圖亞特王朝晚期的記者奈德・沃德就曾提過絛蟲可以造成怎樣的慘況：

無法消化，乾渴難耐
目光呆滯，嘴唇乾裂，口腔發熱
喝酒後打嗝氣味噁心，
胃部堵塞，呼吸惡臭，

所有症狀在在顯示，
你的肚裡正有蟲爬著。

喬治王朝時期染上絛蟲的患者已經有些藥可以試試，像是「沃頓醫師的殺蟲蛋糕」。一位來自里茲的病人就對療效十分滿意，表示沃頓醫師的配方讓他排出「多達三百條蟲，有些真是少見的粗。」

事實上，在大約西元一六〇〇年之前，想在英國人的飲食找到沒煮爛的蔬菜，可真是難上加難。但從那時之後，英國上流階層的餐桌上終於有些能從外表辨識的蔬菜了。現存的一些銀器列表或銀器庫存清單裡，可以看到出現了用來裝油和醋的容器，說是要用來配「sallets」（就是salad〔沙拉〕的古代拼法）。傑維斯．馬卡姆曾在大約十七世紀之交描述過一道沙拉的食材：「細香蔥、青蔥、小蘿蔔根……萵苣、高麗菜、馬齒莧，以及其他香草。」只不過，當時的胡蘿蔔還是要「滾水煮熟」。整體而言，他建議做的是「煮熟的沙拉」，或是把蔬菜用醋醃過，以利消化。

當時對水果也有類似的偏見。在中世紀的森林裡，農民可以採集蘋果、榛子、野草莓，甚至是野蜂蜜，另外還有一些現代比較不熟悉的水果，像是沙果、黑刺李和歐洲越橘，但當時認為這些「對窮人來說，既不會格外有益，也不會是件樂事。」於是，中世紀的貧民吃起水果要比他們的領主和主人多得多，因為這些上流人士一方面害怕有衛生問題，二方面也沒有這樣採集省錢的必要。

在能有潔淨的供水之前，腹瀉的威脅要比現在嚴重多了。英國人一向覺得水果具有強力且危險的通便效果，也就不難想像為何他們總是對水果如此恐懼（雖然亨利八世還是熱愛草莓）。一五四一年的一本健康守則就警告：水果會「產生不良的體液」，因此，中世紀那些有著美麗名稱的蘋果（Costard、Pippin、Blanderelle）常常被拿來燉。十六世紀，莎士比亞提過很多種蘋果：Leather Coat（現在稱 russet）、Apple-John、Bitter-Sweets。伯靈頓夫人曾在一七三五年誇口說：「全家除了我之外，幾乎都在腹瀉。我認為這是因為我不吃太多水果，只吃好東西。」就連老是一副得意樣子的強納森．綏夫特，也有一次讓人難得覺得他可憐的經驗：他得看著朋友大口吃著「甜美無比的桃子，一口接著一口，但我卻沒那個膽。」維多利亞時代的菜單很少出現水果，常常還是拿來燉、或是做成餡餅。但在比頓夫人的眼中，葡萄不僅無害、還有神奇的療效，就算是「最頑固的便秘」也能順利解決。

維多利亞時代給婦女和兒童的飲食裡，蔬菜仍然少得令人心驚，而且食譜建議的烹飪時間也長到幾乎無窮無盡。有一本食譜就提到，胡蘿蔔得煮上兩個多小時才好消化，連通心粉也應該煮個九十分鐘。比頓夫人一九〇九年版的食譜就清楚表示，廚師的目標就是「促進和加速消化」。書中還列了「消化時間表」，認為高麗泡菜得足足花上四個半小時才能消化，所以最好還是用水煮方式處理，因為這樣只要三個半小時就能消化完了。

大家都知道達爾文有健康問題。有種有趣的說法，認為他的病因正是由於總在擔心消化問題。（不過，當時誰不是呢？）因為他有消化不良的問題，就服用了含有砷的「富勒藥方」。之後，他感到噁心、腳趾刺痛，當時以為這正是藥物發揮作用。只不過回頭來看，在砷中毒的廿六項症狀之中，達爾文就足足中了廿一項。

一直要到最近，發明了幾乎可以瞬間消化的各種速食食品，人類才不再繼續追求消化的速度。在工業化之後，對健康的威脅不再是水受到污染、或是農產品洗得不乾淨，而是那些包裝食品過度加工，雖然看來誘人可口、能迅速提供熱量，但其實沒什麼營養價值。比起新鮮肉類，有防腐劑的肉類罐頭實在有害健康；至於餅乾，也不比新鮮麵包來得營養。

英格蘭在一二六六年通過《麵包法》，首次規定麵包體積以杜絕商人搞小動作，從此各種烘焙標準就一直是英國人關注的重點。一七五〇年代曾有一本《已知毒物》的小冊子，揭露黑心麵包師的種種技倆，像是加入石灰、白堊、甚至明礬，好讓麵包看來更大更白。作者還提到，他們為了節省麵粉，甚至連骨灰也肯加。

食品業攸關民生大事，但維多利亞時代的國會報告顯示了當時層出不窮的欺瞞狡詐。一八六二年的一份報告就指出，許多麵包店都有「大量的」蜘蛛網「常常掉進麵糰裡」。說到對貧窮家庭主婦最大的詐騙行為，應該是將磨麵粉機由石磨改用滾磨。這項新技術減少了麵粉裡的維生素B1和鐵，於是麵包的營養價值也降低。結果大約從一八九〇年到一九三〇年代，這一世代的英國窮人小孩普遍有貧血的情形。

罐頭食品在拿破崙戰爭時期，首次在英國出現，供當時的軍隊使用；乾燥的速食湯則出現在一八四〇年代。加工食品製造商曾經遇到各式各樣的問題；像是史帝芬・戈登納（Stephen Goldner）裝罐時，一心想要生產愈來愈大的牛肉罐頭，最後的巨無霸包裝單個就有二・七公斤。但這麼一來，在中間的牛肉無法完全煮熟，於是罐頭不是發酵爆炸、就是讓吃的人食物中毒。其他影響到城市消費者的知名案例，還包括在充滿人類排泄穢物的污水下水道種豆瓣菜，或是無良的肉商，「肉已經在店裡掛了很久，卻拿新血來洗一洗」，呈現新鮮的假象。

然而，許多人還是覺得加工食品方便又美味，而忽略了健康問題。有人認為，正因為英國很早便邁入工業化，而對便利食品的需求隨之而來，才讓英國人特別鍾愛洋芋片、薯條和三明治，與地中海的傳統飲食形成鮮明對比。英國醃漬食品老品牌Crosse & Blackwell曾在一八五五年向有害人體的綠色色素說不，於是推出呈現棕色原色的酸黃瓜，但銷售卻一落千丈。一位酸黃瓜愛好者對此大發牢騷，覺得「當然是該感謝那些沒血沒淚的醫學專家啦」，讓大家吃些比較乾淨的食物，但就他個人而言，還是一心覺得「鯷魚就該是紅的，酸黃瓜就該是綠的」。

二十世紀的食品加工又來到一個新的境界。電視餐、微波餐、反式脂肪一一問世，但這只是讓吃變得更容易、讓製造商荷包滿滿，而不是提供營養。一直到一九八〇年代出現「美食家」、一九九〇年代興起生魚片和壽司的熱潮、二〇〇〇年代掀起有機蔬菜的狂熱，才開始有批人擁抱未加工食品。這可說是史上首次，簡單、未經烹調的當季食品成了流行風潮。

CHAPTER 42 舉起手肘

我還是不能免俗，晚餐過後、要撤掉桌巾時，要拿人的頭骨倒滿勃艮地葡萄酒，讓大家傳一下。

——馬修斯（C. S. Matthews）在紐斯泰德修道院拜訪拜倫勳爵，一八〇九

❖ ❖ ❖

每次食物或飲料從桌上到口裡的時候，手肘都得舉起來，所以「舉起手肘」也就成了義大利文「喝一杯」的說法。現在我們要來談談歷史上究竟都是怎麼舉起手肘，換句話說，也就是餐桌禮儀。

我們現在讀到關於過去大餐的描述，常常感到不可思議，想不透咱們的先人怎麼食量如此驚人。但如果是一八三〇年前，很可能是對當時的上菜方式有所誤解，才有這種疑問。當時比較講究的一餐會是菜餚滿桌，就像現代的自助餐一樣。不過用餐的賓客不是每道都吃，而是挑喜歡的來享用。畢竟對富人而言，鋪張奢華再正

常不過。而且有些僕人的薪酬待遇本來就包括那些宅第裡重要成員的菜尾。像十五世紀諾森伯蘭伯爵家裡，兩個兒子吃飯的時候，旁邊那五個僕人想必虎視眈眈，因為剩下的菜尾就是他們的正餐。

中世紀和都鐸王朝時期有湯匙喝湯、有刀子切肉，但還沒有叉子。每個人都有自己的刀子，用餐完就用麵包擦乾淨，放進有束口的袋子或是刀套，掛在腰帶上。另外，手指也是同樣重要的餐具，所以用餐前先拿碗水來洗一洗也是重要的儀式。

從對中世紀侍者的職責描述中，我們可以看到當時該怎麼擺桌。當時告訴侍者：「把鹽放在領主的右手邊，左手邊則是一、兩個麵包盤。麵包盤左邊是一把刀，旁邊是白麵包，再過去是用餐巾包住的湯匙。」

中世紀和都鐸王朝時期，食物是放在一個稱做「mess」的大盤子上桌（語源是拉丁文的「mittere」，意為「傳送」），每個大盤由四位「messmate」（共餐人）共享。地位較高的人可能會吃到十四或十五道菜，但下級僕人可能就只會吃到一兩道。如果吃的是更豐盛的大餐，中間還會先把桌子整理整理，再來第二輪上菜、擺滿全桌。同時，旁邊會有管家來來去去，幫用餐的人把那些白鑞合金、牛角或木製的杯子倒滿啤酒。

在名門大宅裡，送餐是透過廚房牆上的一個備餐口，再由一大群男僕上菜到餐廳。指揮這場上菜秀的是一位「大廳引導員」。諾丁漢的渥拉頓莊園（Wollaton Hall）

曾在一五七二年有一份關於大廳引導員職責的描述：「以宏亮的聲音，指揮所有侍從僕人前往備餐口。他服務時站在大廳的底端，宏亮地喊道：「各位主人，請讓讓。」

上座位於大廳前端的高台上，誰能坐在一起有嚴格規定。常常我們會在圖片中看到國王獨自一人用餐，原因就在於他們地位太過崇高，在場沒有配得上的人可以同桌。有份中世紀侍從的訓練手冊提到以下的階級規則：教宗、帝王、國王、樞機主教、大主教、公爵可以同桌；主教、侯爵、子爵、伯爵可以同桌。但像坎特伯里大主教地位太高，和約克主教就不能放在一起。

到了十七世紀，至少已經可以看到一幅著名的畫作，顯示王室全家坐在一起：查理一世、王后亨麗耶塔．瑪麗亞（Henrietta Maria），還有王子查理共進一餐。然而，其他的臣子地位相差太多，連餐桌都不得靠近，只能在後面遠方隔著欄杆心懷敬意地看著，幾乎就要露出崇拜的神情。

到了十八世紀，漢普頓宮偶而會出現這種「看王室吃飯」的奇特習俗，但此時君權衰微，看著王室成員咀嚼用餐不再像過去是件難得的恩賜，反而有了幾分看好戲的鬧劇成份。只要衣著整理、願意排隊，人人都可以來個一睹為快。這些觀眾坐在成排的座位上，還有一次欄杆就這麼塌了，讓靠著欄杆的人摔得狼狽，帽子和假髮落得一地，這場小亂子「讓陛下他們笑得十分開懷。」

就算社會各個階級已經開始融合、同桌共食，座位順序還是十分重要。即使到了十九世紀，上層階級舉辦宴會時，還是要看貴族地位排序入座。要到愛德華七世，才終於讓他的首相坐到了坎特伯里大主教的下個順位。他之所以這麼決定，是因為在某次晚餐上，看到首相亞瑟·貝爾福（Arthur Balfour）的座位順序竟不如某個貴族世家讀大學的兒子。這件事就算在其他國王的眼中，也覺得大有問題。

詹姆士一世時期，旅行者湯瑪士·科耶特從義大利歸國，報告有種了不起的新玩意，叫做叉子。在他看來，這下大家就不用再把髒手伸到公盤裡面去了。當然，不管聽到任何新鮮事，英國人的第一反應就是提出嚴重質疑：「我們的嘴又不是乾草堆，哪需要用小草叉把食物放進去？」尼古拉斯·布雷頓在一六一八年就這麼抱怨著。然而，叉子還是流行起來，而且讓餐巾使用的位置隨之改變。過去餐巾是掛在肩上，好在食物從盤到口的過程中不會弄髒衣服；到了十七世紀，餐巾則是向下移動來到膝上。

隨著餐具日漸複雜先進，用餐舉止也日漸溫文儒雅。理查·威斯特在他的《禮儀書》（*Book of Deameanour*，1619）就提到「打嗝是一件不道德、最無恥、毫無價值的事。」十六世紀的休·羅德則說「別讓大家都看到肉在你的嘴裡滾動。」他也提到，隨地吐痰勉強還可以接受，但「不能讓它就留在地上……得踩一踩。」

用完肉食的主餐後，都鐸和斯圖亞特王朝時期的賓客會開始期待甜品宴（banquet），宴會上有各式甜食和「糖雕」（subtlety）。糖雕不僅悅目也可口，用各式堅果、糖、杏仁蛋白糊和香料，做成形狀美妙的甜品。其他甜品宴的食品還包括榲桲和李子果醬，現在還可以看到當時的手冊解釋「如何將各種花卉做成糖果、如同花莖一般」。

正因為這些糖雕的意義在於娛樂而非營養，所以帶出一些嬉鬧脫序的作樂行逕。像是在欣賞完之後，大家會把糖雕敲碎，就像現在有些文化會在敬酒後摔碎玻璃杯。十七世紀的羅伯特．梅伊（Robert May）就曾寫到，在一次充滿新奇食品的甜品宴上，出現如鬧劇的情節：「把餡餅的蓋子一掀開，跳出幾隻青蛙，讓女士們驚跳尖叫。再把另一個餡餅的蓋子掀開，則飛出了幾隻鳥。」這些鳥飛蛙跳的場景，讓現場可說是熱鬧滾滾、歡樂非凡。

某些甜品宴上的食物根本不能吃。像是一四四三年慶祝坎特伯里大主教就職，糖雕作的就是「聖安德魯坐在聖壇上，放出金光」。如此華麗的場景，應該還用上木雕和石膏，沒辦法只用糖。

喬治王朝時期，會擺滿一桌如同自助式的菜餚，但這時有兩道主菜、之後會上甜點。一八二七年的僕人須知提到，上菜時所有盤子要圍繞著餐桌中央的分層飾盤（epergne，原義為「省時間」），飾盤上有蠟燭、水果和調味品。男僕擺盤的時候需要像作戰一樣精準，所有盤子必須「成一直線」，否則「坐在桌頭或桌尾的人看一眼就會發現。」

雖然桌上滿是食物，用餐的人並不能伸手去抓，那是粗魯無禮的舉止。有些嘴饞的人，會塞幾個銅板賄賂男僕，叫他把自己愛吃的菜排到眼前。如果是女性，就算沒飽大概也不能吃得太過縱情，因為「淑女吃太多顯得不優雅……她應該要透露神聖、而不是顯露慾望。」

至於切肉這件事，就是女主人的專利，過程中其他人還得忍住別露出不耐煩的神情。這可以說是一種表演，也是招待賓客的必要程序。像是年輕的瑪麗．沃特利．孟塔古夫人，每週就要上三次切肉課，遇到「難切的關節肉」，還得在木製模型上練習再三。

喬治王朝時期，餐廳一端的壁龕裡有冷酒器，僕人會在此把酒杯斟滿，再應賓客要求送上酒杯。至於水杯則是直接放在桌上。信奉天主教的詹姆士二世流亡後，暗地支持其後裔奪回王位的詹姆士二世黨成員，敬酒時會讓酒杯越過水壺的上方，隱晦地表達敬「在海彼方的國王」。這時的水杯除了拿來喝，也能用來洗手、清牙齒。托比亞斯．史默萊特在一七六六年就曾抱怨，就算是懂禮節的人也還是會有「如野獸般的」習慣，拿水杯來「吐痰清嘴，把牙裡的髒污全吐出來。」

要到了一八三〇年代，幾百年以來的自助式上菜才有了改變，而關鍵就在於引進了「俄式上菜」（service à la Russe）。這種看來應該是引自俄羅斯的創新上菜法，菜餚不是直接上桌，而是放在餐具櫃，再由僕人為每位用餐者分菜。一開始，還是有些傳統元素繼續延續，像是一八五〇年代，在大家入座之前，桌上可能還會擺好一大碗湯和一道魚。但到了一八八〇年代，就像今天的情況，所有食物都是一道一道上。

對於餐具製造商而言，「俄式上菜」是天大的福音，因為要分成愈多道，就需要愈多餐具，於是桌上手邊的刀叉也向左右愈排愈遠。但這種情況一旦過頭，就顯得有點暴發戶心態。舉例來說，「魚刀」很快變成暴發戶粗俗的象徵。（約翰・貝傑曼〔John Betjeman〕就曾在詩裡模仿嘲笑當時中產階級下層的語氣：「諾曼，打電話要一下魚刀。」）但如果你夠幸運，繼承了一批喬治王朝時期的全套銀器，就算想到每道新餐點或每種吃法都需要有不同的餐具，大概也不會有什麼抱怨。一直要到二十世紀晚期，才看到對這種餐具複雜化趨勢的反動：大家現在都是坐在沙發上吃飯，刀子就不實用了，各家製造商也推出方便單手使用、結合叉子和湯匙的「叉匙」（spork），希望能引領一波流行。

一般人可能一時沒想到，改成「俄式上菜」反而是種經濟的選擇。如果要像喬治王朝時期一樣擺滿一桌美妙的食物，其實做得會比賓客能吃的要多出不少。當時這種作法看來太過豐盛而顯得浪費，但其實背後有其道理，因為吃剩的食物會再送到貧困而有需求的家庭，做為愛心餐點。（像是新一任美籍馬爾博羅公爵夫人孔蘇洛（Consuelo）在一八九〇年代來到布倫海姆宮，她的一大創舉，就是當把菜尾留給附近村民時，把甜的與鹹的分開。否則在過去，所有剩菜是混成一氣。）但像俄式上菜這種分菜的作法，只要煮得適量即可。

愛德華時期是俄式上菜的鼎盛期，只要十人用餐，很容易就要用上超過五百件各式餐具。當時的一位管家腓德烈克．戈斯特提到，受過良好訓練的僕人上菜就像在跳舞：「僕人一一上場，相輔相成」，展現著「我們多年來磨練精進的技巧」。

到了現在，可能在高級餐廳還會有這樣的事，但一般家裡可能就機會不大。現在大概只有特殊場合還會吃到有多道主菜的大餐，但在一九三九年仍然是常見的日常情況，也就是在這個時候，來自上流階級、根本無須工作的莫妮卡．狄更斯閒著無聊跑去當了廚師。她的第一位客戶，就提出一項嚇壞人的要求，「簡單煮一頓就好：龍蝦開胃菜、湯、大比目魚佐茅內醬、雉雞佐鮮蔬、水果沙拉，最後再來個助消化的鹹點。」

像這樣天天大啖美食，可能讓人覺得實在太過分，但其實當時的份量要比現在小很多。而且仔細來看，現在英美隨便的一餐可能吃的就是是番茄義大利麵，過去那一頓的蛋白質含量較高、碳水化合物則較少。就營養價值而言，比起中產階級的省時餐點，大比目魚和雉雞的營養更是豐富平衡。

CHAPTER 43 醬汁的政治效果

英國有二十種宗教，但是只有一種醬汁。

——蘭斯洛特．斯徒金（Launcelot Sturgeon）引述法國大使所言，一八二二

❖ ❖ ❖

蘭斯洛特．斯徒金的文章〈論醬汁的實質及政治效果〉（*On the Physical and Political Consequences of Sauces*）首次出版於一八二二年。他在文中研究食物的政治，以及英法兩國在烹飪上愛恨交織的關係。他認為，經過精心調配的美味醬汁，是國家幸福美滿所必須；能煮出醬汁的廚師也一樣重要：「像這種將整個社會結構維繫在一起的藝術，其重要性必須多加強調。」但在他的時代，英國人對於「醬汁」這種非常法國的發明，卻是多所遲疑與訕笑，覺得醬汁只是種流行，不算是食物。

回到諾曼時期，在英格蘭的統治者講的是法語，受統治者講的則是英語。這種在侵略者和被侵略者之間的文化衝突，就連十一世紀講到食物的時候都顯而易見。

活著的動物，是由飼養牠們的僕人用盎格魯撒克遜語言來命名：cow（牛）、sheep（羊）、swine（豬）、boar（公豬），還有deer（鹿）。但同樣的生物一上了桌，就是由食用牠們的諾曼人用法語來命名：beef（牛肉）、mutton（羊肉）、pork（豬肉）、bacon（培根），還有venison（鹿肉）。

食物也可以用來彰顯兩國之間的關係、表達結盟的誠意。有時候只要簡單用視覺效果便可傳達，像是在亨利六世（1367—1413）的加冕宴上，第一輪的菜餚裡就展現了他所領導的英法兩地象徵：

> 一塊紅色肉凍，使用肉片、雞蛋、水果和香料，雕有白獅
> 豪華奶凍，坐有金豹一隻
> 如太陽般耀眼的炸麵糰，有鳶尾一朵。

王室菜單一向都得注意象徵問題。漢諾威王朝的國王（註：安妮女王之後，斯圖亞特王朝無子嗣，便從德國迎來遠房親戚喬治一世；這可以追溯到喬治一世的祖母是詹姆世一世的女兒）本來就不受歡迎，英國人又看到他們還是大口嚼著自己本國的德式香腸、萊茵地的湯品和包心菜，就更失民心。（像是英語稱呼德國人的貶義詞「Kraut」（酸菜）和「Boche」（德國佬），語源都和德國人喜愛的包心菜有關。）

與此同時，與他們打對台的詹姆士二世黨也在菜餚上大作文章，雖然已經流亡，卻還是吃著傳統的德文郡餡餅、喝著傳統英國啤酒，藉以累積政治資本。

雖然前面提到過斯徒金的抱怨，但其實英國還是有些醬汁的。像在伊莉莎白時代有本食譜提到「烤兔醬汁」，據說是亨利八世的最愛，食材包括香菜、奶油、糖、胡椒，還有「一些白麵包屑」用來讓醬汁濃稠一些。只是，等到查理二世流亡結束、回到英國，帶回他對法國菜濃郁醬汁的熱愛，其程度前所未見。有一段時間，醬汁成了流行時尚：像是漢娜・伍利在一六七七年的食譜裡就提到七十二種醬汁的製作方式，裡面還有幾項被註記為「法式」。

然而，這些由法國傳來的新醬汁並未真的在英國烹飪紮根，成為內涵。對於像是砂鍋菜或是五香菜燉肉這些有許多做工的菜餚，英國人還是抱持著懷疑的態度，而比較相信自己那種整大肉塊直接上場烤的豪邁。在英國文學中，法國菜直到一八一三年珍・奧斯汀的《傲慢與偏見》出版，都還是道德墮落的代表。她書中的一個場景：家道中落而無禮的赫斯特先生一發現女主角「喜歡普通菜，而沒那麼喜歡五香菜燉肉」，就開始對她視而不見。

一八二一年，包括《廚師至理名言》在內的幾本著作希望能說服頑固的英國讀者，告訴他們有很多「肉末燉馬鈴薯、燉菜、五香菜燉肉等等的食譜……在法國廚房裡大約上看六百種，而且每天都還在發明新料理。」法國人會發明這些五香菜燉

燉鍋深得婦女心：除了是求愛禮品、日常用具，還能拿來叫救命，甚至可以當武器。

肉其來有自：法國氣候比英國熱、肉類壞得快，但燉過就能減緩腐敗的速度，或者至少把味道蓋過去。至於在英國，一方面新鮮肉類供應充足，二來又對燉煮這事感到不屑，於是大塊烤牛肉這種菜到了現在仍然是尊貴可敬的象徵。

不過，英國人討厭法國醬汁，部分原因其實出自嫉妒。英國最好、薪水最高的廚師總是法國人，原因就在於如果想秀出令人驚嘆的菜色，繁複精緻的醬汁還是無人能敵。如果找不到法國人，退而求其次則是找個曾到法國受訓的廚師，喬治王朝時期的威廉・費羅（William Verral）便是一例。費羅到薩塞克斯一戶家境已然頗佳的宅第，卻赫然發現廚房簡陋到不可思議：說到鍋子，只有一個長柄淺燉鍋、一個煎鍋，而且「跟我的帽子一樣黑」，「手柄長得把半個廚房走道都給擋住。」他問有沒有篩子可以用，結果拿來的是要給地板撒沙的那種。

費羅洋洋灑灑列出一大張清單，是他認為正統法式料理必需的器材，裡面包含：八個小的長柄淺燉鍋、兩個超大長柄淺燉鍋、蛋糕圈、檸檬榨汁器、糖刀、烘烤叉、雲雀烤叉（真的就是烤雲雀用的）、滴油盤、保溫鍋，和「芥末子壓碎球」。但最重要的是他需要幾個「醬鍋」（sauce-pan），專門煮醬汁時使用。新式廚房爐台只能使用平底鍋，用不了過去那種圓底的鍋子，於是較深的燉鍋（saucepan，或譯為「深平底鍋」）也在十八世紀晚期應運而生。

喬治王朝時期的人覺得買燉鍋就該買「整套」，一個都不能少。一七八八年，賣廚具的史東公司在泰晤士報刊登廣告，敬告讀者他們「大幅加強馬口鐵鍋具組，成為最完整、最便宜的家用設備，獨步市面、無與倫比」。這樣的廣告，帶來一股前所未有的購買慾。

這些燉鍋通常是銅製，再鍍上錫。如果銅鍋長期接觸到食物中的酸，就可能產生毒素，所以用錫來隔絕也就格外重要。如果錫層磨損就得補，免得吃到食物中毒。這正是「tinker」（補鍋匠）往來於各廚房之間的功用。

許多喬治王朝時期的家庭主婦都夢寐以求一套燉鍋。如果男人送未婚女人鍋子，一般認為喜事不遠了。如果夫妻吵架，除了衣服是女人最有效的武器，大概就以燉鍋最為有效。就算發生家暴事件，鍋子除了可以敲敲打打找人來幫忙，直接掄起來反擊的效果也不差。

這種擁抱法式醬汁和美食、幾乎希望能天天品嚐的情景，也跨過了大西洋來到美洲新世界。在一九五〇年代，由於美國有炎熱的夏季、遍地的草原、熱衷室外活動的文化，燒烤BBQ就成了美式標準。

然而，一旦講到精緻美食，還是只能交給法式的來。掀起這陣風潮的最大功臣就是茱莉亞・柴爾德（Julia Child），她對醬汁的熱情感染了社會大眾。她在一九六一年推出著作《掌握法式烹飪藝術》（*Mastering the Art of French Cooking*），加上她的電視節目「法蘭西廚師」，向「沒有僕人的美國廚師」提出呼告，要大家別再想什麼「預算、腰圍、時間表」還有「兒童餐點」，就開開心心「煮出美味好吃的食物」吧！聽到這種話，伊莉莎白時代的那位班納特大概會大驚失色。

CHAPTER 44 他們老是醉醺醺？

你真的相信，倫敦這裡到處有酒、品質還不差，然後說都沒有人喝醉？……這個國家根本只喝啤酒。

——塞薩・德・索緒爾，一七二〇年代

講到過去英國的飲酒量，常有人會大吃一驚。首先，當時大家多半喝的是淡啤酒或啤酒，而不是水，而且飲用量十分驚人。像白金漢公爵漢弗瑞・史塔福德（Humphrey Stafford）的宅第，每年就要喝上四萬加侖（超過十五・一萬公升），而清泉修道院的僧侶則有個麥芽廠，十天就能生產出六十桶烈啤酒。

在豪門大宅裡，「butler」（管家）最早的工作是在用餐時負責倒啤酒。這個字的語源有兩種說法：第一種來自於存放淡啤酒的「butt」（大酒桶）；第二種則是法語的「botterlie」（啤酒酒窖）。正由於他們和酒關係密切，很多管家出現所謂「管家的問題」

（the butler's complaint）：飲酒過量。十七世紀一位雇主就怒道：「所有管家都愛發牢騷，他們很少清醒……而且一直在喝。」一九六〇年代，一位管家彼得・懷特利倒是很感謝雇主送他去戒酒：「她幫我付錢，請了這裡最好的醫師。」

但除了管家之外，大部分人喝酒還是有所節制，不至於喝到造成危險。當時每天喝的淡啤酒酒精含量很低，而且喝起來比水要衛生安全。對勞工階級來說，啤酒有熱量，那正是他們平常勞動所必須。

很多人都知道，英國氣候有冷熱週期，十和十一世紀就是「溫暖的世紀」，讓葡萄園發展蓬勃。一二八九年，赫里福德主教的領地能生產出八八二加侖（約三三四〇公升）的白酒。不過，英國的葡萄多半是用來製造一種發酵的酸果汁，最好的紅酒還是得靠進口。

過去有很長一段時間，除了英法交戰期、以及和荷蘭運酒商起了運酒爭議之外，英國人最愛喝的就是加斯科（Gascon）紅酒。到了十七世紀，葡萄牙從加那利群島運來甜紅酒，法國和德國酒就不再是紅酒進口商的第一優先。紅酒的飲用量十分驚人：像是十四世紀戍守多佛城堡的軍隊，每人每天都會配到一夸脫（超過一公升）的紅酒。

和啤酒的情況一樣，當時的紅酒酒精度沒現在這麼高，就算是那些味道嗆烈的新酒或英國的酸果汁，其實喝起來也沒那麼恐怖：因為都加了糖或香料。當時沒有人喝熟成的酒，因為當時的木頭酒桶還沒辦法完全隔絕空氣，所以酒很快就會變酸。一直要到都鐸王朝時期開始出現瓶裝葡萄酒，大家才開始能夠一嘗熟成後的風味。

至於烈酒，是先在愛爾蘭走紅、才傳到英格蘭。烈酒在十六世紀開始向都鐸王朝時期的人招手，不僅能讓人神奇地「遠離悲傷」，還號稱令人「充滿智慧」。當時烈酒也稱為「興奮水」，咸信有刺激心臟的功效；除此之外，又稱為「生命之水」或「燃燒之水」，被作為藥品使用。當時烈酒的宣傳甚至還聲稱能夠預防瘟疫；但很不幸，等到一五九三年爆發瘟疫，雖然大家烈酒猛灌，還是沒有奇蹟保住小命。於是，酒商的信用也一落千丈。

當時普遍飲酒，啤酒也是日常營養的重要來源，但酗酒問題也同樣嚴重。有人認為，許多中世紀戰役的雙方戰士其實都喝了酒：一方面讓他們勇氣百倍，一方面也讓他們比較不感到傷口疼痛。只不過，醉倒在家就比較說不過去了。一位都鐸王朝時期的醫生就寫道：「如果發現有人喝醉，可以用水、用油、用羽毛、用迷迭香樹枝、或用手指催吐，或者讓他上床睡覺。」一五五二年，因為酒店造成了太多「無法容忍的傷害和麻煩」，首次通過執照法。從那時起，屋主想要開業賣酒，得先到當地治安法官那裡取得許可才行。但後續，醉酒造成的混亂仍時有所聞：一五七六年，詩人喬治．加斯科（George Gascoigne）就將醉酒形容是「一株可怕的植物，最近已經偷偷摸摸進了英格蘭這個愉快的果園。」

然而，飲酒仍然是英國社會互動的重要一環，英國的菁英分子在僅限男性的活動裡更是縱情飲酒。像是一位十七世紀的貴族，他最珍惜的財產就是銀質的酒桶和冷酒器。用餐的時候，只要他和朋友一聲吩咐，僕人就會幫他們送上滿滿一杯紅酒；這時候不是小酌一口，而是直接乾杯，再讓僕人把杯子拿回去沖一沖、重新裝滿。在餐後，女性下了餐桌、退到小客廳去，全為男性的喝酒大會正式開始。對平常飲食有度的約翰．伊夫林來說，這真是場「喝酒的磨難」。每次他到別人家用餐，都感覺得先把自己的肝練得強一點，好接受這場酒精的挑戰，而這「究竟是因為找不到別的事好打發時間，又或是真的喜愛飲酒，我實在不知道。」他也警告，有些貴族「如果在餐後拜訪，很難全身而退。」一般來說，女士們並不會加入這場鬧劇：像是十八世紀的卡羅琳皇后，有次碰到有人喝醉就不假辭色「在所有大臣面前喝斥他竟如此斗膽，當她在場時喝醉。」

英國古今皆然的飲酒狂歡。
女性已經退到小客廳去喝茶，只剩男人在餐廳大喝特喝。

一群男人喝得開心爽快的時候，旁邊擺個便壺，算是方便省事：所以，雖然現在看來十分詭異，但當時常常是把便壺放在餐具櫃旁。當然，不是每個人對於這種偷懶的作法都很欣賞。十七世紀的蘭德・霍姆就說：「那群歡樂的傢伙碰面喝酒的時候」，之所以應該在旁邊放個便壺，「不是為了正派穩重，而是因為這樣才能看到他們有多野蠻。」至於旅遊到英國的法國人德・拉・羅什福科，一七八四年看到幾個酒醉的人同用一個便壺，大大搖頭：「餐具櫃邊有數個便壺，而且不難見到在大家舉杯的時候旁邊有人在小解；像這樣完全沒有遮蔽，實在令我感到不雅至極。」這樣看來，英國人老覺得法國人娘娘腔，但法國人反過來說，也覺得英國人實在粗魯。

然而，英國人對於淡啤酒仍然深深依戀。十八世紀的琴酒熱之所以讓許多人感到憂慮擔心，一方面在於它實在太容易令人飄飄欲仙，但另一方面也是因為它缺少像啤酒那種古老而且帶有騎士精神的效果，啤酒「讓英國人祖先的手臂充滿力量……讓他們在會議上明智達理、在戰場上百戰百勝。」

就算十九世紀掀起一場沸沸揚揚、背後還有宗教撐腰的禁酒運動，也沒能消滅這惡魔的飲品：一八七七年正是英國每人平均飲酒量的歷史最高峰。一九一五年，威爾特郡朗利特宅第的男僕還記得，當時還是「常常可以喝啤酒……放在大型的銅酒壺裡，甚至會在早餐的時候喝。」

同一年，英國大臣大衛・勞合・喬治（David Lloyd George）是位知名的禁酒運動支持者）聲稱，酒精「造成的傷害比所有潛艇在戰爭中造成的傷亡總合更大」。但事實上，兩次世界大戰都大大降低了英國人的飲酒量，效果比任何政府措施都強得多了。

這時，產酒這件事已經從家庭進入商業領域，而在一九一四－一九一八和一九三九－四五年的兩次大戰期間，因為資源得先投入別的地方，釀酒業發展也大受影響。直到一九五〇年代末期，英國飲酒量仍然遠低於維多利亞時代的標準。等到經濟復甦，酒精才重回家庭生活的核心地位。像在一九五〇年代，雞尾酒宴成了好客的象徵，用酒精讓大家在客廳裡拉近距離。麥克・李的劇作《艾比嘉的派對》（*Abigail's Party*，1977）將同樣的社交場景搬到一九七〇年代，可以看到女主人貝弗麗對自己的房子得意萬分，但老是不顧他人感受、愛灌客人酒。而且，劇中從頭到尾沒露臉的十五歲少女艾比嘉，其實同時也正在舉辦著自己鬧哄哄的派對。酒品業在一九八〇到一九九〇年代的宣傳重點是年輕人，這些人想追求飄飄然的時候，如果不能喝酒，可能就會轉向藥物。

現在，英國的房東還是很擔心房客在家喝酒惹禍，而消耗最多酒類的一群人，則是中年、中產階級專業人士，可能每晚晚餐之後都要隨性來上一杯。現在對於酒類有了新的健康意識，可能也因此使得飲酒量不比維多利亞時代。但在英國文化裡，飲酒狂歡這件事還是散放著混亂的魅力，無分年齡、而且非常「英國」。

CHAPTER 45 討厭的碗盤清洗工作

我最討厭討論女權主義最後就講到誰該洗盤子……但是到頭來，該死的盤子還是得洗。

——瑪麗蓮．弗侖區，一九七八

❖ ❖ ❖

在洗碗機發明之前，所有豪宅（甚至是許多現代的房子）都有專屬的洗碗室。「scullery」（洗碗室）這個詞來自諾曼法語「escuelerie」（碗盤室）。一六七七年的《洗碗女僕指示》就列了以下職責：「妳必須刷洗廚房所用的盤子和碟子……還有所有的水壺、深鍋、淺鍋，以及便壺。」

洗碗室除了洗碗之外，也能用來洗菜，甚至是處理拔毛或去除內臟的問題，再把食材送進廚房。這裡有大型的石頭水槽，還有木製的廚房設備（德比郡的哈頓莊園還保留了一些中世紀設備），醃製或保溫也可能用到這個空間。

在中世紀的洗碗室，肥皂的成分是沙子、灰燼和亞麻籽油，看起來又黑又噁心，不過，至少能洗掉油膩。到了十七世紀，則先將肥皂磨碎，再混合水和蘇打，作成一種「肥皂果凍」。只要是有些小聰明的洗碗女僕都知道，用檸檬和鹽就能讓銅鍋閃閃亮亮（我也試過，這是真的！）。布雷克夫人的《家庭料理》（一八八二）也建議「用溫水加一點蘇打，每週好好把燉鍋內部刷上一次。裡面鍍錫的部分，用肥皂加一點細沙或磨石仔細擦拭，直到相當程度的明亮為止。」

說到廚房最糟的工作，大概就是最後的碗盤清洗。亞伯特・湯瑪士自己就做過許多次，他回憶在一九二〇年代，即使只是有錢人家一頓十人的普通晚餐，至少就有三二四件銀器、瓷器和玻璃杯得清洗，另外也可別忘了還有燉鍋要刷。莫妮卡・狄更斯也描述過一九三〇年代晚餐過後的廚房慘況，「這裡每一個燉鍋都得洗，在水槽裡一個一個堆得高高的。地上也放滿了擠不上桌子或放不進碗櫃的盤子和碟子。」有許多夜晚，她都拿著清潔劑刷鍋子刷到哭。

然而，人多好辦事。在偏遠的鄉間大宅，日子本來就無聊，洗碗反而還算是稍微有趣。管家艾瑞克・霍恩回憶說：「晚上的僕人大廳氣氛歡樂，馬伕和園丁也會來幫忙洗碗……主要原因就是能有伴。」

把碗盤清洗擦亮很耗手力，就算是下了班的男僕，從拇指也看得出他的職業。除非家裡有專門請一位女僕負責，否則就是他得用磨料把銀器擦得發光閃閃、也讓手指水皰滿滿。另一位管家恩尼斯特．金恩就寫過「擦盤子是個地獄。這是全家最困難的工作……水皰都破了，你還是得不顧疼痛繼續。等到長繭長成一雙專門擦盤子的手，就再也不會長水皰了。」另外，擦刀子也是個差不多的黑暗界藝術，而根據《男僕指南》的說法，最佳配方就是熱的羊脂和磚末。

所有的家務都一樣，洗盤子也有階級之分。二十世紀，瑪琳納郡主住在肯辛頓宮的時候，一年有兩次她會親自下場，清潔她裝飾華麗的珍藏瓷器組。至於管家則是在貴族成員用餐後清洗最高檔的瓷餐具，剩下的一般瓷器，則是在僕人用餐之後，由「雜工」(odd man)來處理。

等到沒了僕人、大家都得自己洗盤子，一般人才終於知道自己的廚房設計有多差，對僕人的背有多傷。萊斯利．路易斯(Lesley Lewis)回想起戰前在艾塞克斯郡的童年，他住在鄉間宅第裡，「窗下有兩個大的淺水槽……要等到我自己在一九三九年戰時自己去洗，才發現這些設備有多不方便。」很多水槽做得很低、似乎很不方便，但其實有著辛酸的背景：常常這些工作是由年紀小的人來做，很多人就讓孩子成了廚房裡的洗碗機器。

最早的洗碗機出現在一八五〇年，由美國人喬爾．霍頓(Joel Houghton)取得專利。那是一個木桶，旁邊有個手把：只要轉動手把，就會把水噴上盤子(但其實沒什麼力道)。一直要到一九二〇年代，有了自來水和電力配合，洗碗機才真正開始比較實用。只不過，洗碗機還是比較屬於排風扇或電動食物處理機那一類，而不像是電鍋或冰箱那種必需品，所以在二次大戰之前，銷量一直是普普通通。

Conclusion
結論

結論：以史為鑑，可以學到什麼？

麻痺在我手上蔓延，所以我不得不停下寫日記，現在要說的就是再見了。

——莎拉·考珀夫人最後寫下的字句，一七一六

這是一個故事的結束，但也是另一個故事的開始。

現代人的家庭，比起史上任何時候都要更溫暖、也更舒適。但我相信，房屋的發展即將反璞歸真，前人的房子還有許多道理有待我們研究。現在石油存量即將告罄，未來住宅能夠學習的對象，是那些工業化前、低科技的過往。

如今英國立法推動「終身住宅」(Lifetime Homes)，但這些新式住宅設計其實卻非常符合中世紀的精神，讓「多功能」再次成為房間的考量。像是客廳要能放得下雙人床，這樣就算以後屋主無法再爬樓梯上樓睡覺，也還能變通一下。樓下也要有安裝電梯的空間，這樣必要時也還是能使用樓上的浴室。各個房間專室專用的發展在

十九世紀達到巔峰，現在早已過時，只有靈活運用才是王道。

等到石油資源真的枯竭，想來煙囪也將捲土重來吧！唯一真正可持續不斷的能源，只有風力（但在都會區很難使用）、太陽和木材。如果仔細保護森林，它就能提供燃料直到永遠。現在有人開始重新擁抱各種「生質」爐具（也就是燒木柴），想必會是愈來愈受歡迎的住宅取暖設備。此外，住宅設計也愈來愈考量到「太陽」這個因素。很久很久以前，挑房子的標準是要避開「瘴氣」；而現在的理想住宅則是要儘量在夏天避免日照、在冬天增加日照。所以多數房子就該座北朝南，並且在傾斜設計的屋頂加裝能緩衝熱能的溫室及太陽能板，這麼一來，現在既有的英國街道也即將改觀。

至於煙囪重新出現也還有另一種用途，有些沒有壁爐的現代住宅也已經用上這種功能：自然通風。不管是住宅或是輪船、汽船的煙囪，都有讓廢氣排出的效果。畢竟機械空調會消耗寶貴的能源，很快就將無以為繼，但煙囪只要加裝一個簡單的熱回收裝置，就能一面引進新鮮空氣，一面排出廢氣並維持溫度。

就像是中世紀，現代住宅的牆也逐漸加厚以提供絕緣效果，除了要在冬天不讓熱度流失，也是要在全球暖化的情況下儘量隔絕外界的熱氣。此外，窗戶也即將再次愈做愈小，以減少玻璃的使用：一方面是製造玻璃得消耗大量能源，一方面也因為它的熱效益十分低。像我自己就住在一棟一九九八年建的玻璃大樓，而且我與培根爵士所見略同；他曾大大批評詹姆士一世時期大量使用玻璃的宮殿，寫道：在這樣「滿是玻璃」的房子裡，「根本不知道哪裡才能遮陽，哪裡又能禦寒。」

另外，百葉窗也將重返榮耀：這會是把熱隔在屋外的最佳方式。隨著氣候變熱，我們還會遇到缺水的問題。現在英國許多家庭都用水錶監控用水量，但英國平均用水量仍高達每人每天一百六十公升。英國政府希望人民到了二〇二〇年能將用水量控制在八十公升以下（大概就是放滿一浴缸的水），這得包括沖馬桶、煮飯、打掃，還有洗澡。過去簡陋的堆糞式廁所，現在以聽來十分生態環保的「堆肥室」形態捲土重來。未來，沖馬桶這種事情用的會是「灰水」（〔grey water〕家庭中使用過而稍髒的水），水資源的價值會愈來愈高而需要珍惜，就像是中世紀每滴水都得親自從水源搬運到家裡的時候一樣。我們會愈來愈懂得節水，像是維多利亞時代，平均每人每天用水量只有二十公升。

現在已經可以看到自然建材再次復興，使用的是會呼吸、低碳足跡的材質，像是木材、羊毛絕緣保溫以及石灰砂漿。在過去十年間，英國各地再次掀起木造建築的風潮。我們會向「中世紀」靠過去：回收、改建、擴建我們的住宅。在英國這樣一個地狹人稠的島上，統計顯示每年需要二十萬間新房子以因應人口成長及新家庭的產生，這還沒有把移民的因素算進去。但根據「空屋仲介所」統計，目前閒置住宅約有七十萬間。一件顯然該做的事，就是想辦法讓這些住宅跟上時代、並讓人進住，就像過去資源匱乏時的作法。現在幾乎是把建築當成拋棄式的物品，而不是期待它能永續使用。但在未來想必會更注意住宅使用的建材及能源等議題。

在這些未來的新式（但其實也符合古代精神）住宅內，會需要花上更多時間和精力來維持整潔。以現在的情勢看來，抗生素在未來幾十年間就將宣告無效，無論或大或小的疾病，都將會是必須容忍而無法完全避免的議題，我們也無法光靠著清潔劑處理所有髒污，這時又回到親自動手做的情形。我們要重新學習種植和準備食物的技術，潘頓夫人這種老式家政知識又會重現光芒；像是在維多利亞時代的廚師，就把回收發揮得淋漓盡致，什麼都不浪費。

現在的建築師和都市計劃概念都認為，居民住的不只是自己的住宅，而是整個「地方」(place)。都鐸王朝時期的城鎮就十分符合他們的理想：人口稠密、各項功能都在步行距離內，而且貧富混居。市場賣的是當地、當季的食材，就像現在的農夫市集一般。

許多人認為，英國二十世紀興建的國民住宅其實對社會有不良影響。窮人如果被逼著進住了低檔的國民住宅，無論在自我觀感或是實際發展上都差人一等，而中產階級則選擇逃離市中心，自成綠葉成蔭的一區。一個成功的「地方」要能結合社會上的不同社群，讓他們和樂融融、互相照顧。就這個意義而言，像是哈德威克莊園就是個成功的社會住宅：哈德威克家的貝絲是屋主，照顧著幾十人的生活。雖然階級極度不平等，但所有人形成一個群體，為了共同目標而努力。

這聽來保守，但其實是種激進的保守。現代生活貧富差距各有不同，我們其實並不知道和我們處於不同級別的人究竟過著什麼樣的生活。我們花了太久躲在自己舒適的家裡，透過窗口、得意地看著這個世界。從某一種觀點來看，孩子就像被關在家裡，被不信任他們的家長監看著。我們不夠認識自己的鄰居，而自從十八世紀以來推動我們生活方式的自然資源也將枯竭，逼得我們不得不改變，讓各種工作和獎勵都做更平均的分配。

然而，改變不該是件恐怖的事。縱觀人類歷史，各時期的人都覺得自己的世界劇烈變動，似乎就要沉入無窮的深淵，好像世界末日就將來臨。但想想，其實世界還是繼續這樣轉動著，家居生活永遠能給我們帶來安慰：

所有遠大的抱負，都是為了幸福的家居生活。（約翰遜博士）

致謝

雖然本書封面寫的是我的名字，但我只是個站在巨人肩膀上的侏儒。本書能夠完成，除了過去的歷史學家功不可沒，也要感謝英國國家廣播公司同系列電視影集的研究員，以及許多我有榮幸得以採訪的專家。由於本書大量採用二手資料，似乎不宜讓全書腳註處處而顯得繁雜，但我絕不能因而不提究竟參考了哪些人的著作。我衷心推薦以下書籍，詳細資料請見參考書目。

若想瞭解中世紀英格蘭，Ian Mortimer的*The Time Traveller's Guide*（2008）是絕佳的入門參考；都鐸王朝時期則可參閱Alison Weir的*Henry VIII: King and Court*（2002）。關於十七世紀早期現代女性生活，我大量參考Laura Gowing的*Common Bodies*（2003）以及Laurel Thatcher Ulrich的*Good Wives*（1983）。Lisa Picard關於早期現代的著作不容錯過；而想瞭解十八世紀，請參考Don Herzog的*Poisoning the Minds of the Lower Orders*，以及Amanda Vickery的*Behind Closed Doors*；此外，Judith Flanders精彩的*The Victorian House*也是必讀的傑作。

想認識各個時代的僕人，請讀Jeremy Musson的*Up and Down Stairs*（2009）；

至於關於床鋪、浴室和暖氣，你需要的會是Lawrence Wright在一九六〇年代首次出版的三本著作。Emily Cockayne的*Hubbub*（2007）充滿著對各式髒污噁心但也有趣的細節，另外也非常推薦Julie Peakman談「性」的著作（Lascivious Bodies, 2004）。

關於特定章節，Amanda Carson Banks談*Birth Chairs, Midwives and Medicine*（1999）和Valerie Fildes談*Wet Nursing*（1988），都極有幫助。A. Roger Ekirch在二〇〇一年於*American Historical Review*發表關於睡眠的論文，論點讓我耳目一新。Keith Thomas在一九九四年討論「清潔」的文章、以及Mark Blackwell在二〇〇四年討論牙齒移植的文章，也都讓我獲益良多。至於講到廁所，最可靠的著作就出自David Eveleigh之手（*Bogs, Baths and Basins,* 2002）。我所參考的書籍中，對食物主題最有助益的大概是Sarah Paston-Williams的*The Art of Dining*（1993），而James Nicholls的文章'Drink, the British Disease?'（2010）也值得一提。至於其他，請詳見參考書目。

我也要感謝所有接受書籍或影集採訪，或是以各種方式提供專業知識的人：Amanda Vickery、Adrian Tinniswood、Judith Flanders、Jane Pettigrew、David Adshead、Sally Dixon-Smith、Leila Mauro、Issidora Petrovich、Professor David Morgan、Alison Sim、Lesley Parker、Hannah Tiplady、Cathy Flower

Bond、Victoria Bradley、Phil Banner、Dr Lesley Hall、Deirdre Murphy、Ray Tye、Ann Lawton、Joanna Marschner、Beryl Evans、Kris Gough、Jean Alden、Val Sambrook、Joanne and Kevin Massey、Angela Lee、Dominic Sandbrook、Andrew Barber、Andy Swain、Patricia Whittington Farrell、Sebastian Edwards、David Milne、Richard Hewlings、Peter Yorke、Sparkle Moore、Jasia Boelhouwer、Ivan Day、Peter Brears、Reena Suleman、Dr John Goodall、Maureen Dillon、Clive Aslet、Alex Jones、Charlotte Woodman、Janet Bradshaw、Mick Ricketts、Simon McCormack、Helen Bratt-Wyton、Tom Betteridge，以及Katherine Ibbett.

在Silver River節目製作公司方面，我要特別感謝辦公室的Daisy Goodwin、Deborah O'Conner、Sam Lawrence，還有Beccy Green，以及If Walls Could Talk的劇組人員：Caterina Turroni、Eleanor Scoones、James Greig、Harry Garne、Brendan Easton、Adam Toy、Huw Martin、Simon Mitchell、Adam Jackson、Fred Hart、James Cooper，還有最重要的製作人Emma Hindley和導演Hugo MacGregor。在英國廣播公司部分，Martin Davidson和Cassian Harrison從頭到尾都是我們最堅強的後盾。而在Faber出版社，Julian Loose（我無比敬佩、合作了三本書的編輯）、Anne Owen、Rebecca Pearson，以及所有同事，都令我

深感光榮。

最親愛的老公Mark以建築專業對本書助益良多。最後，這本書要獻給Ned Worsley。不僅是她燃起我對歷史及住宅的興趣，圖片研究也要歸功於她。謝謝妳，媽媽。

Copyright © Silver River Productions and Lucy Worsley, 2011
This edition arranged with Felicity Bryan Associates Ltd.
Through Andrew Nurnberg Associates International Limited
© 2014 Rive Gauche Publishing House
All rights reserved

左岸人文 206

如果房子會說話：家居生活如何改變世界

If Walls Could Talk

AN INTIMATE HISTORY OF THE HOME

作　　者　露西・沃斯利（Lucy Worsley）
譯　　者　林俊宏
總 編 輯　黃秀如
責任編輯　林巧玲

社　　長　郭重興
發行人暨出版總監　曾大福
出　　版　左岸文化事業有限公司
發　　行　遠足文化事業股份有限公司
231台北縣新店市民權路108-3號9樓
電　　話　（02）2218-1417
傳　　真　（02）2218-8057
客服專線　0800-221-029
E-Mail　service@bookrep.com.tw
網　　站　http://blog.roodo.com/rivegauche
法律顧問　華洋法律事務所　蘇文生律師
印　　刷　成陽印刷股份有限公司
初　　版　2014年4月
初版二刷　2014年5月
定　　價　450元

ISBN　978-986-5727-03-1
有著作權　翻印必究（缺頁或破損請寄回更換）

如果房子會說話：家居生活如何改變世界／
露西・沃斯利Lucy Worsley著；林俊宏譯.
－初版.－新北市：左岸文化出版：遠足文化發行，2014.04
面；　公分.－（左岸人文；206）
譯自：If walls could talk : an intimate history of the home
ISBN 978-986-5727-03-1（平裝）
1.起居風俗 2.生活史
538.3　　103005112